中国知识产权发展报告

（2022）

STUDY ON INTELLECTUAL PROPERTY
DEVELOPMENTS OF CHINA

主　编　张广良

中国人民大学出版社
· 北京 ·

编委会（以姓氏笔画为序）

习云芸　马　翔　毛宏湖　田　龙　刘劲君

李永波　杨　旸　张广良　武　汉　姚欢庆

各章主编

第一章　武　汉　第二章　张广良

第三章　马　翔　第四章　习云芸

第五章　李永波

撰稿人（以姓氏笔画为序）

丁志程　王幽濡　毛宏湖　邓海博　白睿成

乔子轩　华玉墨　刘煜婧　孙辰辉　李文博

李亚兰　何丝雨　汪赛飞　张　文　张广良

张钧陶　武　汉　袁鹏飞　耿　邦　蒋玘瑞

前　言

　　及时、系统地把握知识产权的发展与变化，是充分发挥知识产权制度作用、提高从业者专业水平与业务能力的重要路径。中国人民大学国际知识产权研究中心在连续出版《国际知识产权发展报告》之后，2021年开始推出又一核心出版物《中国知识产权发展报告》。《中国知识产权发展报告（2022）》以我国知识产权2022年度发展动态为观察对象，从"法律法规、司法解释、重要案例及其他文件""案例""动态""数据"四个视角，全面、客观地展示我国知识产权的发展状况。报告包括总则、专利、商标、著作权、竞争法五章和两个附录，每章均包含"法律法规、司法解释、重要案例及其他文件""案例""动态"三方面的内容。附录1"知识产权和竞争法领域相关数据"涵盖知识产权权利申请、授权、运用与保护以及竞争法领域等方面的数据；附录2"简称"收录了本报告涉及的法律法规、司法解释及其他文件的全称和简称。

　　"法律是一种不断完善的实践"。知识产权法律是我国知识产权发展的基础，是有关部门裁判、执法的依据，是市场主体经营与决策的指引。本报告关注我国知识产权法律、行政法规、规章以及司法解释的立改废释，记录其不断完善的年度进展。重要案例和其他文件虽不具有法律约束力，但其代表规则、秩序与方向，重要性不言而喻，故亦为本报告所收录。

　　"实施乃法律的目的与果实"。案例是法律实施的结果，知识产权案例是考量立法宗旨实现与否、甄别法律良莠的重要手段。我国司法机关与行政执法部门每年审结大量知识产权案件，本报告收录在案件焦点、法律适用及裁决结果等方面具有典型性的案例，记载我国知识产权法律实践的年度进展。在案例的选择上，本报告注重案例的独特性、专业性及其参考价值，提炼知识产权法律体系下值得关注、研究与使用的信息点或知识点。在案例的编排上，本报告采用两种方式：关于专利法、商标法与著作权法等财产法的案例，以权利为中心，将权利的客体、授（获）权性要件、权利内容、权利行使、侵权认定、侵权抗辩与救济作为编排顺序；关于竞争法（包括反不正当竞争法和反垄断法）的案例，以不法行为的认定及法律责任作为编排顺序。这一编排方式是本报告的特点，也与《国际知识产权发展报告》保持一致。

　　"法律必须具备成长的原则"。2022 年度报告每章都增加了"动态"一节，汇集当年度的知识产权立法动态，以及来自政府、社会、行业等与知识产权相关的重要动态。"动态"和"数据"一起，呈现我国知识产权法律成长的过程、现实环境，使本报告的读者获得更多具有前瞻性的信息。

　　社会法理学派创始人罗斯科·庞德提出，法学研究者的任务"不是创造，而是将法律内容予以有序化、和谐化、系统化"[①]。作为一名法学教师，我深以为然。法律的发展、变化与实施结果是法律系统的重要组成部分，是法学研究的切入点。法律是实践的学科，实务界专家亦关注法律及实践的变迁并进行深入钻研，追求法律的完善，作出了突出的学术贡献。在本报告的编写中，天驰君泰律师事务所高级合伙人马翔、腾讯集团法务副总经理习云芸、集佳律师事务所主任李永波应邀担任商标、著作权及竞争法三章的主编，对报告的形成和质量提升发挥了重要作用。本报告的出版得到了北京阳光知识产权与法律发展基金会的资助。在此，我对前述专家、单位对本报告所给予的大力支持深表谢意。

　　本报告作为中国人民大学国际知识产权研究中心的又一核心出版物，致力于成为帮助读者了解我国知识产权发展动态的窗口。然而，由于我国知识产权年度发展快、信息量大，加之撰写时间有限，本报告必然存在不足乃至谬误，恳请读者批评指正。

　　　　　　　　　　　　　　　　　　　　　　　　　　　　　　　　　　　　张广良

---

① 庞德. 法哲学导论. 北京：商务印书馆，2019：18-19.

目 录 ▶

第一章 总 则

1.1 法律法规、司法解释、重要案例及其他文件[①]

1.1.1 法律法规

a. 科学技术进步法（2021 修订）

基本信息：全国人大常委会 中华人民共和国主席令第 103 号 2021 年 12 月 24 日公布 2022 年 1 月 1 日施行

主要内容：本次修订增加了"基础研究""区域科技创新""国际科学技术合作""监督管理"四章，在以下方面完善知识产权相关规定：（1）全链条知识产权能力。企业事业单位、社会组织和科学技术人员应当增强知识产权意识，增强自主创新能力，提高创造、运用、保护、管理和服务知识产权的能力，提高知识产权质量（第 13 条第 2 款，修改）。（2）．产学研合作机制。国家鼓励企业、科学技术研究开发机构、高等学校和其他组织建立优势互补、分工明确、成果共享、风险共担的合作机制，按照市场机制联合组建研究开发平台、技术创新联盟、创新联合体等，协同推进研究开发与科技成果转

[①] 本报告法律法规，包括法律、行政法规、条例、规章。司法解释，包括司法解释和司法解释性质文件。重要案例，指最高人民法院发布的十大知识产权案件和 50 件典型知识产权案例、最高人民法院知识产权法庭发布的裁判要旨摘要以及最高人民检察院发布的典型案例等。其他文件，包括其他规范性文件和工作文件。

化，提高科技成果转移转化成效（第 31 条，修改）。（3）财政支持科技成果的转化。利用财政性资金设立的科学技术计划项目所形成的科技成果，在不损害国家安全、国家利益和重大社会公共利益的前提下，授权项目承担者依法取得相关知识产权，项目承担者可以依法自行投资实施转化、向他人转让、联合他人共同实施转化、许可他人使用或者作价投资等。在合理期限内没有实施且无正当理由的，国家可以无偿实施，也可以许可他人有偿实施或者无偿实施（第 32 条，修改）。（4）职务成果探索。国家实行以增加知识价值为导向的分配政策，按照国家有关规定推进知识产权归属和权益分配机制改革，探索赋予科学技术人员职务科技成果所有权或者长期使用权制度（第 33 条，新增）。（5）鼓励技术应用。国家鼓励新技术应用，按照包容审慎原则，推动开展新技术、新产品、新服务、新模式应用试验，为新技术、新产品应用创造条件（第 35 条，新增）。

b. 对外贸易法（2022 修正）

基本信息： 全国人大常委会 中华人民共和国主席令第 128 号 2022 年 12 月 30 日公布/施行

主要内容： 根据全国人民代表大会常务委员会 2022 年 12 月 30 日通过的《关于修改〈中华人民共和国对外贸易法〉的决定》，新《对外贸易法》删除原第 9 条"对外贸易经营者未按照规定办理备案登记的，海关不予办理进出口货物的报关验放手续"。知识产权相关条款未作修改。

c. 海关行政处罚实施条例（2022 修订）

基本信息： 国务院 中华人民共和国国务院令第 752 号 2022 年 3 月 29 日公布 2022 年 5 月 1 日施行

主要内容： 本次修订不涉及知识产权条款，相关规定是"进出口侵犯中华人民共和国法律、行政法规保护的知识产权的货物的，没收侵权货物，并处货物价值 30% 以下罚款；构成犯罪的，依法追究刑事责任。需要向海关申报知识产权状况，进出口货物收发货人及其代理人未按照规定向海关如实申报有关知识产权状况，或者未提交合法使用有关知识产权的证明文件的，可以处 5 万元以下罚款"（第 25 条）。

d. 促进个体工商户发展条例

基本信息： 国务院 中华人民共和国国务院令第 755 号 2022 年 10 月 1 日公布

2022 年 11 月 1 日施行

主要内容：本条例规定，国家加大对个体工商户①的字号、商标、专利、商业秘密等权利的保护力度。国家鼓励和支持个体工商户提升知识产权的创造运用水平、增强市场竞争力（第 26 条）。个体工商户应当依法经营、诚实守信，自觉履行公平竞争等方面的法定义务（第 34 条）。《个体工商户条例》自本条例施行之日起废止。

e. 市场监督管理行政处罚程序规定（2022 修正）

基本信息：国家市场监督管理总局 国家市场监督管理总局令第 61 号 2022 年 9 月 29 日公布 2022 年 11 月 1 日施行

主要内容：本规定第 82 条第 5 项公告送达规定中的"六十日"修改为"三十日"，即修改为"受送达人下落不明或者采取上述方式无法送达的，可以在市场监督管理部门公告栏和受送达人住所地张贴公告，也可以在报纸或者市场监督管理部门门户网站等刊登公告。自公告发布之日起经过三十日，即视为送达"。

1.1.2 司法解释

a. 最高人民法院关于适用《中华人民共和国民法典》总则编若干问题的解释

基本信息：最高人民法院 法释〔2022〕6 号 2022 年 2 月 24 日公布 2022 年 3 月 1 日施行

主要内容：本解释主要包括以下内容：

1. 对于《民法典》第 132 条所称的滥用民事权利，法院可以根据权利行使的对象、目的、时间、方式、造成当事人之间利益失衡的程度等因素作出认定。行为人以损害国家利益、社会公共利益、他人合法权益为主要目的行使民事权利的，人民法院应当认定构成滥用民事权利。构成滥用民事权利的，法院应当认定该滥用行为不发生相应的法律效力。滥用民事权利造成损害的，依照《民法典》第七编等有关规定处理。

---

① 2022 年我国首次全面统一市场主体登记准入制度。截至 2022 年底，全国登记在册市场主体 1.69 亿户，其中登记在册个体工商户达 1.14 亿户。

2. 当事人未采用书面形式或者口头形式，但是实施的行为本身表明已经作出相应意思表示，并符合民事法律行为成立条件的，法院可以认定为《民法典》第135条规定的采用其他形式实施的民事法律行为。

3. 行为人对行为的性质、对方当事人或者标的物的品种、质量、规格、价格、数量等产生错误认识，按照通常理解如果不发生该错误认识行为人就不会作出相应意思表示的，法院可以认定为《民法典》第147条规定的重大误解。行为人能够证明自己实施民事法律行为时存在重大误解，并请求撤销该民事法律行为的，法院依法予以支持；但是，根据交易习惯等认定行为人无权请求撤销的除外。

4. 故意告知虚假情况，或者负有告知义务的人故意隐瞒真实情况，致使当事人基于错误认识作出意思表示的，法院可以认定为《民法典》第148条、第149条规定的欺诈。

5. 以给自然人及其近亲属等的人身权利、财产权利以及其他合法权益造成损害或者以给法人、非法人组织的名誉、荣誉、财产权益等造成损害为要挟，迫使其基于恐惧心理作出意思表示的，法院可以认定为《民法典》第150条规定的胁迫。

6. 民事法律行为不成立，当事人请求返还财产、折价补偿或者赔偿损失的，参照适用《民法典》第157条的规定。

7. 民事法律行为所附条件不可能发生，当事人约定为生效条件的，法院应当认定民事法律行为不发生效力；当事人约定为解除条件的，应当认定未附条件，民事法律行为是否失效，依照民法典和相关法律、行政法规的规定认定。

b. 最高人民法院关于适用《中华人民共和国民事诉讼法》的解释（2022修正）

基本信息：最高人民法院 法释〔2022〕11号 2022年4月1日公布 2022年4月10日施行

主要内容：此次修改主要在以下方面[①]：

---

① 本报告根据《最高人民法院关于修改〈最高人民法院关于适用《中华人民共和国民事诉讼法》的解释〉的决定》进行了概括，以具体条文为准。

1. 定义或表述上的修改：（1）"合议庭组成人员"修改为"审判人员"（第45条、第269条）；（2）"患有精神病"修改为"不能辨认或者不能完全辨认自己的行为"（第349条）；（3）"审判人员"中不再包括"助理审判员"（第48条）；（4）调解机构从"人民调解委员会"扩大为"人民调解委员会或者其他依法设立的调解组织"（第61条）。

2. 关于简易程序的修改：延长审理期限的前置条件从"双方当事人同意继续适用简易程序的"修改为"有特殊情况需要延长的"，延长后的审理期限从"累计不得超过六个月"修改为"累计不得超过四个月"，法院依职权转为普通程序审理的条件从"案情复杂"修改为"案件不宜适用简易程序"（第258条）。

3. 关于小额诉讼程序的修改：（1）海事法院适用小额诉讼的程序审理海事、海商案件的条件从案件标的额应当以实际受理案件的海事法院或者其派出法庭所在的省、自治区、直辖市上年度就业人员"年平均工资百分之三十为限"修改为"年平均工资为基数计算"（第273条）。（2）删除了关于适用小额诉讼程序审理的金钱给付案件（原第274条）的规定，以及涉外民事纠纷、知识产权纠纷等不适用小额诉讼程序审理案件的规定（原第275条）。（3）对小额诉讼案件审理异议成立的，除适用简易程序的其他规定审理之外，增加了"或者裁定转为普通程序"；异议不成立的，不再是"告知当事人"，而是"裁定驳回"（第279条）。

4. 关于调解的修改：（1）调解协议司法确认申请，由"调解组织所在地基层人民法院或者人民法庭"修改为"符合民事诉讼法第二百零一条规定①的调解组织所在地人民法院"（第351条、第352条）。（2）增加了"其他依法设立的调解组织"（第61条）。

c. 最高人民法院关于内地与澳门特别行政区就仲裁程序相互协助保全的安排

基本信息：最高人民法院 法释〔2022〕7号 2022年2月24日公布 2022年3

---

① 《民事诉讼法》第201条规定："经依法设立的调解组织调解达成调解协议，申请司法确认的，由双方当事人自调解协议生效之日起三十日内，共同向下列人民法院提出：（一）人民法院邀请调解组织开展先行调解的，向作出邀请的人民法院提出；（二）调解组织自行开展调解的，向当事人住所地、标的物所在地、调解组织所在地的基层人民法院提出；调解协议所涉纠纷应当由中级人民法院管辖的，向相应的中级人民法院提出。"

月 25 日施行

主要内容：本安排所称"保全"，在内地包括财产保全、证据保全、行为保全；在澳门特别行政区包括为确保受威胁的权利得以实现而采取的保存或者预行措施。

按照澳门特别行政区仲裁法规向澳门特别行政区仲裁机构提起民商事仲裁程序的当事人，在仲裁裁决作出前，可以参照《民事诉讼法》《仲裁法》以及相关司法解释的规定，向被申请人住所地、财产所在地或者证据所在地的内地中级法院申请保全。在仲裁机构受理仲裁案件前申请保全，内地法院采取保全措施后 30 日内未收到仲裁机构已受理仲裁案件的证明函件的，内地法院应当解除保全。

依据《仲裁法》向内地仲裁机构提起民商事仲裁程序的当事人，在仲裁裁决作出前，可以根据澳门特别行政区法律规定，向澳门特别行政区初级法院申请保全。在仲裁机构受理仲裁案件前申请保全的，申请人应当在澳门特别行政区法律规定的期间内，采取开展仲裁程序的必要措施，否则该保全措施失效。申请人应当将已作出必要措施及作出日期的证明送交澳门特别行政区法院。

当事人对被请求方法院的裁定不服的，按被请求方相关法律规定处理。

d. 最高人民检察院、公安部关于公安机关管辖的刑事案件立案追诉标准的规定（二）（2022 修订）

基本信息：最高人民检察院 公安部 公通字〔2022〕12 号 2022 年 4 月 6 日公布 2022 年 5 月 15 日施行

主要内容：本次修订删除了原规定第 69 条"假冒注册商标案"、第 70 条"销售假冒注册商标的商品案"、第 71 条"非法制造、销售非法制造的注册商标标识案"、第 72 条"假冒专利案"、第 73 条"侵犯商业秘密案"的规定。

e. 最高人民法院关于第一审知识产权民事、行政案件管辖的若干规定

基本信息：最高人民法院 法释〔2022〕13 号 2022 年 4 月 20 日公布 2022 年 5 月 1 日施行

主要内容：本规定进一步解决各地第一审知识产权案件管辖标准不一、管辖布

局不够完善、当事人诉讼不便等问题，完善知识产权案件管辖制度，优化四级法院审级职能定位和审判资源配置。主要内容如下：

1. 发明专利、实用新型专利、植物新品种、集成电路布图设计、技术秘密、计算机软件的权属、侵权纠纷以及垄断纠纷第一审民事、行政案件由知识产权法院，省、自治区、直辖市政府所在地的中级法院和最高法院确定的中级法院管辖。法律对知识产权法院的管辖有规定的，依照其规定（第1条）。

2. 外观设计专利的权属、侵权纠纷以及涉驰名商标认定第一审民事、行政案件由知识产权法院和中级法院管辖；经最高法院批准，也可以由基层法院管辖，但外观设计专利行政案件除外（第2条第1款）。本规定第1条及第2条第1款规定之外的第一审知识产权案件诉讼标的额在最高法院确定的数额以上的，以及涉及国务院部门、县级以上地方政府或者海关行政行为的，由中级法院管辖。法律对知识产权法院的管辖有规定的，依照其规定（第2条第2、3款）。

3. 上述规定之外的第一审知识产权民事、行政案件，由最高法院确定的基层法院管辖（第3条）。

4. 对新类型、疑难复杂或者具有法律适用指导意义等知识产权民事、行政案件，上级法院可以依照诉讼法有关规定，根据下级法院报请或者自行决定提级审理。确有必要将本院管辖的第一审知识产权民事案件交下级法院审理的，应当依照《民事诉讼法》第39条第1款的规定，逐案报请其上级法院批准（第4条）。

5. 依照本规定需要最高法院确定管辖或者调整管辖的诉讼标的额标准、区域范围的，应层报最高法院批准（第5条）。

f. 最高人民法院关于印发基层人民法院管辖第一审知识产权民事、行政案件标准的通知

基本信息：最高人民法院 法〔2022〕109号 2022年4月20日公布 2022年5月1日施行

主要内容：本通知规定了具有知识产权民事、行政案件管辖权的基层法院及其管辖区域、管辖第一审知识产权民事案件诉讼标的额的标准。其中，基层法院管辖第一审知识产权民事案件诉讼标的额的标准如下：

1. 不受诉讼标的额限制：北京市、上海市具有知识产权民事、行政案件管辖权的基层法院。

2. 诉讼标的额 1 000 万元以下（不含本数）：广东省的广州市、深圳市、佛山市、东莞市、中山市、珠海市、惠州市、肇庆市、江门市具有知识产权民事、行政案件管辖权的基层法院。

3. 诉讼标的额 500 万元以下（不含本数）：天津市、江苏省、浙江省、河南省、湖北省、海南省、重庆市，以及广东省除上述地区之外的其他区域具有知识产权民事、行政案件管辖权的基层法院。

4. 诉讼标的额 100 万元以下（不含本数）：其他省、自治区以及新疆生产建设兵团具有知识产权民事、行政案件管辖权的基层法院。

g. 最高人民法院、最高人民检察院、公安部关于办理信息网络犯罪案件适用刑事诉讼程序若干问题的意见

基本信息：最高人民法院 最高人民检察院 公安部 法发〔2022〕23 号 2022 年 8 月 26 日公布 2022 年 9 月 1 日施行

主要内容：本意见明确了信息网络犯罪案件适用刑事诉讼程序的范围、管辖、调查核实、取证和其他问题。

其中，关于信息网络犯罪案件的管辖规定如下：（1）由犯罪地公安机关立案侦查；必要时，可以由犯罪嫌疑人居住地公安机关立案侦查。信息网络犯罪案件的犯罪地包括用于实施犯罪行为的网络服务使用的服务器所在地，网络服务提供者所在地，被侵害的信息网络系统及其管理者所在地，犯罪过程中犯罪嫌疑人、被害人或者其他涉案人员使用的信息网络系统所在地，被害人被侵害时所在地以及被害人财产遭受损失地等。涉及多个环节的信息网络犯罪案件，犯罪嫌疑人为信息网络犯罪提供帮助的，其犯罪地、居住地或者被帮助对象的犯罪地公安机关可以立案侦查。（2）有多个犯罪地的信息网络犯罪案件，由最初受理的公安机关或者主要犯罪地公安机关立案侦查。有争议的，按照有利于查清犯罪事实、有利于诉讼的原则，协商解决。（3）具有一人犯数罪、共同犯罪、关联犯罪等情形的，公安机关、检察院、法院可以在其职责范围内并案处理；对为信息网络犯罪提供技术支持，或者推广、结算等帮助，涉嫌犯

罪的，可以依照规定并案侦查。（4）并案侦查的共同犯罪或者关联犯罪案件，犯罪嫌疑人人数众多、案情复杂的，公安机关可以分案移送审查起诉，分案处理的相关案件可以由不同审级的法院分别审理。（5）对于共同犯罪或并案侦查的关联犯罪案件，可以先行追究已到案犯罪嫌疑人、被告人的刑事责任。（6）就重大或境外实施的信息网络犯罪案件，公安部可以商最高检察院和最高法院指定侦查管辖。（7）检察院对于审查起诉的案件，可按照刑事诉讼法的管辖规定移送或指定管辖。（8）犯罪嫌疑人被多个公安机关立案侦查的，有关公安机关一般应当协商并案处理，并依法移送案件。

本意见还明确了以下两点：（1）公安机关在调查核实过程中依法收集的电子数据等材料，可以根据有关规定作为证据使用。对于依照本意见规定调取的电子数据，检察院、法院可以通过核验电子签名、数字水印、电子数据完整性校验值及调证法律文书编号是否与证明文件相一致等方式，对电子数据进行审查判断。（2）对于涉案人数特别众多的信息网络犯罪案件，确因客观条件限制无法收集证据逐一证明、逐人核实涉案账户的资金来源，但根据银行账户、非银行支付账户等交易记录和其他证据材料，足以认定有关账户主要用于接收、流转涉案资金的，可以按照该账户接收的资金数额认定犯罪数额，但犯罪嫌疑人、被告人能够作出合理说明的除外。

本意见施行之日，《最高人民法院、最高人民检察院、公安部关于办理网络犯罪案件适用刑事诉讼程序若干问题的意见》（公通字〔2014〕10 号）同时废止。

1.1.3 重要案例

a. 最高人民法院知识产权法庭裁判要旨摘要（2022）[①]

基本信息： 最高人民法院知识产权法庭 2023 年 3 月发布

主要内容： 为集中展示最高人民法院知识产权法庭在技术类知识产权和垄断案件中的司法理念、审理思路和裁判方法，该法庭从 2022 年审结的 3 468 件案件中提炼 75 条裁判要旨。主要裁判要旨如下：

---

① 最高人民法院知识产权法庭裁判要旨摘要（2022）.（2023 - 03 - 30）[2023 - 03 - 31]. https：//www. court. gov. cn/zixun/xiangqing/394832. html.

1. 专利行政案件的裁判要旨：商业方法的可专利性；专利申请权利要求新增专利申请文件隐含公开内容的修改超范围判断；缺少必要技术特征的判断；最接近现有技术的选取；"合理的成功预期"在专利创造性判断中的考量；发明构思差异对改进动机及技术启示的影响；新颖性宽限期的适用；具有一定缺陷的技术方案是否具备实用性；零部件外观设计一般消费者的判断；兼具功能性和美观性的设计对整体视觉效果的影响；专利权期限届满通知的可诉性；许诺销售行为的认定；针对不确定第三人的许诺销售行为不属于药品和医疗器械行政审批例外。

2. 专利民事案件的裁判要旨：说明书中技术用语特别界定和具体实施方式的区分；权利要求解释中外部证据使用规则；主题名称对于权利要求保护范围的限定作用；背景技术、发明目的在等同侵权判断中的考量；同日申请的发明专利与实用新型专利的衔接保护；被诉侵权产品制造者的认定；涉及多物理实体的多主体实施方法专利的侵权判定；专利默示许可的认定；现有技术抗辩基础事实的合法性；合法来源抗辩的适用对象；"三无产品"合法来源抗辩的认定；使用租赁产品的合法来源抗辩；合法来源抗辩的主观要件；标准必要专利侵权案件中的禁令救济；侵害零部件产品专利损害赔偿计算基础的选择；侵权人对外宣称的经营业绩可以作为计算损害赔偿的依据；侵权和解后再次销售相同侵权产品的惩罚性赔偿责任；专利权人在专利无效程序中的支出一般不属于专利侵权案件中的维权合理开支；合法来源抗辩成立仍可判令使用者负担维权合理开支；专利无效后对调解书已履行部分显失公平的认定；专利侵权诉讼中的非法证据认定；专利权稳定性存疑时可引导当事人作出未来利益补偿承诺；假冒专利行为的侵权定性及损害赔偿法律依据；确认不侵害专利权纠纷的审理范围；确认不侵权之诉中"在合理期限内提起诉讼"的认定；权属争议期间登记的 PCT 申请人的善良管理义务；职务发明创造权属纠纷中发明人确认之诉和权属之诉的并案审理；职务发明创造发明人奖励报酬支付主体的确定；仿制药申请人 4.2 类声明与药品专利权利要求的对应性；药品专利链接诉讼中确定仿制药技术方案的依据；药品专利链接诉讼参照适用"先行裁驳、另行起诉"。

3. 植物新品种案件的裁判要旨：审批机关未保存标准样品的无性繁殖授权品种保护范围的确定；杂交玉米品种与其亲本品种的亲子关系认定；植物新品种特异性判断中已知品种的确定；销售重复使用授权品种繁殖材料生产的另一品种繁殖材料的侵权判定；种植无性繁殖授权品种行为的侵权判定；品种权人请求以许可使用费代替停止侵害的处理；杂交品种亲本植物新品种权对侵权获利的贡献率；侵权繁殖材料灭活处理后损害赔偿责任的承担。

4. 技术秘密案件的裁判要旨：杂交种的亲本构成商业秘密保护的对象；以图纸作为技术秘密载体时技术秘密内容的确定；作为技术秘密保护的技术方案的认定；育种材料保密性的认定；共同实施侵权行为主观过错的三种主要情形；技术秘密侵权案中共同故意侵权的认定及责任承担；技术秘密侵权案件中制造者的停止销售责任；技术秘密侵权人销毁技术秘密载体的责任及其承担方式；侵害技术秘密赔偿约定的认定与处理；技术秘密侵权损害赔偿确定中的商业机会因素考量。

5. 垄断案件的裁判要旨：因专利侵权纠纷达成的和解协议的反垄断审查；反垄断行政处罚决定在后继民事赔偿诉讼中的证明力；存量住房买卖经纪服务相关市场的认定；中介服务市场份额的评价指标；其他协同行为的认定；共同市场支配地位认定中行为一致性的考量；体育赛事商业权利独家授权的反垄断审查；公用事业经营者隐性限定交易行为的认定；限定转售商品最低价格纵向垄断协议的损害赔偿；限定交易行为造成损失的认定；反垄断法对消费者权益的保护；反垄断法罚款规定中"上一年度销售额"中"上一年度"的确定。

6. 诉讼程序的裁判要旨：诉讼过程中对专门性问题是否需要进行鉴定的考量。

b. 最高人民法院知识产权法庭典型案例（2022）

基本信息：最高人民法院 2023 年 3 月发布

主要内容：最高人民法院知识产权法庭从其 2022 年审结的 3 468 件技术类知识产权和垄断案件中精选 20 件典型案例，主要涉及以下四方面：

1. 加大知识产权保护力度。"蜜胺"发明专利及技术秘密侵权两案判赔总额达 2.18 亿元；"YA8201"玉米植物新品种侵权两案从严、从高适用惩罚性赔偿并判令出借农作物种子生产经营许可证的行为人承担连带责任；"结固式锚栓"实用新型专利侵权案以侵权人自我宣传业绩为依据，全额支持专利权利人赔偿主张；"伸缩缝装置"标准必要专利侵权案重点考虑当事人过错，全额支持权利人赔偿主张；"油气微生物勘探"技术秘密侵权案将全部获利作为侵权获利判赔；"彩甜糯 6 号"杂交玉米亲本植物新品种侵权案为育种者提供全链条保护；"左旋奥硝唑"发明专利权无效两案明确化合物医药用途专利创造性判断标准；"气化炉除尘装置及系统"专利权权属两案合理界定技术来源方和改进方获得权利的基础。

2. 探索破解维权难题新路径。中国首例药品专利链接诉讼案针对新问题作出法律适用指引，"动态密码 USB 线材"实用新型专利侵权案引导双方当事人针对确权程序结果的不确定性自愿作出未来利益补偿承诺，杂交玉米植物新品种亲本"W68"技术秘密侵权案明确了育种成果的商业秘密保护条件，"杨氏金红 1 号"猕猴桃植物新品种侵权案支持并鼓励当事人以许可使用费代替停止侵权的诉讼主张，"有客多"小程序源代码技术秘密侵权案明确酌定技术秘密商业价值的综合考量因素，等等。

3. 秉持平等保护原则，营造市场化法治化国际化一流营商环境。"蜜胺"发明专利及技术秘密侵权两案对内资与外资、国有与民营企业的一视同仁，"利伐沙班"发明专利侵权行政裁决两案严格解释药品和医疗器械行政审批例外，"计算装置中的活动的卡隐喻"发明专利无效案依法审理涉苹果和高通两大知名跨国科技公司的知识产权诉讼案件。

4. 严格规制各类垄断行为，维护市场公平竞争秩序。涉中超联赛图片独家授权滥用市场支配地位案明确体育赛事商业权利独家授权中的反垄断司法审查标准，给排水公用企业滥用市场支配地位限定交易案规制隐性限定交易行为，通用汽车限定最低转售价格纵向垄断协议后继诉讼案切实减轻后继诉讼中原告举证负担，茂名混凝土企业协同行为横向垄断协议行政处罚案明确反垄断行政处罚计罚基数计算期间认定标准。

c. 2022 年中国法院十大知识产权案件和 50 件典型知识产权案例[①]

基本信息：最高人民法院 2023 年 4 月 20 日发布

主要内容：2022 年中国法院十大知识产权案件包括：涉"大头儿子"著作权侵权纠纷案[②]，明确了委托创作作品、法人作品和特殊职务作品的判断标准以及权属证据分析认定方法；涉药品专利链接纠纷案[③]，系全国首例药品专利链接诉讼案件；给排水公用企业滥用市场支配地位限定交易案[④]，明确了反垄断法上限定交易行为的司法认定，重在考察经营者是否实质上限制了交易相对人的自由选择权；涉"青花椒"商标侵权纠纷案[⑤]，明确了商标正当使用的认定标准，以及"权利有边界，行使须诚信"的道理；干扰搜索引擎不正当竞争纠纷案[⑥]，遏制利用技术手段干扰、操纵搜索引擎自然搜索结果排名的行为；《胖虎打疫苗》NFT 数字作品侵权案[⑦]，探索了以区块链作为底层核心技术的 NFT 数字作品的法律属性、交易模式下的行为界定、交易平台的属性以及责任认定等；涉"龙井茶"商标行政处罚及行政复议案[⑧]，推动地理标志保护行政执法标准与裁判标准统一；涉"都蜜 5 号"植物新品种临时保护期使用费纠纷案[⑨]，加强对植物新品种权人的保护，促进甜瓜种业自主创新；生成社交

[①]　最高人民法院发布 2022 年中国法院十大知识产权案件和 50 件典型知识产权案例．（2023－04－20）［2023－04－21］．https：//www.court.gov.cn/zixun/xiangqing/397162.html.

[②]　杭州大头儿子文化发展有限公司与央视动漫集团有限公司著作权侵权纠纷案，最高人民法院（2022）最高法民再 44 号。

[③]　中外制药株式会社与温州海鹤药业有限公司确认是否落入专利权保护范围纠纷案，最高人民法院（2022）最高法知民终 905 号。

[④]　威海宏福置业有限公司与威海市水务集团有限公司滥用市场支配地位纠纷案，最高人民法院（2022）最高法知民终 395 号。

[⑤]　上海万翠堂餐饮管理有限公司与温江五阿婆青花椒鱼火锅店侵害商标权纠纷案，四川省高级人民法院（2021）川知民终 2152 号。

[⑥]　北京百度网讯科技有限公司与苏州闪速推网络科技有限公司不正当竞争纠纷案，江苏省苏州市中级人民法院（2021）苏 05 民初 1480 号。

[⑦]　深圳奇策迭出文化创意有限公司与杭州原与宙科技有限公司侵害作品信息网络传播权纠纷案，浙江省杭州市中级人民法院（2022）浙 01 民终 5272 号。

[⑧]　特威茶餐饮管理（上海）有限公司与上海市浦东新区知识产权局、上海市浦东新区人民政府行政处罚及行政复议纠纷案，上海知识产权法院（2022）沪 73 行终 1 号。

[⑨]　京研益农（寿光）种业科技有限公司与新疆昌丰农业科技发展有限公司植物新品种临时保护期使用费纠纷案，海南自由贸易港知识产权法院（2021）琼 73 知民初 24 号。

软件虚假截图不正当竞争纠纷案[①]，打击了网络"黑灰产"不正当竞争行为；罗某洲、马某华等八人假冒注册商标罪案[②]，系数字经济环境下利用物联网技术实施新形态商标犯罪的典型案例[③]。

d. 最高人民法院知识产权案件年度报告（2022）摘要[④]

基本信息：最高人民法院 2023 年 4 月 23 日发布

主要内容：本年度报告从最高人民法院 2022 年审结的知识产权案件中梳理出 43 个法律适用问题，具体如下：

1. 专利案件审判：（1）专利民事案件审判：权利要求解释中外部证据使用规则；权利要求修改后被维持有效的决定的追溯力；现有技术抗辩中的单一对比；现有技术抗辩基础事实的合法性；"三无产品"合法来源抗辩的认定；合法来源抗辩中合理注意义务的认定；发明创造实际发明人的认定；侵权人对外宣称的经营业绩可以作为计算损害赔偿的依据；侵权和解后再次销售相同侵权产品的惩罚性赔偿责任；专利权稳定性存疑时可引导当事人作出未来利益补偿承诺；假冒专利行为的侵权定性及损害赔偿法律依据；确认不侵权之诉中"在合理期限内提起诉讼"的认定；权属争议期间登记的 PCT 申请人的善良管理义务；涉 4.2 类声明药品专利链接案件的处理。（2）专利行政案件审判："合理的成功预期"在专利创造性判断中的考量；具有一定缺陷的技术方案是否具备实用性；化学产品发明的用途是否充分公开的判断；针对不确定第三人的许诺销售行为不属于药品和医疗器械行政审批例外。

2. 商标案件审判：（1）商标民事案件审判：商标权利人不得禁止他人对商标中地名的正当使用；在先行政处罚不影响民事侵权责任的认定；商标侵权案件中诉讼时效规定的适用。（2）商标行政案件审判：申请注册商标应合理避让他人在先商标；英文商标显著性的认定；行政管理规范对商品和服务类似判断的影响；商标注册损

---

① 深圳市腾讯计算机系统有限公司与郴州七啸网络科技有限公司等不正当竞争纠纷案，北京市海淀区人民法院（2020）京 0108 民初 8661 号。

② 罗某洲、马某华等八人假冒注册商标罪案，广东省深圳市中级人民法院（2022）粤 03 刑终 514 号。

③ 本报告对 2022 年中国法院十大知识产权案件均进行了评析，并从 50 件典型知识产权案例中挑选在案情、法律适用等方面具有特色的案例进行了评析，详见本报告各章案例部分。

④ 最高人民法院知识产权案件年度报告（2022）摘要.（2023－04－23）［2023－04－24］. https：//www. court. gov. cn/zixun/xiangqing/397462. html.

害国外自然人姓名权的认定；商标注册人的在先商标对其在后商标核准注册的影响。

3. 著作权案件审判：向公众提供侵权复制品侵害他人专有出版权；委托作品和法人作品的认定；符合作品认定条件的视听作品片段应当给予著作权保护。

4. 不正当竞争案件审判：销售仿冒混淆商品的行为构成不正当竞争；虚假或者引人误解的商业宣传的认定；商业诋毁行为的认定。

5. 植物新品种案件审判：植物品种特异性判断中已知品种的确定。

6. 集成电路布图设计案件审判：权利人可选择布图设计任何具有独创性的部分作为权利基础。

7. 垄断案件审判：因专利侵权纠纷达成的和解协议的反垄断审查；其他协同行为的认定；反垄断法罚款规定中"上一年度销售额"中"上一年度"的确定；体育赛事商业权利独家授权的反垄断审查；公用事业经营者隐性限定交易行为的认定；反垄断法对消费者权益的保护。

8. 技术合同案件审判：技术合同性质的判定。

9. 知识产权诉讼程序：侵害信息网络传播权案件管辖法院的确定；管辖连接点的确定。

e. 最高人民检察院发布四起检察机关知识产权综合性司法保护典型案例[①]

基本信息： 最高人民检察院 2022 年 3 月 1 日发布

主要内容： 此四起知识产权综合性司法保护典型案例及其典型意义如下：（1）大某视界文化传媒有限公司、张某等四人侵犯著作权案：应加大对网络侵犯著作权行为的惩治力度，并积极发挥法律监督在"行刑衔接"中的作用；（2）山东福某达环保工程有限公司、马某强、郭某侵犯商业秘密案：知识产权案件刑事附带民事诉讼应加强释法说理，达成民事调解；（3）陕西白水某康酒业有限责任公司申请行政诉讼监督案：对于历史原因形成的商标纠纷注重诉源治理，引导当事人达成和解协

[①] 检察机关知识产权综合性司法保护典型案例. (2022 - 03 - 01) [2022 - 03 - 20]. https://www.spp.gov.cn/spp/xwfbh/wsfbh/202203/t20220301_546236.shtml.

议；（4）余姚市浩某润滑油商行销售假冒注册商标的商品行政非诉执行监督案：当依法建议行政机关申请追加被执行人，确保行政处罚执行到位。

f. 检察机关保护知识产权服务保障创新驱动发展典型案例

基本信息：最高人民检察院 2022 年 4 月 20 日发布

主要内容：11 个典型案例及其典型意义如下：（1）鹰某公司、游某、游某棋侵犯商业秘密案：加大对涉新业态新领域、关键核心技术侵犯知识产权犯罪的打击力度，依法建议适用从业禁止令。（2）蔡某侵犯商业秘密案：依法打击侵犯经营信息商业秘密犯罪。（3）国某集成电路设计有限公司、许某、陶某侵犯著作权案：加强芯片知识产权司法保护，通过 GDS 文件与固化二进制代码比对，准确认定计算机软件实质性相似。（4）韦某升等三人销售假冒注册商标的商品案：加强涉冬奥知识产权司法保护，对侵权进行全链条打击。（5）上海赤某教育科技有限公司、姚某假冒注册商标案：为全国首例侵犯服务商标刑事案件，以"物理载体呈现＋服务内容固定"分别比较的方法认定"同一种服务"。（6）中某重工科技股份有限公司、刘某余等五人假冒注册商标案：积极开展企业合规建设。（7）马某等六人假冒注册商标、销售假冒注册商标的商品案：充分发挥刑事追诉和民事惩罚性赔偿制度对种业领域违法犯罪的震慑作用。（8）彭某雪、王某恒等七人假冒注册商标、销售假冒注册商标的商品、非法制造、销售非法制造的注册商标标识案：加强跨区域办案，全链条打击侵犯知识产权犯罪。（9）广州指某服务有限公司、广州中某管理咨询服务有限公司与迅某商贸有限公司等侵害商标权抗诉案：遏制利用恶意注册商标进行恶意诉讼的行为。（10）陈某与佛山市亮某厨卫有限公司侵害专利权纠纷再审检察建议案：积极构建知识产权民事诉讼多元化监督格局。（11）王某与某银行股份有限公司义乌篁园支行侵害著作权纠纷抗诉案：涉及民间艺术作品独创性的判断要全面分析在案证据。

g. 最高人民检察院发布 6 件检察机关依法惩治破坏市场竞争秩序犯罪典型案例①

基本信息：最高人民检察院 2022 年 8 月 4 日发布

---

① 最高检发布检察机关依法惩治破坏市场竞争秩序犯罪典型案例. （2022 - 08 - 04）[2022 - 09 - 01]. https://www.spp.gov.cn/spp/xwfbh/wsfbh/202203/t20220301_546236.shtml.

主要内容：其中 4 件典型案例涉及知识产权及相关竞争，案例及其典型意义如下：（1）廖某等人销售假冒注册商标的商品案：严惩直播领域侵权假冒犯罪，关注直播电商企业的刑事合规风险。（2）王某某侵犯商业秘密案：严惩侵犯商业秘密犯罪，帮助企业完善内部防控监管机制，预防侵犯商业秘密等不正当竞争行为再次发生。（3）李某某、范某某损害商业信誉、商品声誉案：规制向网络监管部门进行恶意投诉的诋毁行为，引入"月活跃用户数"作为评估指标。（4）南通×网络科技有限公司、万某某等人破坏计算机信息系统案：对以流量攻击的方式，致使他人合法提供的网络服务不能正常运行，造成经济损失，同时构成破坏计算机信息系统罪、破坏生产经营罪的，从一重罪处断。

h. 第二批知识产权行政执法指导案例

基本信息：国家知识产权局 国知发保字〔2022〕17 号 2022 年 3 月 29 日发布

主要内容：第二批知识产权行政执法指导案例（指导案例 6－8 号）及其指导意义如下：（1）指导案例 6 号浙江省温州市知识产权局处理重复侵犯"三维包装机的传动机构"专利权案：涉及对重复专利侵权行为相关规定的适用，明确对于在实践中出现的行政裁决或者司法裁判生效后被请求人未停止侵权行为，持续或再次侵犯同一专利权的情形，可以适用重复专利侵权行为的规定予以规制。（2）指导案例 7 号山东省威海市市场监督管理局查处使用回收再利用啤酒瓶侵犯"青岛啤酒"注册商标专用权案：涉及回收带有他人注册商标的容器进行再利用领域的注册商标专用权保护，明确认定利用回收的旧啤酒瓶罐装啤酒销售但未对原商标标识进行有效遮挡的行为属于商标侵权行为。（3）指导案例 8 号上海市知识产权局处理外观设计专利侵权纠纷达成调解协议并经司法确认案：经过司法确认程序赋予调解协议强制执行力，解决了调解协议执行难的问题，也强化了行政保护和司法保护的有机衔接。

1.1.4 其他文件

1.1.4.1 中共中央、国务院文件

a. 关于推进社会信用体系建设高质量发展促进形成新发展格局的意见

基本信息：中共中央办公厅 国务院办公厅 中办发〔2022〕25 号 2022 年 3 月

29 日发布

主要内容：本意见强调要"强化科研诚信建设和知识产权保护"，具体包括以下内容：全面推行科研诚信承诺制，加强对科研活动全过程诚信审核，提升科研机构和科研人员诚信意识；健全知识产权保护运用体制，鼓励建立知识产权保护自律机制，探索开展知识产权领域信用评价；健全知识产权侵权惩罚性赔偿制度，加大对商标抢注、非正常专利申请等违法失信行为的惩戒力度，净化知识产权交易市场；开展中国品牌创建行动，加强中华老字号和地理标志保护，培育一大批诚信经营、守信践诺的标杆企业。

b. 国务院办公厅关于复制推广营商环境创新试点改革举措的通知

基本信息：国务院办公厅 国办发〔2022〕35 号 2022 年 9 月 28 日发布

主要内容：本通知复制推广的涉知识产权改革举措包括：（1）健全知识产权质押融资风险分担机制和质物处置机制。综合运用担保、风险补偿等方式降低信贷风险；探索担保机构等通过质权转股权、反向许可、拍卖等方式快速进行质物处置，保障金融机构的融资债权。（2）畅通知识产权领域信息交换渠道。建立商标恶意注册和非正常专利申请的快速处置联动机制，开展商标专利巡回评审和远程评审。（3）清理设置非必要条件排斥潜在竞争者行为。清理取消企业在资质资格获取、招投标、政府采购、权益保护等方面存在的差别化待遇，清理通过划分企业等级、增设证明事项、设立项目库、注册、认证、认定等非必要条件排除和限制竞争的行为。

c. 中共中央、国务院关于构建数据基础制度更好发挥数据要素作用的意见

基本信息：中共中央、国务院 2022 年 12 月 2 日发布

主要内容：本意见从总体要求、数据产权制度、数据要素流通和交易制度、数据要素收益分配制度、数据要素治理制度和保障措施 6 个方面制定了 20 条规定，在建立数据基础制度体系方面具有里程碑意义。本意见要求，以维护国家数据安全、保护个人信息和商业秘密为前提，以促进数据合规高效流通使用、赋能实体经济为主线，以数据产权、流通交易、收益分配、安全治理为重点，构建适应数据特征、符合数字经济发展规律、保障国家数据安全、彰显创新引领的

数据基础制度。围绕构建数据基础制度，逐步完善数据产权界定、数据流通和交易、数据要素收益分配、公共数据授权使用、数据交易场所建设、数据治理等主要领域关键环节的政策及标准。本意见还要求强化反垄断和反不正当竞争，营造公平竞争、规范有序的市场环境。企业应严格遵守反垄断法等相关法律规定，不得利用数据、算法等优势和技术手段排除、限制竞争，实施不正当竞争。建立健全数据要素登记及披露机制，增强企业社会责任，打破"数据垄断"，促进公平竞争。

1.1.4.2　最高人民法院文件

a. 最高人民法院关于充分发挥司法职能作用 助力中小微企业发展的指导意见

基本信息： 最高人民法院 法发〔2022〕2 号 2022 年 1 月 13 日发布

主要内容： 本指导意见涉及知识产权的内容如下：

1. 依法保护中小微企业生存发展空间。依法公正高效审理反垄断、反不正当竞争案件，严惩强制"二选一"、低价倾销、强制搭售、屏蔽封锁、刷单炒信等违法行为。依法认定经营者滥用数据、算法、技术、资本优势以及平台规则等排除、限制竞争行为，防止资本无序扩张。健全司法与执法衔接机制，支持反垄断行政执法机关依法履职。

2. 加大中小微企业知识产权保护力度。落实知识产权侵权惩罚性赔偿制度，加大对"专精特新"中小微企业关键核心技术和原始创新成果的保护力度。中小微企业在订立技术转让合同、技术许可合同获取特定技术过程中，合同相对方利用优势地位附加不合理限制技术竞争和技术改进的条件，或者不合理要求无偿、低价回购中小微企业所开发的新技术、新产品，经审查认为违反反垄断法等法律强制性规定的，原则上应当认定相关条款或者合同无效。妥善处理保护商业秘密与人才合理流动的关系，在维护劳动者正当就业创业合法权益的同时，依法保护中小微企业商业秘密。依法制裁不诚信诉讼和恶意诉讼行为，规制滥用知识产权阻碍中小微企业创新的不法行为。

b. 最高人民法院关于支持和保障全面深化前海深港现代服务业合作区改革开放的意见

基本信息： 最高人民法院 法发〔2022〕3 号 2022 年 1 月 17 日发布

主要内容： 本意见涉及知识产权的内容如下：

1. 建设国际商事争议解决中心。进一步完善前海法院与港澳调解机构诉调对接机制，吸纳符合条件的港澳调解机构参与国际商事、知识产权等领域纠纷调解，支持港澳调解员及律师参与调解，探索由前海法院试点受理该类型调解协议的司法确认案件。

2. 加大知识产权司法保护力度。支持深圳知识产权法庭建设和知识产权审判改革创新，探索人工智能、互联网信息、生命信息等新类型数字化知识产权财产权益法律保护新模式。完善重点领域核心技术知识产权保护规则。完善司法裁判规则，加大针对网络环境下垄断和不正当竞争行为的制裁力度。持续实施最严格的知识产权保护制度，严格落实知识产权侵权惩罚性赔偿制度。加强知识产权"一站式"协同保护平台建设，推动健全知识产权多元化纠纷解决机制和快速维权机制，完善知识产权案件跨境协作机制。

c. 最高人民法院关于涉及发明专利等知识产权合同纠纷案件上诉管辖问题的通知

基本信息： 最高人民法院 法〔2022〕127 号 2022 年 4 月 27 日发布 2022 年 5 月 1 日施行

主要内容： 本通知就涉及发明专利等知识产权合同纠纷案件上诉管辖事宜进一步明确如下：地方各级法院（含各知识产权法院）自 2022 年 5 月 1 日起作出的涉及发明专利、实用新型专利、植物新品种、集成电路布图设计、技术秘密、计算机软件的知识产权合同纠纷第一审裁判，应当在裁判文书中告知当事人，如不服裁判，上诉于上一级法院。

d. 最高人民法院关于加强区块链司法应用的意见

基本信息： 最高人民法院 法发〔2022〕16 号 2022 年 5 月 23 日发布

主要内容： 本意见明确了区块链司法应用的总体目标：到 2025 年，建成法院与社会各行各业互通共享的区块链联盟，形成较为完备的区块链司法领域应用标准体系；区块链在多元解纷、诉讼服务、审判执行和司法管理工作中得到全面应用。在知识产权保护方面，构建与版权、商标、专利等知识产权区块链平台的跨链协同机制，支持对知识产权的权属、登记、转让等信息的查询核验，为知识产权案件的证据认定等提供便利，更好地服务国家创新驱动战略实施。

e. 最高人民法院关于为加快建设全国统一大市场提供司法服务和保障的意见

基本信息：最高人民法院 法发〔2022〕22 号 2022 年 7 月 14 日发布

主要内容：本意见明确了加快推进全国统一大市场建设的总体要求、主要目标和重点任务。其中涉及知识产权及相关竞争的要求如下：

1. 强化知识产权司法保护。如：持续加大对重点领域、新兴产业关键核心技术和创新型中小企业原始创新司法保护力度；严格落实知识产权侵权惩罚性赔偿、行为保全等制度；推动完善符合知识产权案件审判规律的诉讼规范，健全知识产权法院跨区域管辖制度，畅通知识产权诉讼与仲裁、调解对接机制，健全知识产权行政执法和司法衔接机制；依法从严惩处制假售假、套牌侵权、危害种质资源等危害种业安全犯罪，促进国家种业资源统一保护。

2. 强化司法反垄断和反不正当竞争。如依法制止垄断协议、滥用市场支配地位等垄断行为，严厉打击侵犯商业秘密、商标恶意抢注、攀附仿冒等不正当竞争行为，加强科技创新、信息安全、民生保障等重点领域不正当竞争案件审理。加强对平台企业垄断的司法规制，及时制止利用数据、算法、技术手段等方式排除、限制竞争行为，依法严惩强制"二选一"、大数据杀熟、低价倾销、强制搭售等破坏公平竞争、扰乱市场秩序行为。依法严厉打击自媒体运营者借助舆论影响力对企业进行敲诈勒索行为，以及恶意诋毁商家商业信誉、商品声誉等不正当竞争行为。完善竞争案件裁判规则，适时出台反垄断民事诉讼司法解释。

f. 最高人民法院关于规范和加强人工智能司法应用的意见

基本信息：最高人民法院 法发〔2022〕33 号 2022 年 12 月 8 日发布

主要内容：人工智能司法应用的总体目标是：到 2025 年，基本建成较为完备的司法人工智能技术应用体系，为司法为民、公正司法提供全方位智能辅助支持，显著减轻法官事务性工作负担；到 2030 年，建成具有规则引领和应用示范效应的司法人工智能技术应用和理论体系，为司法为民、公正司法提供全流程高水平智能辅助支持，应用规范原则得到社会普遍认可，大幅减轻法官事务性工作负担。人工智能司法的应用场景和范围包括全流程辅助办案、辅助事务性工作、辅助司法管理、服务多元解纷和社会治理等将不断拓宽。

g. 最高人民法院关于加强中医药知识产权司法保护的意见

基本信息： 最高人民法院 法发〔2022〕34 号 2022 年 12 月 21 日发布

主要内容： 本意见指导构建中医药知识产权大保护格局，推动中医药事业和产业高质量发展。本意见明确，中医药知识产权司法保护坚持促进传承创新、依法严格保护和公正合理保护的基本原则。加强中医药专利和商业标志保护，加强中药材资源保护，维护中医药市场公平竞争秩序，加强中医药商业秘密及国家秘密保护，加强中医药著作权及相关权利保护，加强中药品种保护，加强中医药创新主体合法权益保护，加大对侵犯中医药知识产权行为的惩治力度。完善中医药技术事实查明机制，加强中医药知识产权协同保护，提升中医药知识产权司法服务保障能力，加强中医药知识产权司法保护科技和信息化建设，加强中医药知识产权司法保护国际交流合作。

1.1.4.3 最高检察院文件

a. 最高人民检察院关于全面加强新时代知识产权检察工作的意见

基本信息： 最高人民检察院 2022 年 2 月 28 日发布

主要内容： 本意见明确的基本原则包括：坚持严格保护、协同保护、平等保护、公正合理保护，注重把握知识产权与社会公共利益之间的平衡，既严格保护知识产权，又确保公共利益和激励创新兼得；既坚持内外平等保护，又坚持总体国家安全观，有效维护国家安全和发展利益。主要目标是：知识产权检察体制机制进一步健全，知识产权检察机构专门化建设取得积极进展，符合检察权运行规律和知识产权案件特点的知识产权检察综合履职模式日臻成熟，知识产权检察基层基础进一步夯实，各项检察职能全面协调充分履行，服务保障创新型国家和社会主义现代化强国建设能力显著增强，知识产权司法保护质效全面提升。

本意见还就全面提升知识产权检察综合保护质效、建立完善知识产权检察体制机制、夯实知识产权检察工作基层基础三方面工作进行了具体阐述。

b. 最高人民检察院、国家知识产权局关于强化知识产权协同保护的意见

基本信息：最高人民检察院 国家知识产权局 2022 年 4 月 25 日发布

主要内容：本意见旨在促进知识产权行政执法标准和司法裁判标准统一，完善行政执法和司法衔接机制，构建大保护工作格局。具体措施如下：（1）建立常态化联络机制，明确联络机构，建立会商机制。（2）建立健全信息共享机制，建立关联案件双向通报制度，健全信息通报制度，推动建立信息共享平台。（3）加强业务支撑，完善专家咨询库和技术调查官人才库建设。（4）加大办案协作力度，建立线索双向移送机制、重大案件共同挂牌督办制度，推进跨区域协作共建。此外，还包括加强人才交流培训、深化研究合作、加强宣传配合和国际合作、建立奖惩机制等措施。

1.1.4.4 国家知识产权局文件

a. 国家知识产权局知识产权信用管理规定

基本信息：国家知识产权局 国知发保字〔2022〕8 号 2022 年 1 月 24 日发布/施行

主要内容：本规定建立健全知识产权领域信用管理工作机制：国家知识产权局在履行法定职责、提供公共服务过程中开展信用承诺、信用评价、守信激励、失信惩戒、信用修复等工作。国家知识产权局知识产权保护司负责协调推进；承担专利、商标、地理标志、集成电路布图设计相关工作及代理监管工作的部门、单位，依据作出的行政处罚、行政裁决和行政确认等具有法律效力的文书认定失信行为，并依职责开展具体工作。本规定将下列行为列为失信行为：（1）不以保护创新为目的的非正常专利申请行为；（2）恶意商标注册申请行为；（3）违反法律、行政法规从事专利、商标代理并受到国家知识产权局行政处罚的行为；（4）提交虚假材料或隐瞒重要事实申请行政确认的行为；（5）适用信用承诺被认定承诺不实或未履行承诺的行为；（6）对作出的行政处罚、行政裁决等，有履行能力但拒不履

行、逃避执行的行为；（7）其他被列入知识产权领域公共信用信息具体条目且应被认定为失信的行为。本规定施行之日，《专利领域严重失信联合惩戒对象名单管理办法（试行）》（国知发保字〔2019〕52号）同时废止。

b. 国家知识产权局防范和惩治知识产权统计造假弄虚作假的责任制规定

基本信息：国家知识产权局 国知办发规字〔2022〕8号 2022年1月28日发布/施行

主要内容：本规定明确，健全防范和惩治知识产权统计造假、弄虚作假责任制，要坚持集体领导与个人分工负责相结合，按照谁主管谁负责、谁经办谁负责的原则。国家知识产权局主要负责同志对防范和惩治知识产权统计造假、弄虚作假工作负主要领导责任，统计工作分管负责同志负直接领导责任。国家知识产权局具体承担专利、商标、地理标志和集成电路布图设计等知识产权统计业务的相关部门、单位主要负责人对防范和惩治本业务领域统计造假、弄虚作假工作负第一责任，分管负责人负主要责任。国家知识产权局具体承担专利、商标、地理标志和集成电路布图设计等知识产权统计业务的相关部门、单位处室负责人和统计人员对防范和惩治本业务领域的统计造假、弄虚作假工作负直接责任。

c. 国家知识产权局关于知识产权政策实施提速增效促进经济平稳健康发展的通知

基本信息：国家知识产权局 国知发运字〔2022〕25号 2022年5月30日发布

主要内容：本通知作出如下部署：

1. 加速释放知识产权资金政策效应：实施专利年费缴纳延期政策；推动专利转化专项计划奖补资金迅速落地；充分利用知识产权运营项目存量资金。

2. 有效发挥知识产权制度效能：便利知识产权申请注册和权利救济；加快提升市场主体知识产权行政保护效能；发挥商标和地理标志品牌作用引导促进消费。

3. 加快推动知识产权价值实现：用好知识产权质押途径支持中小微企业融资；实施专利开放许可试点降低企业获取专利技术成本；运用专利导航帮助企业提高研发创新效率。

4. 持续优化知识产权服务机制：降低知识产权信息获取成本；便利知识产权业务受理办理；丰富知识产权服务供给。

d. 国家知识产权保护示范区建设方案

基本信息：国家知识产权局 国知发保字〔2022〕27 号 2022 年 6 月 20 日发布

主要内容：本方案要求建设一批示范区，探索建立高效的知识产权综合管理体制，打通知识产权创造、运用、保护、管理、服务全链条，推动在重点地区初步形成权界清晰、分工合理、责权一致、运转高效的体制机制，带动引领我国知识产权保护水平整体提升，有力支撑经济社会高质量发展。主要目标是到 2025 年，在全国范围内遴选 20 个左右的城市（地区）完成建设工作，经评估认定为示范区，打造若干知识产权保护高地。示范区建设重点从以下几方面推进：加强知识产权保护工作整体部署；提高知识产权保护工作法治化水平；强化知识产权全链条保护；深化知识产权保护工作体制机制改革；推进区域内知识产权领域国际合作交流；维护知识产权领域国家安全。

e. 展会知识产权保护指引

基本信息：国家知识产权局 国知发保字〔2022〕30 号 2022 年 7 月 20 日发布

主要内容：本指引适用于在中国境内举办的各类线上线下经济技术贸易展览会、展销会、博览会、交易会、展示会等活动中有关知识产权的保护，明确了展会知识产权保护工作遵循职能部门指导监管、展会主办方具体负责、参展方诚信自律、社会公众广泛监督的原则。

本指引明确了展会举办地知识产权管理部门、展会主办方、工作站以及参展企业等在展前、展中和展后三阶段的知识产权保护工作内容。

f. 国家知识产权局关于加强知识产权鉴定工作的指导意见

基本信息：国家知识产权局 国知发保字〔2022〕32 号 2022 年 7 月 26 日发布

主要内容：本意见明确，知识产权鉴定工作的主要目标是力争到 2025 年形成较为完善的知识产权鉴定工作管理机制，建立多层次多类型的知识产权鉴定标准体系，知识产权鉴定机构规模合理、技术领域覆盖面广、专业化规范化水平明显提升，知识产权鉴定的应用范围更加广泛，对全面加强知识产权保护工作的技术支撑作用更加突出。本意见从明确工作定位、健全标准体系、加强机构培育、完善行业管理、开展行业评价、健全协同机制、加强能力提升和推动自律监管八个方面，部署了重点任务。其中，明确工作定位包括以下任务：支持符合知识产权鉴定相关国家标准、团体标准的知识产权鉴定机构组织鉴定人开展知识产权鉴定活动，运用科学技术和专门知识，对知识产权相关专门性事实问题进行鉴别和分析判断，并提供鉴定意见；重点做好专利、商标、地理标志、集成电路布图设计等各类知识产权鉴定工作，主要协助解决知识产权争议中的专门性事实问题；知识产权鉴定意见作为一种证据，必须经过查证属实，才能作为认定案件事实的根据。健全标准体系包括以下任务：推动出台知识产权鉴定相关国家标准、团体标准；研究制定知识产权鉴定术语规范等基础标准和专利、商标等知识产权鉴定专业标准，建立健全知识产权鉴定标准体系；加强知识产权鉴定活动中对鉴定人适用标准工作的指导，支持地方开展知识产权鉴定标准贯彻和实施工作，推进各类知识产权鉴定工作规范化开展。

g. 关于知识产权助力专精特新中小企业创新发展若干措施

基本信息：国家知识产权局 工业和信息化部 国知发运字〔2022〕38 号 2022 年 10 月 13 日发布

主要内容：本通知发布了以下措施：

1. 提升知识产权创造水平：助力企业知识产权创造提质增效，充分发挥专利、商标审查绿色通道作用，支持专精特新中小企业新技术、新产品高效获取知识产权保护；推动知识产权管理融入企业创新全过程，对标世界先进企业管理模式，推广实施《创新管理-知识产权管理指南（ISO56005）》国际标准；加快构建中小企业专利导航服务机制。

2. 促进知识产权高效运用：支持企业获取和实施优质专利技术，深入推进专利开放许可试点工作，要深度挖掘"专精特新"等中小企业需求，建设区域、行业的技术需求库，加快建立专利常态化供需对接机制，促进企业精准获取、高效实施专利技术；促进提升企业主营业务的知识产权贡献度；增强知识产权金融服务效能；实施品牌价值提升计划。

3. 加强知识产权保护：加强知识产权快速协同保护；强化企

业知识产权维权援助。

4. 强化知识产权服务保障：提升知识产权信息服务与传播利用水平；强化知识产权服务精准供给；加强企业知识产权人才保障；加大知识产权资金支持力度。

5. 加大协同推进力度，确保措施落地见效：加强部门协同；强化推进落实；强化考核激励。

h. 关于加强知识产权鉴定工作衔接的意见

基本信息：国家知识产权局 最高人民法院 最高人民检察院 公安部 国家市场监督管理总局 国知发保字〔2022〕43 号 2022 年 11 月 22 日发布

主要内容：本意见旨在进一步深化知识产权管理执法部门与司法机关在知识产权鉴定工作中的合作。知识产权鉴定是指鉴定人运用科学技术或者专门知识对涉及知识产权行政和司法保护中的专业性技术问题进行鉴别和判断，并提供鉴定意见的活动。知识产权鉴定主要用于协助解决专利、商标、地理标志、商业秘密、集成电路布图设计等各类知识产权争议中的专业性技术问题。知识产权鉴定意见经查证属实，程序合法，才能作为认定案件事实的根据。国家知识产权局、最高人民法院、最高人民检察院、公安部、国家市场监督管理总局建立健全协商机制、信息共享机制，加强知识产权鉴定能力的提升，推动知识产权鉴定专业化、规范化建设。

i. 国家知识产权局办公室关于完善知识产权运营平台体系有关事项的通知

基本信息：国家知识产权局 国知办函运字〔2022〕1002 号 2022 年 11 月 23 日发布

主要内容：本通知明确了在完善知识产权运营平台总体布局方面的核心工作：（1）优化体系架构。在前期平台布局和试点探索的基础上，搭建若干功能互补、协同服务的功能性国家知识产权运营平台，引导建设若干辐射区域、集聚资源的区域知识产权运营中心，支持建设一批根植产业、优势突出的产业知识产权运营中心。（2）完善平台布局。"十四五"期间，围绕知识产权交易服务、金融服务、特色服务、支撑工具等方面，在全国布局建设 15 个左右的功能性国家平台；围绕国家重大区域战略，引导建设若干区域运营中心；围绕重点产业领域，支持建设 50 个以内的产业运营中心。

j. 国家知识产权局、国家医疗保障局关于加强医药集中采购领域知识产权保护的意见

基本信息：国家知识产权局 国家医疗保障局 国知发保字〔2022〕45 号 2022年 12 月 5 日发布

主要内容：本意见就加强医药集中采购领域知识产权保护提出如下意见：（1）建立协调机制，包括建立会商机制、明确联络机构和加强信息共享。（2）加强业务协作，包括建立企业自主承诺制度、做好纠纷化解引导工作、加强协作制止侵权和分析研判重点产品。（3）加强工作保障，包括开展联合调研、开展业务培训、加强宣传引导。

k. 知识产权行政保护案件请示办理工作办法

基本信息：国家知识产权局 国知办发保字〔2022〕61 号 2022 年 12 月 6 日发布/施行

主要内容：本办法规定：

1. 下级知识产权管理部门在办理具体案件时，对涉及法律适用、办案程序、案件定性等方面确属疑难复杂和业务指导职能范围内的问题，经本级研究难以作出决定的，应当向上级知识产权管理部门请示。案件请示应当遵循逐级请示原则。对重大紧急的突发案件，下级知识产权管理部门需要越级请示的，应当说明理由。

2. 上级知识产权管理部门对案件请示应当及时办理并答复；对因意见不统一、需要进一步调查研究等原因不能在结案期限届满之前答复的，应当及时通知下级知识产权管理部门。各省（自治区、直辖市）和新疆生产建设兵团知识产权局对案件请示形成书面办理意见的，应当一并报送国家知识产权局备案。

3. 对上级知识产权管理部门的办理意见，下级知识产权管理部门应当结合实际贯彻执行，并应当在案件办结一个月内将案件办理结果报送上级知识产权管理部门。因特殊原因不能执行的，应当书面报告并说明理由。

4. 案件请示办理意见应当坚持以公开为常态、不公开为例外。国家知识产权局通过政府门户网站及时更新相关办理意见。

l. 知识产权保护规范化市场创建示范管理办法

基本信息：国家知识产权局办公室 国知办发保字〔2022〕64 号 2022 年 12 月 13 日发布/施行

主要内容：知识产权保护规范化市场创建示范工作以促进知识产权有效保护和规范管理为目标，每年培育认定一批线上线下知识产权保护规范化市场。知识产权保护规范化市场创建重点开展以下工作任务：指导市场经营管理主体建立知识产权保护工作机制，完善知识产权保护工作体系，提高知识产权保护管理能力，强化知识产权保护意识，提升知识产权保护满意度。国家知识产权局负责统筹指导知识产权保护规范化市场的培育指导、认定和复查工作，对知识产权保护规范化市场创建对象给予政策支持、工作指导、培训引导等。本办法施行后，《知识产权保护规范化市场认定管理办法》（国知办函协字〔2016〕250号）同时废止。

m. 国家知识产权局等17部门关于加快推动知识产权服务业高质量发展的意见

基本信息：国家知识产权局 国家发展和改革委员会（含原国家发展计划委员会、原国家计划委员会）教育部 科学技术部 工业和信息化部 司法部 财政部 人力资源和社会保障部 农业农村部 商务部 国家市场监督管理总局 国家统计局 国家版权局 中国银行保险监督管理委员会（已撤销） 国家林业和草原局 国家乡村振兴局（留牌已撤销） 中央军委装备发展部 国知发运字〔2022〕47号 2022年12月27日发布

主要内容：本意见从6个方面提出了27项具体要求和任务举措。主要要求包括：（1）激发经济高质量发展，引导知识产权服务业加快与产业融合发展。（2）优化服务供给质量和结构，明确知识产权代理服务、法律服务、运营服务、信息服务、咨询服务、新业态新模式发展等不同发展方向。（3）优化行业高质量发展环境，采取优化行业准入、强化政府监督、完善行业自律、加强社会监督、推动机构自治等系列举措。（4）夯实行业高质量发展基础，在数据基础、人才队伍、标准评价、研究统计、文化建设等方面提出切实举措。

1.1.4.5 省部级机关文件

a. 商务部等6部门关于高质量实施《区域全面经济伙伴关系协定》（RCEP）的指导意见

基本信息：商务部 国家发展和改革委员会（含原国家发展计划委员会、原国

家计划委员会） 工业和信息化部 中国人民银行 海关总署 国家市场监督管理总局 商国际发〔2022〕10 号 2022 年 1 月 24 日发布

主要内容：本意见要求加强知识产权保护。按照《区域全面经济伙伴关系协定》知识产权规则，为著作权、商标、地理标志、专利、外观设计、遗传资源、传统知识、民间文艺和商业秘密等提供高水平保护。完善国内知识产权保护体系，加大执法力度，加强打击盗版、假冒等侵权行为。加强知识产权行政执法、司法保护、社会共治的有效衔接。研究制定跨境电子商务知识产权保护指南。强化知识产权公共服务供给，加强海外知识产权纠纷应对和维权援助。按照RCEP 规定推动加入知识产权领域国际条约。建立自贸协定实施公共服务平台，就 RCEP 提供咨询服务，提供知识产权数据接口等服务支撑。

b. 网络主播行为规范

基本信息：国家广播电视总局 文化和旅游部 广电发〔2022〕36 号 2022 年 6月 8 日发布

主要内容：本规范列举了网络主播在提供网络表演及视听节目服务过程中不得出现的 31 项行为，其中包括"未经授权使用他人拥有著作权的作品""营销假冒伪劣、侵犯知识产权或不符合保障人身、财产安全要求的商品，虚构或者篡改交易、关注度、浏览量、点赞量等数据流量造假""夸张宣传误导消费者，通过虚假承诺诱骗消费者，使用绝对化用语"。

c. 文化和旅游部、教育部、科学技术部等关于推动传统工艺高质量传承发展的通知

基本信息：文化和旅游部 教育部 科学技术部 工业和信息化部 国家民族事务委员会 财政部 人力资源和社会保障部 商务部 国家知识产权局 国家乡村振兴局（留牌已撤销） 文旅非遗发〔2022〕72 号 2022 年 6月 23 日发布

主要内容：本通知要求加强传统工艺相关知识产权保护，综合运用著作权、商标权、专利权、地理标志等多种手段，保护创新成果，培育知名品牌。

d. 中国银保监会、中国人民银行关于推动动产和权利融资业务健康发展的指导意见

基本信息：中国银行保险监督管理委员会（已撤销） 中国人民银行 银保监发〔2022〕29 号 2022 年 9 月 20 日发布

主要内容：本意见涉知识产权的内容如下：（1）加大动产和权利融资服务力度，将知识产权中的财产权纳入押品目录，创新知识产权质押融资产品。（2）深化动产和权利融资业务创新，鼓励银行机构基于企业的专利权、商标专用权、著作权等无形资产打包组合提供融资，审慎探索地理标志为知识产权质押物的可行性；通过集成电路布图设计专有权质押融资等，支持企业创新发展。（3）提升动产和权利融资风险管控能力，逐步建立健全知识产权内部评估体系，加强资产评估能力建设。知识产权中的财产权质押按照相关规定办理登记。

1.2 案 例

1.2.1 管 辖

a. 管辖异议裁定的程序正当性——吕某诉苹果公司滥用市场支配地位案

案件名称：吕某与苹果电子产品商贸（北京）有限公司（以下简称"苹果北京公司"）、苹果公司、苹果电脑贸易（上海）有限公司（以下简称"苹果上海公司"）、第三人杭州滴答出行企业管理有限公司（以下简称"滴答公司"）滥用市场支配地位纠纷管辖权异议案

基本信息：最高人民法院（2022）最高法知民辖终 398 号，2022 年 12 月 2 日

主要案情：吕某诉苹果公司滥用市场支配地位案由上海知识产权法院受理。苹果北京公司受送达后提出管辖权异议，上海知识产权法院裁定将本案移送北京知识产权法院审理。吕某不服，提起上诉，认为本案与"滴答公司诉苹果公司垄断案"（案号为北京知识产权法院（2022）京 73 民初 229 号，以下简称"229 号案"）之间并无逻辑关联，仍应由上海知识产权法院审理。苹果北京公司则认为本案与 229 号案所涉及的垄断行为相同，应由北京知识产权法院审理，避免重复诉

讼。最高法院认为原审裁定未列明应当列明的当事人，且未完成送达，故裁定撤销原审裁定，将本案发回上海知识产权法院重审。

主要争点： 仅有部分当事人提出管辖权异议时，如何确认具有适当管辖权的法院。

裁判理由： 最高法院认为，本案原审法院尚未完成向苹果公司送达案件应诉通知书，苹果北京公司受送达后提出管辖权异议，原审法院在裁定书上仅列明原审原告吕某和提出管辖权异议的原审被告苹果北京公司，未列明其他两位原审被告苹果公司、苹果上海公司及原审第三人滴答公司，且未完成向上述当事人的相关送达。在此情况下作出将全案移送北京知识产权法院的裁定，直接涉及其他两位原审被告苹果公司、苹果上海公司及原审第三人滴答公司在诉讼程序中的权利和利益，未能保障相关当事人的知情权和发表意见的权利，且上述程序缺陷在二审阶段不能弥补。

评　　论： 诉讼程序的正当性直接涉及当事人的切身利益。最高法院二审裁定表明，在处理管辖权异议时，法院需要考虑到各方当事人的知情权和发表意见的权利，不能仅凭部分当事人的诉求做出裁决，否则将可能损害其他当事人在诉讼程序中的合法权益，且上述程序上的缺陷并不能在后续庭审阶段进行弥补。因此，确保程序的正当性是诉讼永恒的价值追求。

b. 被控侵权行为地的认定——瑞铄公司专利案

案件名称： 淄博市临淄瑞铄化工配件有限公司（以下简称"瑞铄公司"）与天津固特节能环保科技有限公司（以下简称"固特公司"）侵害实用新型专利权纠纷案

基本信息： 最高人民法院（2022）最高法知民辖终310号，2022年9月29日

主要案情： 瑞铄公司制造、销售了名称为"侧开密闭型节能开火门"的产品，并向中化泉州公司、中国石化镇海炼化分公司（以下简称"镇海分公司"）进行销售。固特公司主张瑞铄公司的产品落入其专利号为20122010××××.×的实用新型专利的权利保护范围，故提起侵权诉讼。瑞铄公司提起管辖权异议，认为其制造、销售侵权产品的行为均发生在公司注册地山东省淄博市，且其没有使用行为，故本案应由山东省济南市中级人民法院管辖。浙江省宁波市中级人民法院认为，从固特公司提交的初步证据来看，被诉侵权产品系镇海分

公司使用的一台型号为"GHK-001"的环保节能一体式看火门，即被诉侵权产品的使用行为地及侵权结果发生地在原审法院辖区，瑞铄公司对本案管辖权提出的异议不成立。瑞铄公司不服，向最高法院提起上诉。最高法院认为原审裁定适用法律存在瑕疵，裁定结果错误，原审法院对本案不具有管辖权。

主要争点： 被诉侵权产品使用地的原审法院对案件是否具有管辖权。

裁判理由：《最高人民法院关于审理专利纠纷案件适用法律问题的若干规定》（2020修正）第2条规定，因侵犯专利权行为提起的诉讼，由侵权行为地或者被告住所地人民法院管辖。侵权行为地包括被诉侵犯发明、实用新型专利权的产品的制造、使用、许诺销售、销售、进口等行为的实施地等，以及前述侵权行为的侵权结果发生地。本案中，固特公司对瑞铄公司提起诉讼，主张瑞铄公司生产、销售、许诺销售、使用被诉侵权产品，并提交了被诉侵权产品照片证明被诉侵权产品的生产单位为瑞铄公司，但固特公司提交的证据不足以证明瑞铄公司在浙江省宁波市实施了使用行为，故浙江省宁波市并非瑞铄公司的侵权行为地。另外，侵权结果发生地是侵权行为直接产生结果的发生地，一般而言，侵权人一旦实施了侵权行为，则侵权结果将相应产生。除法律上特殊规定和实践中特殊情形外，侵权结果发生地与侵权行为实施地大多重合。本案中，固特公司提交的证据不足以证明瑞铄公司的生产、销售、许诺销售行为实施地在浙江省宁波市，故浙江省宁波市亦非侵权结果发生地。综上，原审法院对本案不具有管辖权。本案所涉侵害实用新型专利权纠纷属于专利第一审知识产权民事案件，且瑞铄公司住所地位于山东省淄博市，依据《最高人民法院关于同意杭州市、宁波市、合肥市、福州市、济南市、青岛市中级人民法院内设专门审判机构并跨区域管辖部分知识产权案件的批复》第6条第1项规定，山东省济南市中级人民法院依法对本案具有管辖权，本案应移送山东省济南市中级人民法院审理。

评 论： 专利侵权纠纷中，被诉侵权主体的侵权行为地可以构成管辖连结点，非被诉侵权主体的侵权行为地则不能。原告以制造者制造、销售、许诺销售、使用被诉侵权产品为由提起侵害专利权诉讼，在仅起诉制造者且无证据证明制造者在受诉法院管辖区域内实施了被诉侵权产品使用行为的情况下，被诉侵权产品的使用者所在地法院对案件不具有管辖权。若被控侵权产品的使用者如镇海分公司为本案的共同被告，则案件的管辖权争议或许将有完全不同的结果。

c. 涉网络知识产权侵权案件管辖——万华公司商标侵权案

案件名称： 济宁万华餐饮管理有限公司（以下简称"万华公司"）与上海传玺餐饮管理有限公司（以下简称"传玺公司"）侵害商标权和网络不正当竞争纠纷案

基本信息： 上海知识产权法院（2022）沪 73 民辖终 219 号，2022 年 12 月 23 日

主要案情： 万华公司申请注册了与传玺公司注册商标读音相同的域名 www.bingxueningmeng.cn，并在其网站上擅自使用了与传玺公司注册商标相同的"冰雪柠檬"标识，宣称该商标为万华公司旗下的全国知名饮品连锁品牌，并展示其产品图片及加盟店门头照片等吸引他人付费加盟。传玺公司以万华公司侵害商标权及构成不正当竞争行为为由向上海市奉贤区人民法院（以下简称"奉贤区法院"）提起民事诉讼。奉贤区法院一审作出民事裁定书，认定本案应由奉贤区法院管辖。万华公司提起上诉。上海知识产权法院二审认定一审法院适用法律有误，本案应由山东省济宁高新技术产业开发区人民法院（以下简称"济宁高新区法院"）管辖。

主要争点： 奉贤区法院对本案是否具有管辖权。

裁判理由： 万华公司虽然利用信息网络进行了商业推广，但其侵权行为的实施地和结果发生地并不都在信息网络环境中，并非信息网络侵权行为，故不适用《最高人民法院关于适用〈中华人民共和国民事诉讼法〉的解释》（2022 修正）（以下简称《民事诉讼法解释》）第 25 条的规定。根据《最高人民法院关于审理商标民事纠纷案件适用法律若干问题的解释》（2020 修正）第 6 条的规定，因侵犯注册商标专用权行为提起的民事诉讼，由《商标法》第 13 条、第 57 条所规定侵权行为的实施地、侵权商品的储藏地或者查封扣押地、被告住所地人民法院管辖。前款规定的侵权商品的储藏地，是指大量或者经常性储存、隐匿侵权商品所在地；查封扣押地，是指海关、工商等行政机关依法查封、扣押侵权商品所在地。根据该条规定，在侵犯商标权案件中，除了大量侵权商品的储藏地以及海关、工商等行政

机关依法查封、扣押侵权商品的所在地外，仅侵权行为的实施地或者被告住所地可以作为管辖依据，而不再依据侵权结果发生地确定管辖，故本案应由万华公司住所地法院管辖。又由于根据相关规定，济宁高新区法院对济宁市任城区区域内诉讼标的在 100 万元以下的第一审知识产权民事案件有管辖权，而本案中传玺公司主张的赔偿金额低于该数额，故本案应由济宁高新区法院管辖，而并非由万华公司主张的山东省济宁市中级人民法院管辖。

评 论：《民事诉讼法解释》第 25 条对信息网络侵权行为的民事管辖作了专门规定。信息网络侵权行为具有特定含义，主要指通过信息网络侵害他人人身权益以及侵害他人信息网络传播权的行为，故并非侵权行为的实施、损害结果的发生与网络有关即可认定为信息网络侵权行为。因注册网络域名所引发的纠纷虽然也涉及网络领域，但注册域名的行为并非在网络上实施，不属于信息网络侵权行为。互联网商标及不正当竞争纠纷能否适用信息网络侵权管辖规则，需关注被控侵权行为是否在信息网络上完整实施，否则应依据最高法院其他司法解释确定案件的管辖权。

d. 信息网络传播权纠纷的管辖权确定——张某龙著作权案[①]

案件名称：张某龙与北京墨碟文化传播有限公司（以下简称"墨碟公司"）、程某、马某侵害作品信息网络传播权纠纷案

基本信息：最高人民法院（2022）最高法民辖 42 号，2022 年 8 月 22 日

主要案情：原告张某龙以被告擅自在相关网站上发布、使用其享有著作权的作品，侵害其著作权为由，向秦皇岛市中级人民法院（以下简称"秦皇岛中院"）提起诉讼。被告马某提出管辖权异议，认为秦皇岛中院对本案不具有管辖权，请求将本案移送北京互联网法院审理。秦皇岛中院作出（2021）冀 03 知民初 27 号民事裁定，驳回被告对管辖权提出的异议。被告马某不服该裁定，向河北省高级人民法院（以下简称"河北高院"）提起上诉。河北高院作出（2021）冀民辖终 66 号民事裁定，认为秦皇岛中院对本案不具有管辖权，且北京互联网法院对本案具有管辖权，故裁定撤销秦皇岛中院作出的裁定，将本案移送北京互联网法院审理。北京互联网法院认为，秦皇

[①] 此案入选 2022 年中国法院 50 件典型知识产权案例。

岛中院对本案具有管辖权，故将本案报请北京市高级人民法院（以下简称"北京高院"），请求北京高院报请最高法院指定管辖。北京高院认为，秦皇岛中院对本案具有管辖权，河北高院不应将本案移送北京互联网法院审理，故依法报请最高法院指定管辖。最高法院认定，秦皇岛中院对于本案没有管辖权，河北高院将本案移送北京互联网法院并无不当，裁定本案由北京互联网法院审理。

主要争点：信息网络传播权纠纷案件管辖适用的法律规定。

裁判理由：最高法院认为，不同法院持有不同意见的原因在于，根据《最高人民法院关于审理侵害信息网络传播权民事纠纷案件适用法律若干问题的规定》（2020修正）（以下简称《信息网络传播权案件规定》）第15条[①]和《民事诉讼法解释》第25条[②]，就本案管辖权问题可以得到两种不同的结果。依据《信息网络传播权案件规定》第15条的规定，本案不存在侵权行为地和被告住所地均难以确定或者在境外的情况，故原告住所地的秦皇岛中院无权管辖本案；而依据《民事诉讼法解释》第25条的规定，侵权结果发生地包括被侵权人住所地，秦皇岛中院有权管辖该案。

最高法院认为，《民事诉讼法解释》第25条规定中的"信息网络侵权行为"针对的是发生在信息网络环境下，通过信息网络实施的侵权行为，并未限于特定类型的民事权利或者权益。《信息网络传播权案件规定》第15条中的"信息网络传播权"则是《著作权法》第10条第1款规定的著作权人享有的法定权利，该规定是规范侵害信息网络传播权纠纷这一类民事案件管辖的特别规定。因此在确定侵害信息网络传播权民事纠纷案件的管辖时，应当以《信息网络传播权案件规定》第15条为依据。因此，秦皇岛中院对本案并不具有管辖权。

评　　论：本案涉及与信息网络传播权相关的管辖权问题。《民事诉讼法解释》与《信息网络传播权案件规定》均由最高法院发布，而本案表明这两份司法解释就信息网络传播权的相关管辖权问题存在冲突。《信

---

① 《信息网络传播权案件规定》第15条规定："侵害信息网络传播权民事纠纷案件由侵权行为地或者被告住所地人民法院管辖。侵权行为地包括实施被诉侵权行为的网络服务器、计算机终端等设备所在地。侵权行为地和被告住所地均难以确定或者在境外的，原告发现侵权内容的计算机终端等设备所在地可以视为侵权行为地。"

② 《民事诉讼法解释》第25条规定："信息网络侵权行为实施地包括实施被诉侵权行为的计算机等信息设备所在地，侵权结果发生地包括被侵权人住所地。"

息网络传播权案件规定》最早于 2012 年制定，沿革于《最高人民法院关于审理涉及计算机网络著作权纠纷案件适用法律若干问题的解释》。其第 15 条规定制定的初衷，是考虑到在司法实践中网络著作权纠纷时常涉外，被告住所地和侵权行为实施地均在国外，而侵权结果发生在国内。为保护权利人合法权利，最高法院就网络著作权纠纷管辖问题作出了特别规定，保证国内法院有权对此类案件进行管辖[①]。

本案中，最高法院认定《信息网络传播权案件规定》第 15 条相对于《民事诉讼法解释》第 25 条是著作权领域的特别规定，基于特别法优于一般法的原则，应适用《信息网络传播权案件规定》解决信息网络传播权纠纷的管辖权问题。最高法院借由该案消弭了这一冲突，明确了此类纠纷的法律适用标准。

1.2.2 诉讼时效

a. 专利权权属纠纷不适用诉讼时效制度——正威公司专利权案

案件名称： 惠州正威光电科技有限公司（以下简称"正威公司"）与惠州瀚星光电科技有限公司（以下简称"瀚星公司"）、韦某钊专利权权属纠纷案

基本信息： 最高人民法院（2022）最高法知民终 1069 号，2022 年 12 月 13 日

主要案情： 涉案专利专利权人原为被告韦某钊，案件审理时为被告瀚星公司。涉案专利提出专利权申请时，被告韦某钊尚在原告正威公司任职。正威公司认为，涉案专利系韦某钊在本职工作中完成的职务发明创造，应归正威公司所有，并以此为由向法院提起诉讼，请求确认专利权权属。涉案专利的申请日为 2016 年 7 月 29 日，于 2017 年 1 月 4 日获得授权，本案立案时间为 2020 年 10 月 14 日，被告以此为抗辩，认为原告正威公司提起本案诉讼时已超过诉讼时效。广州知识产权法院作出（2020）粤 73 知民初 1848 号民事判决，认定该抗辩理由不成立，涉案专利权为原告所有。被告不服，提起上诉。最高法院认定一审判决并无不当，驳回上诉，维持原判。

---

① 王艳芳.《最高人民法院关于审理侵害信息网络传播权民事纠纷案件适用法律若干问题的规定》理解与适用. 中国版权，2013（1）.

主要争点：专利权权属纠纷是否适用诉讼时效制度。

裁判理由：广州知识产权法院认为，《最高人民法院关于审理民事案件适用诉讼时效制度若干问题的规定》（2020 修正）（以下简称《民事案件诉讼时效规定》）第 1 条规定："当事人可以对债权请求权提出诉讼时效抗辩"。而本案为确权纠纷，原告正威公司请求确认涉案专利权属于正威公司所有，并不涉及债权请求权，不应适用诉讼时效制度，故被告瀚星公司、韦某钊提出诉讼时效抗辩，缺乏法律依据，不予支持。最高法院持相同意见，认为根据《民事案件诉讼时效规定》第 1 条的规定，本案所涉及的专利权确权纠纷不适用诉讼时效制度。

评　　论：本案涉及专利权权属纠纷是否适用诉讼时效的问题。专利权纠纷中存在以财产给付为内容的请求权，该类请求权可归于"债权请求权"中，当然地适用诉讼时效制度。但包括专利权在内的知识产权权属性质与物权相似，具有对世权、绝对权的特点，而依照我国的主流学说，物权请求权不适用诉讼时效制度①。因此，类比物权领域的制度安排，专利权权属纠纷与诉讼时效制度不相容。

　　　　　在过往案件中，已有法院提出专利权权属纠纷不适用诉讼时效制度②。在本案中，最高法院认可了广州知识产权法院的裁判理由，确定《民事案件诉讼时效规定》第 1 条的规定可以明确将诉讼时效制度排除在专利权权属纠纷之外，对后续裁判有明确的指导意义，也为后续类似的裁判理由指明了法律依据。

b. 职务发明报酬的诉讼时效——狗不理公司发明报酬案

案件名称：张某良与天津狗不理食品股份有限公司（以下简称"狗不理公司"）等职务发明创造发明人、设计人奖励、报酬纠纷上诉案

基本信息：最高人民法院（2021）最高法知民终 1172 号，2022 年 9 月 29 日

主要案情：张某良主张狗不理公司等应向其支付 2009—2016 年的发明人报酬。天津市第三中级人民法院作出（2020）津 03 知民初 175 号民事判决，认为张某良在专利权有效期内主张一次性报酬，未超过诉讼时效。狗不理公司上诉称，张某良于 2015 年 3 月离职，其离职时应

---

① 尹田 . 论诉讼时效的适用范围 . 法学杂志，2011（3）.

② 参见张某琳、张某芳、张某芳专利权权属纠纷案，河北省高级人民法院（2010）冀民三终字第 82 号民事判决。

当知道其权利可能受到损害，故其主张的职务发明创造发明人报酬应自该离职日起算。即使自 2016 年 7 月终止使用专利号为 20091006×××× .× 、名称为"生物保鲜包馅面食制品的制备方法"的发明专利（以下简称"涉案专利"）之日起算，至张某良于 2020 年 6 月提起本案诉讼也已超过二年诉讼时效。最高法院作出驳回上诉、维持原二审判决。

主要争点： 张某良主张发明人报酬是否已超过诉讼时效期间。

裁判理由： 最高法院认为，根据《专利法实施细则》第 78 条，张某良可以就狗不理公司已实施涉案专利的情况向狗不理公司主张一次性支付发明人报酬。张某良虽于 2015 年 3 月离职，但 2015 年 3 月后狗不理公司仍在使用涉案专利，且涉案专利至今仍在专利权有效期内。即使狗不理公司如其所言于 2016 年 7 月停止使用涉案专利，但其通过内部会议的形式决定停止实施涉案专利，彼时已经离职的张某良无从得知这一情况，狗不理公司亦未举证证明张某良自 2016 年 7 月起知道或者应当知道狗不理公司停止实施涉案专利。因此上诉理由不成立。

评　　论： 对于职务发明创造，如果公司未就发明人报酬的支付方式或数额等作出约定，亦未在公司的规章制度中作出规定，那么发明人可以向公司主张一次性支付发明人报酬。若公司仍在使用职务发明创造，且职务发明创造仍在有效期内，除非有证据证明发明人知道或者应当知道公司停止实施职务发明创造，那么发明人向公司主张发明人报酬均在诉讼时效期间内。本案明确了职务发明创造主张发明人报酬的诉讼时效期间，具有典型意义。

c. 诉讼时效的起算日——金囤公司植物新品种合同纠纷案

案件名称： 河南省金囤种业有限公司（以下简称"金囤公司"）与河北奔诚种业有限公司（以下简称"奔诚公司"）等植物新品种合同纠纷上诉案

基本信息： 最高人民法院（2022）最高法知民终 247 号，2022 年 3 月 29 日

主要案情： 金囤公司 2013 年 7 月 29 日获得小麦新品种"农大 5181"在全国范围内的独家生产经营权，2015 年 5 月 22 日与奔诚公司签订了《农大 5281 小麦新品种区域推广合作协议》。2017 年 6 月 29 日金囤公司以未收到品种权费为由向奔诚公司发出了《解除合同通知书》，后以奔诚公司和马某某违反了植物新品种合同为由提起诉讼。河北

省石家庄市中级人民法院作出（2021）冀 01 知民初 352 号民事判决，认定金囿公司主张奔诚公司向其支付 2015—2016 年度、2016—2017 年度品种权费的诉求已过诉讼时效，支付 2017—2018 年度、2018—2019 年度、2019—2020 年度品种费无法律依据，故对其诉讼请求均不予支持。金囿公司不服，提起上诉。最高法院驳回金囿公司全部上诉请求，维持原判。

主要争点：金囿公司主张的 2015—2016 年度、2016—2017 年度的品种权费是否已过诉讼时效。

裁判理由：最高法院认为，因金囿公司并未提交证据证明奔诚公司在上述两个年度繁育种子的数量，奔诚公司明确否认金囿公司提供过合格种子以及有正常产量种子出产，故金囿公司对其主张应承担举证不能的不利后果。并且，金囿公司以奔诚公司未交纳品种权费构成违约为由，于 2017 年 6 月 29 日通知奔诚公司解除合同，则其在本案中主张的品种权费诉讼时效期间至迟应于 2017 年 6 月 29 日起算。金囿公司于 2021 年提起本案诉讼时，已超过三年的诉讼时效期间，原审法院依据奔诚公司提出的诉讼时效抗辩，对其该部分诉讼请求不予支持，并无不当。此外，仅凭奔诚公司当庭提出诉讼时效抗辩主张这一事实并不足以认定原审法院主动释明诉讼时效，原审法院审理程序并无不当。

评　　论：根据《民法典》相关规定，向法院请求保护民事权利的诉讼时效期间为三年，自权利人知道或应当知道权利受到损害以及义务人之日起计算；权利人向义务人提出履行请求的，诉讼时效中断，从中断时起重新计算；诉讼时效期间届满的，义务人可以提出不履行义务的抗辩；法院不得主动适用诉讼时效的规定。被告提起诉讼时效抗辩的，则诉讼时效期间的起算日至关重要。起算日一般是指权利人知道或应当知道权利受到损害之日。本案为违约之诉，金囿公司于 2017 年 6 月 29 日向奔诚公司发出了《解除合同通知书》，应当认定金囿公司已于该日知道自己的权利受到损害，故诉讼时效于该日开始起算。因此，金囿公司在 2021 年提起的品种权费诉讼已过三年的诉讼时效期间。

d. 知道或者应当知道权利受到损害之日的确定——阿丹公司著作权案

案件名称：广州网百办公设备有限公司（以下简称"网百公司"）与阿丹电子

企业股份有限公司（以下简称"阿丹公司"）侵害计算机软件著作权纠纷上诉案

基本信息： 最高人民法院（2021）最高法知民终 2218 号，2022 年 6 月 22 日

主要案情： 阿丹公司以网百公司侵害其计算机软件及《快速设定本》的著作权为由提起诉讼。广州知识产权法院作出（2019）粤 73 知民初 689 号民事判决，认定网百公司侵害了阿丹公司就涉案软件以及《快速设定本》享有的复制权和发行权。网百公司不服，提起上诉。网百公司在一、二审的抗辩事由均为阿丹公司的起诉已过诉讼时效。最高法院二审认为：阿丹公司于 2019 年 6 月 12 日向原审法院起诉未超过诉讼时效期间，网百公司侵权成立，遂驳回上诉，维持原判。

主要争点： 阿丹公司的起诉是否超过诉讼时效期间。

裁判理由： 最高法院认为，阿丹公司于 2016 年 1 月在淘宝天猫平台购买了网百公司销售的 WB－520 的影像式 CCD 红光扫描器，经与涉案软件比对，发现二者的扫描模块、参数设定软件工具、功能缺陷等均高度近似。2016 年 7 月 5 日，阿丹公司在公证人员的见证下从网百公司在天猫平台经营的店铺中购买被诉侵权产品并作公证。阿丹公司于 2016 年 1 月的购买行为属于诉前调查，2016 年 7 月 5 日购买被诉侵权产品属于固定网百公司的侵权行为，故阿丹公司知道或者应当知道权利受到损害之日是 2016 年 7 月 5 日。根据《最高人民法院关于适用〈中华人民共和国民法总则〉诉讼时效制度若干问题的解释》（现已失效）第 2 条规定："民法总则施行之日，诉讼时效期间尚未满民法通则规定的二年或者一年，当事人主张适用民法总则关于三年诉讼时效期间规定的，人民法院应予支持。"本案诉讼时效期间应当自 2016 年 7 月 5 日起计算，适用《民法总则》规定的三年诉讼时效期间，因此，阿丹公司于 2019 年 6 月 12 日向原审法院起诉未超过诉讼时效期间。

评　　论：《民法总则》规定，诉讼时效期间自权利人知道或者应当知道权利受到损害以及义务人之日起计算。在持续性侵权行为中，持续发生的侵权行为是一个整体，其终了之日才是整个侵权行为完成之时，从此时开始计算诉讼时效，有利于保护权利人的利益。本案中，阿丹公司于 2016 年 1 月的购买行为属于诉前调查，2016 年 7 月 5 日购买被诉侵权产品属于固定网百公司的侵权行为，本案证据主要证

明被诉侵权行为发生于 2016 年 1 月至 7 月，但没有证据表明被诉侵权行为之后尚持续发生，故阿丹公司知道或者应当知道权利受到损害之日是 2016 年 7 月 5 日。《民法总则》施行之日为 2017 年 10 月 1 日，此时本案诉讼时效期间尚未满《民法通则》规定的二年，因此根据当事人请求，可适用《民法总则》规定的三年诉讼时效期间。

1.2.3　重复起诉

a. 重复起诉的认定——诺曼公司专利权案

案件名称： 安徽壹度品牌运营股份有限公司（以下简称"壹度公司"）、宁波市诺曼电子科技有限公司（以下简称"诺曼公司"）侵害实用新型专利权纠纷案

基本信息： 最高人民法院（2022）最高法知民终 198 号，2022 年 8 月 24 日

主要案情： 诺曼公司为涉案专利"一种快装式砂轮打火机"（专利号 20142041 ××××.×）的独占许可人。壹度公司在其品牌便利店销售与涉案专利同类型的砂轮打火机产品，诺曼公司以壹度公司侵害其专利权为由提起诉讼。安徽省合肥市中级人民法院（以下简称"合肥中院"）作出（2021）皖 01 民初 1174 号民事判决，认定被诉侵权产品落入了涉案专利权的保护范围，构成侵权。壹度公司不服一审判决并提起上诉，主张本案属于重复诉讼。最高法院二审认为，本案与宁波市中级人民法院（以下简称"宁波中院"）审理的（2020）浙 02 知民初 219 号民事案件（以下简称 219 号案）不构成重复起诉。但本案被诉侵权产品的相应技术特征与涉案专利权利要求的争议技术特征既不构成相同也不构成等同，故原审法院认定被诉侵权产品构成专利侵权缺乏事实和法律依据。

主要争点： 本案是否构成重复起诉。

裁判理由： 最高法院认为，根据《民事诉讼法解释》第 247 条规定，同时符合下列条件的，构成重复起诉：（1）后诉与前诉的当事人相同；（2）后诉与前诉的诉讼标的相同；（3）后诉与前诉的诉讼请求相同，或者后诉的诉讼请求实质上否定前诉裁判结果。本案当事人为壹度公司和诺曼公司，与前案当事人不完全相同；诺曼公司在前案中诉请

的是汇丰公司、陈某峰制造、销售行为的侵权之诉，本案诉请的是销售商壹度公司销售行为的侵权之诉，两案的诉讼标的不同；诺曼公司在前案的诉讼请求与在本案中的诉讼请求也不相同。因此，本案与前案并不构成重复起诉。

评　　论：根据《民事诉讼法解释》第247条之规定，要构成重复起诉，后诉与前诉应当同时符合当事人相同、诉讼标的相同、诉讼请求相同三个条件，通过主客观要件以及依据的事实等方面进行综合评判。从节约司法资源、维护司法既判力、防止矛盾裁判、减轻当事人诉累等多个方面综合考虑，重复起诉在民事诉讼程序中被禁止。具体而言，当事人相同，不受当事人在前诉与后诉中的诉讼地位的影响，即使前后诉原告和被告地位完全相反，仍应当认定当事人相同。诉讼标的是原告在诉讼上所为一定具体实体法之权利主张，诉讼请求是建立在诉讼标的基础上的具体声明，具体的请求内容对于在诉讼中识别诉讼标的及厘清其范围具有实际意义。本案中，宁波中院作出的219号案民事判决仅涉及被诉侵权产品生产厂家在其他案件中应承担的责任权利，与本案的当事人、诉讼标的和诉讼请求都不相同，因此不构成重复起诉。重复起诉的认定涉及诉讼主体、诉讼标的、诉讼请求的识别，审判人员需要深入把握"禁止重复诉讼"的本质，在司法实践中结合个案具体情况进行判断。

b. 被诉侵权行为是否已被处理——欧某诉皆净公司等侵害商标权案

案件名称：欧某与衡水皆净纺织家居用品有限公司（以下简称"皆净公司"）等侵害商标权纠纷案

基本信息：上海知识产权法院（2022）沪73民终533号，2022年10月10日

主要案情：2021年11月11日，河北省高级人民法院就欧某诉皆净公司等被告侵害商标权纠纷作出（2021）冀知民终290号民事判决，认定皆净公司生产、销售"竹骨牙签"的行为构成商标侵权，并判决其承担停止侵权、赔偿损失的责任（以下简称"河北案件"）。所判赔偿款项已经执行到位后，欧某依据2021年5月13日取证皆净公司侵犯其商标权的证据，诉至上海市徐汇区人民法院，要求皆净公司等就其实施的生产、销售"竹骨牙签"的行为承担侵权责任。该院作出（2022）沪0104民初1632号之一民事裁定，认为被诉侵权行为已在河北案件中作出处理，原告再行提起诉讼构成重复起诉。

主要争点：本案是否构成重复起诉。

裁判理由：上海知识产权法院认为，虽然原告在本案中取证的店铺及取证时间与河北案件不同，但被诉侵权产品相同。而根据河北案件的生效判决，皆净公司在 2020 年 10 月已经停产，工厂闲置。因此，在无相反证据的情况下，本案被诉侵权产品的生产时间应在 2020 年 10 月或之前，故本案中欧某主张皆净公司实施的生产、销售行为已包含在河北案件的判决中，且皆净公司就河北案件判决所判令的赔偿义务已履行完毕。况，一审法院已查明，河北案件在作出判赔金额时考虑的是皆净公司整体的生产、销售责任，而不是仅针对该案中取证店铺所涉商品的生产、销售责任。因此，欧某主张皆净公司实施的生产、销售"竹骨牙签"的行为，河北案件判决书中已作出处理，欧某再行对其提起诉讼构成重复起诉。

评　　论：司法保护是知识产权保护中的重要环节。对于司法救济而言，既要追求权利人的合法权益得到补救，又要确保对侵权者的惩治是合理、正当的。本案中，被告侵犯商标权的行为已经在前案中被法院认定，赔偿义务已履行完毕，原告以所谓的"新证据"又要求被告承担侵权责任，已构成重复起诉。重复起诉的核心在于前后案中的基础法律关系是否同一。前案已经根据被告整体的生产和销售情况进行侵权认定，这使得后案中原告起诉依据的案件事实已被前案包括，两个案件实则为同一法律关系所引发。因此，原告行为构成重复起诉。

c. 同一侵权行为的认定——源德盛公司专利权案

案件名称：源德盛塑胶电子（深圳）有限公司（以下简称"源德盛公司"）与邯郸市金朗爱力贸易有限公司（以下简称"金朗爱力公司"）、邯郸市金朗爱力贸易有限公司永年分公司（以下简称"金朗爱力永年分公司"）侵害实用新型专利权纠纷案

基本信息：最高人民法院（2021）最高法知民终 1192 号，2022 年 1 月 13 日

主要案情：河北省石家庄市中级人民法院（以下简称"石家庄中院"）受理了源德盛公司以金朗爱力公司、金朗爱力永年分公司为被告的侵害实用新型专利权纠纷两件案件，卷号分别为（2019）冀 01 知民初 45 号（"45 号案件"，即本案）、（2019）冀 01 知民初 46 号（"46 号案件"）。源德盛公司提交的两案起诉状载明的当事人、诉讼请求、事

实和理由完全相同，只是同一天取证的两份公证书中购买被诉侵权产品的行为地点（两个店铺）不同，但都位于同城且同一条路。石家庄中院在庭审中向源德盛公司释明本案与 46 号案件应在一个案件中审理，但源德盛公司仍坚持分案诉讼。石家庄中院认为本案构成重复诉讼，故作出（2019）冀 01 知民初 45 号裁定，驳回源德盛公司的起诉。源德盛公司提起上诉。最高法院驳回上诉，维持原裁定。

主要争点： 本案是否构成重复诉讼。

裁判理由： 最高法院认为，本案与 46 号案件中被控侵权行为的行为主体、方式（销售）、时段、所涉专利权均完全相同，仅行为地点（两个店铺）略有不同，但都位于同城且同一条路。两个店铺销售侵权行为的整体性和实质一致性较强，不宜再细分为两个不同的侵权行为，应认定为实质上的同一侵权行为。基于此事实基础，结合两案起诉状载明的当事人、诉讼请求、事实和理由完全相同等事实，原审法院根据《民事诉讼法解释》第 247 条的规定，认定本案与 46 号案件诉讼当事人相同，诉讼标的相同，诉讼请求相同，构成重复诉讼并无明显不当。此外，原审法院在本案一审庭审时已经向源德盛公司予以释明，已将两案实质同一的侵权行为在 46 号案件一个案件中审理，也适用法定赔偿支持了源德盛公司合法部分的诉讼请求。源德盛公司经释明后仍坚持继续本案诉讼，要求对原审法院已作出处理的同一侵权行为进行重复裁判，缺乏事实和法律依据，不应予以支持。

评　　论： 最高法院对"同一侵权行为"进行了明确，事实上的不同行为可因法律上的实质相同被拟制为法律上的同一行为。《民事诉讼法解释》第 247 条及相应司法实践，均依实体法诉讼标的理论来理解诉讼内容，将诉讼请求的同一性作为"一事不再理"原则适用的判断标准。判断是否属于重复诉讼，应当结合当事人的具体诉讼请求及其依据，以及行使处分权的具体情况进行综合分析。一般来说，当事人及诉讼请求是否相同的判断比较容易，事实与理由是否相同的判断则较为复杂，往往是认定是否构成重复诉讼的关键[1]，基于民法

---

[1] 吴光俊. 销售商品侵犯商标权诉讼中重复诉讼之认定. 中国法院网，2023－06－01.

上的诚信原则与禁止滥用权利原则，对于同一主体在同一时段和地域实施的同种销售行为，应认定为实质上同一侵权行为的诉讼内容，由法院认定重复起诉，进行释明并驳回。

d. 诉讼标的被完整包含的可构成重复起诉——光学仪器厂诉串通投标案

案件名称： 北京光学仪器厂有限公司（以下简称"光学仪器厂"）与北光君和文化发展（北京）有限公司（以下简称"北光君和公司"）串通投标不正当竞争纠纷案

基本信息： 北京知识产权法院（2021）京73民终798号，2022年5月25日

主要案情： 光学仪器厂以北光君和公司串通投标为由，诉请北京市东城区人民法院确认北光君和公司关于厂区内租赁及建后运营项目中标结果无效，该院作出（2020）京0101民初5804号民事判决，认定在案证据尚不足以证明北光君和公司在涉案项目中实施了串通投标不正当竞争行为，遂判决驳回光学仪器厂的诉讼请求。光学仪器厂不服一审判决，向北京知识产权法院提起上诉。该院认定本案与北京市第三中级人民法院所审理的（2019）京03民初352号合同纠纷案（下称"前诉"）构成重复起诉，遂撤销一审判决，并驳回光学仪器厂的起诉。

主要争点： 本案是否构成重复起诉。

裁判理由： 北京知识产权法院认为，首先，本案与前诉的双方当事人均为北光君和公司、光学仪器厂，前诉与后诉的当事人相同。

其次，关于前诉与本案的诉讼标的是否相同。即使前诉审理的诉讼标的与后诉并不完全相同，若前诉审理的诉讼标的完整包含后诉的审理标的，则后诉仍构成重复起诉。前诉中，北光君和公司起诉光学仪器厂并要求其承担违约责任，该诉讼的性质是基于合同关系的给付之诉，因此必然需要先审理合同是否成立并合法有效。前诉判决明确确认了涉案租赁合同的效力，并基于此作出了具有给付内容的判决。本案中，案由虽为串通投标不正当竞争纠纷，但是实质上系对涉案租赁合同是否违反强制性规定提起的诉讼，其诉讼标的直接指向涉案租赁合同的效力。本案租赁合同效力已经前诉审理并确认，所以前诉的诉讼标的完整包含了本案。

最后，关于本案的诉讼请求是否实质上否定前诉裁判结果。本案中，光学仪器厂的诉讼请求为确认中标结果无效，该诉讼请求的

成立则将直接导致涉案租赁合同无效，直接否定前诉判决对涉案租赁合同效力的确认结果，进而否定前诉基于有效合同内容作出的判赔内容。因此，本案诉讼请求已经构成对前诉裁判结果的实质否定。

评　　论：《民事诉讼法解释》第 247 条将"后诉与前诉的诉讼标的相同"作为重复起诉的构成要件之一。本案为确认之诉，与作为给付之诉的前诉的诉讼标的并不完全相同。本案租赁合同在性质上系对中标结果的书面确认，确认中标结果无效实质上亦否定了涉案租赁合同的效力。前诉作为基于合同关系的给付之诉，法院须先对合同效力作出认定，因此实质上内嵌确认之诉。对此类情形，学界一般认为前诉的诉讼标的覆盖了整个合同法律关系的存在，据此作出的生效判决对合同效力的认定能产生禁止重复起诉的效果，后诉提出与前诉合同效力认定结论相反的任何诉讼请求都构成对前诉的实质否定[①]。法院对此也认定前诉审理的诉讼标的完整包含本案诉讼标的，构成重复起诉。

1.2.4　举证

a. 举证责任转移——恒彩公司植物新品种权案

案件名称： 荆州市恒彩农业科技有限公司（以下简称"恒彩公司"）与甘肃金盛源农业科技有限公司（以下简称"金盛源公司"）、郑州市华为种业有限公司（以下简称"郑州华为种业公司"）侵害植物新品种权纠纷案

基本信息： 最高人民法院（2022）最高法知民终 13 号，2022 年 10 月 20 日

主要案情： 恒彩公司作为"T37""WH818"玉米植物新品种权的共有人，使用上述二品种为亲本，选育杂交玉米品种"彩甜糯 6 号"。金盛源公司开设店铺售卖"彩甜糯 866"玉米种子，包装上显示的生产者是郑州华为种业公司。经鉴定，上述玉米种子与标准样品"彩甜糯 6 号"在 40 个比较位点中差异位点数为 0，与郑州华为种业公司自行提供的"彩甜糯 866"差异位点数为 35。恒彩公司认为，只有通过"T37"与"WH818"两个品种繁殖才能获得"彩甜糯 866"种

---

① 曹志勋. 禁止重复起诉规则之重构：以合同效力的职权审查为背景. 中国法学，2022（1）.

子，故金盛源公司和郑州华为种业公司侵害了"T37""WH818"植物新品种权。郑州市中级人民法院认定恒彩公司提交的证据不足以证明被诉侵权行为侵害了"WH818""T37"植物新品种权，故作出（2021）豫 01 知民初 638 号民事判决，驳回其诉讼请求。恒彩公司提起上诉，最高法院认定原审判决认定事实错误，故作出撤销原审判决、郑州华为种业公司停止侵权行为并赔偿恒彩公司损失的终审判决。

主要争点：被诉侵权玉米种子是否使用"WH818""T37"作为父、母本生产。

裁判理由：最高法院认为，在认定是否构成《种子法》第 28 条所禁止的行为时，授权品种为生产另一品种繁殖材料的亲本是认定该侵权行为的关键事实，该事实的判断具有较强的专业性。目前玉米杂交品种与亲本品种的亲子关系鉴定缺少行业标准，杂交玉米品种与其亲本品种的亲子关系这一事实可以结合双方的举证情况来认定。一般而言，在实际玉米育种生产中，使用不同的亲本通过杂交选育得到相同或者极近似品种的概率很小。因此，如果品种权人能够证明被诉侵权杂交种与使用授权品种作为父、母本杂交选育的杂交种构成基因型相同或者极近似品种时，可以初步推定被诉侵权杂交种使用了授权品种作为亲本的可能性较大，此时应转由被诉侵权人提供证据证明其实际并未使用品种权人所主张的授权品种作为亲本。被诉侵权人并未提供证据或者提供的证据不足以推翻上述初步认定的，可以认定被诉侵权杂交种使用了授权品种作为亲本。本案中，恒彩公司已经就被诉侵权玉米种子使用"WH818""T37"作为父、母本生产的事实完成举证责任，郑州华为种业公司没有举出被诉侵权玉米种子是通过其他亲本繁育的相反证据，应承担对其不利的后果。

评　　论：在缺少行业标准的情况下，最高法院结合玉米育种规律适时转移举证责任，运用事实推定认定杂交玉米种与其亲本的亲子关系，类似情形也体现在《最高人民法院关于审理侵害植物新品种权纠纷案件具体应用法律问题的若干规定（二）》第 23 条规定。我国是世界种业大国，自 2021 年以来，种业知识产权保护被中央提升到战略高度，近两年对于新技术、新领域的种业知识产权保护在一定程度上更注重实质公平，对种业侵权行为的打击力度有所加大，范围有所扩大，为品种权人提供了有力保护。

b. 举证妨碍对赔偿数额的影响——菲狐公司著作权案

案件名称：上海菲狐网络科技有限公司（以下简称"菲狐公司"）与霍尔果斯侠之谷信息科技有限公司（以下简称"霍尔果斯侠之谷公司"）、深圳侠之谷科技有限公司（以下简称"深圳侠之谷公司"）、广州柏际网络科技有限公司（以下简称"柏际公司"）著作权权属、侵权纠纷案

基本信息：广州知识产权法院（2021）粤 73 民终 1245 号，2022 年 5 月 30 日

主要案情：深圳侠之谷公司、霍尔果斯侠之谷公司与柏际公司共同运营被诉侵权游戏。一审原告菲狐公司主张赔偿数额应当按照侵权人的获利情况确定，一审法院广州互联网法院曾多次责令深圳侠之谷公司等披露涉案侵权平台以及与赔偿金额有关的证据材料，但深圳侠之谷公司等拒不提供。二审中，广州知识产权法院再次要求深圳侠之谷公司等提交共同运营相关平台的证据材料，深圳侠之谷公司等仅披露部分无法看清的证据材料。广州知识产权法院认为，在菲狐公司以侵权获利主张赔偿数额，深圳侠之谷公司等存在违背诚信诉讼、构成举证妨碍的情况下，一审法院仍然适用法定赔偿来酌定赔偿数额，属于适用法律不当，故对一审法院判赔金额进行调整。

主要争点：深圳侠之谷公司等构成证据妨碍时，法院如何确定赔偿数额。

裁判理由：广州知识产权法院认为，考虑到深圳侠之谷公司等作为网络游戏市场主体，持有相关证据却拒不披露构成证据妨碍，深圳侠之谷公司等与相关平台的合作期限较长，相关平台规模较大，平台数量较多，以及法律所规定的证据妨碍的根本目的在于破解举证难、赔偿低的实际情况，依据证据妨碍规则推定菲狐公司主张的赔偿金额 500 万元成立。

    一审法院在深圳侠之谷公司等存在违背诚信诉讼构成举证妨碍的情况下，仍然适用法定赔偿来酌定赔偿数额，属于适用法律不当。司法裁判导向应当尽可能引导当事人积极举证、诚信诉讼，并在此基础上尝试解决知识产权侵权的举证难、赔偿低难题，最终实现司法保护知识产权的根本目的。

评　　论：本案中，法院根据《最高人民法院关于民事诉讼证据的若干规定》（以下简称《民事诉讼证据规定》）第 95 条和《最高人民法院关于知识产权民事诉讼证据的若干规定》（以下简称《知识产权民事诉

讼证据规定》）第 25 条确定的知识产权领域的证据妨碍规则，在当事人尤其是被诉侵权人无正当理由拒不提交、提交虚假证据、毁灭证据或者实施其他致使证据不能使用行为的情况下，推定当事人就该证据所涉证明事项的主张成立[①]，支持了一审原告根据侵权人的违法所得推定的赔偿金额。事实上，证据妨碍规则在知识产权法领域得到了广泛的应用，除了《著作权法》第 54 条第 4 款的规定外，《商标法》第 63 条第 2 款、《专利法》第 71 条第 4 款均有相关规定。证据妨碍规则体现了"破坏证据者应承担不利推定"的理念，有利于督促当事人积极举证，包括涉及赔偿额计算的举证，便于法院更为准确地确定知识产权损害的市场价值，对于改善知识产权诉讼纠纷中举证难、赔偿数额计算难的困境具有积极意义。证据妨碍规则背后是公平原则的体现，如果将举证不能导致的风险全部施加给原告一方，被告将没有举证的动力，有失公允。因此，为了实现实质正义，有必要重新调整原被告双方的举证责任。

c. 初步证据的推定效力——晟视公司商业秘密案

案件名称： 广州晟视电子科技有限公司（以下简称"晟视公司"）与刘某雯、刘某杰、天予嘉蓝（广州）科技有限公司（以下简称"天予公司"）侵害商业秘密纠纷案

基本信息： 广州知识产权法院（2021）粤 73 民终 5578 号，2022 年 4 月 15 日

主要案情： 晟视公司主张刘某雯、刘某杰、天予公司侵害了其商业秘密。广东省广州市黄埔区人民法院作出（2021）粤 0112 民初 797 号民事判决，认为被告行为构成侵权。双方均提起上诉。刘某雯、刘某杰、天予公司共同上诉称，一审法院推定"刘某雯对于天予公司也参与了广州农商行涉案项目的招投标活动应当是知情的。其在明知晟视公司参与了涉案项目的招投标活动的情况下，还让其弟弟经营的天予公司参与竞标"系认定事实错误；推定"刘某雯将晟视公司的投标报价信息向刘某杰、天予公司进行了披露，且刘某杰、天予公司在确定其报价信息时利用了上述信息"系认定事实错误。广州知识产权法院驳回上诉，维持原判。

主要争点： 侵害商业秘密的举证责任。

[①] 姜琳浩. 证据妨碍排除规则在专利侵权判定中的适用. 人民司法，2022（5）.

裁判理由：根据《反不正当竞争法》第 32 条的规定，商业秘密权利人提供初
步证据合理表明商业秘密被侵犯，有证据表明涉嫌侵权人有渠道或
者机会获取商业秘密，且其使用的信息与该商业秘密实质上相同
的，涉嫌侵权人应当证明其不存在侵犯商业秘密的行为。二审法院
认为，晟视公司已经提供了初步证据表明刘某雯、刘某杰、天予公
司侵害其商业秘密，理由如下：首先，刘某雯的办公电脑中储存有
刘某雯在晟视公司任职期间，作为天予公司的授权代表人或者联系
人，与客户签订销售监控产品的合同电子文档。虽然刘某雯、刘某
杰、天予公司均以相关合同无原件为由否认其真实性，但上述合同
均系从刘某雯办公电脑发现，而且合同加盖了天予公司的公章，部
分合同还有刘某雯的签字，在刘某雯、刘某杰、天予公司未提交反
证的情况下，可以确认上述合同的真实性。通过上述合同可以证
明，天予公司与晟视公司构成同业竞争，刘某雯参与了天予公司的
经营，知悉天予公司的经营情况。其次，刘某雯和刘某杰系姐弟关
系，其分别作为晟视公司和天予公司在涉案招投标项目的经办人，
并在投标响应函中承诺与该项目其他谈判供应商不存在任何关联
关系，考虑到刘某雯多年从事招投标工作，应该清楚了解若招标
方知悉其与天予公司法定代表人刘某杰的姐弟关系，必然使晟视
公司、天予公司丧失中标机会。在此情况下，晟视公司和天予公
司仍然同时参与涉案项目竞标，表明刘某雯和刘某杰知悉两公司
共同参与竞标。最后，晟视公司与天予公司在第二轮报价中，天
予公司的四项产品调整后的报价均小幅低于晟视公司的报价，该
差价足以使天予公司获得更高的评分从而最终中标。这说明刘某
雯将晟视公司的第二轮报价披露给刘某杰、天予公司，刘某杰、
天予公司获取并使用了该报价具有高度盖然性。基于上述事实，
晟视公司已完成刘某雯、刘某杰、天予公司侵害其商业秘密的初
步举证责任，此时应当由刘某雯、刘某杰、天予公司证明其不存
在侵犯商业秘密的行为。刘某雯、刘某杰、天予公司未完成上述
举证责任。综上，刘某雯、刘某杰、天予公司侵害了晟视公司的
商业秘密。

评　　论：本案法院通过"初步证据"推定的方式弥补原告对"不正当手段"
及"使用商业秘密"的证明，在第三方公司明知泄露主体掌握商业

秘密，与商业秘密泄露主体发生联系，并最终达成与商业秘密相关的交易时，推定存在获取并使用商业秘密侵害原告的行为。

d. 非新产品的制造方法专利的举证责任转移——致达公司专利权案

案件名称： 绵阳裕达电子科技有限公司（以下简称"裕达公司"）、广州致达塑胶五金有限公司（以下简称"致达公司"）侵害发明专利权纠纷案

基本信息： 最高人民法院（2021）最高法知民终 2541 号，2022 年 6 月 29 日

主要案情： 致达公司主张裕达公司关于被诉侵权产品的加工方法侵害了其专利号为 20131033××××.× 、名称为"带金属引线脚的外壳及其加工方法"的发明专利（以下简称"涉案专利"）。四川省成都市中级人民法院作出（2021）川 01 知民初 71 号一审判决，认为构成侵权。裕达公司提起上诉，称涉案专利是已知产品制造方法发明专利，不应适用举证责任倒置。最高法院作出驳回上诉、维持原判的二审判决。

主要争点： 非新产品的制造方法专利的举证责任转移问题。

裁判理由：《民事诉讼证据规定》第 3 条规定："专利方法制造的产品不属于新产品的，侵害专利权纠纷的原告应当举证证明下列事实：（一）被告制造的产品与使用专利方法制造的产品属于相同产品；（二）被告制造的产品经由专利方法制造的可能性较大；（三）原告为证明被告使用了专利方法尽到合理努力。原告完成前款举证后，人民法院可以要求被告举证证明其产品制造方法不同于专利方法。"最高法院认为，在本案中，致达公司及裕达公司均认可涉案专利方法制造的产品不属于新产品，被诉侵权产品与涉案专利方法制造的产品属于相同产品。致达公司通过公证方式购买被诉侵权产品，并在原审庭审中通过显微镜观察被诉侵权产品，认为其与通过涉案专利所记载的加工方法所制造出的产品的技术特征相同。致达公司已为证明裕达公司使用了涉案专利方法尽到了合理努力，且可以初步认定被诉侵权产品经由涉案专利方法制造的可能性较大，此时，应由裕达公司举证证明其产品制造方法不同于涉案专利方法。裕达公司未能证明其产品制造方法不同于涉案专利方法，因此，可以认定裕达公司制造、销售的被诉侵权产品使用了涉案专利方法，落入了涉案专利的保护范围。

评　　论： 本案明确了非新产品的制造方法专利的举证责任转移的适用问题。

如果专利权人能够证明被诉侵权人制造了同样产品，且为证明被诉侵权人使用了涉案专利方法尽到了合理努力，能够认定被诉侵权产品经由涉案专利方法制造的可能性较大的，此时无须要求专利权人承担进一步的举证责任，而由被诉侵权人提供其被诉侵权产品的制造方法不同于涉案专利方法的证据。本案属于适用《民事诉讼证据规定》第3条有关侵犯非新产品的制造方法专利的举证责任转移的典型案例。

1.2.5 保全（行为/证据/财产）

a. 财产保全的申请——程睿公司技术服务合同案

案件名称： 河北程睿环保咨询有限公司（以下简称"程睿公司"）与北京中科丽景环境检测技术有限公司（以下简称"中科丽景公司"）技术服务合同纠纷上诉案

基本信息： 最高人民法院（2022）最高法知民终30号，2022年9月27日

主要案情： 程睿公司以技术合同纠纷为由起诉中科丽景公司，并向一审法院提交了财产保全申请，但未获得支持。程睿公司上诉称原审法院未同意其申请构成程序违法。最高法院在二审中认定程睿公司提交财产保全申请的理由以及依据不充分，故原审法院不同意财产保全申请并不存在程序违法。

主要争点： 原审法院不同意财产保全申请是因为存在程序违法。

裁判理由：《民事诉讼法》第103条第1款规定，法院对于可能因当事人一方的行为或者其他原因，使判决难以执行或者造成当事人其他损害的案件，根据对方当事人的申请，可以裁定对其财产进行保全。最高法院认为，根据上述法律规定，"可能因当事人一方的行为或者其他原因，使判决难以执行或者造成当事人其他损害"是实施财产保全的条件之一，一方当事人对对方当事人的财产提出保全请求，应当提交符合财产保全条件的理由及相应依据。程睿公司仅向原审法院提交了财产保全的申请，但并未提交本案上述规定要求的证据，原审法院未同意其财产保全申请，符合法律规定，亦不存在程序违法。

评 论： 根据我国《民事诉讼法》第103条第1款，当事人申请财产保全

的，应当在"可能因当事人一方的行为或者其他原因，使判决难以执行或者造成当事人其他损害"的情形下才能得到法院的支持。为此，申请人应当提出一定的理由与依据，否则法院未同意财产保全申请并不构成程序违法。财产保全制度的目标在于保证法院判决的顺利执行，然而也要注意财产保全可能给另一方带来的负担，需要对被申请人的利益予以保护，因此提出财产保全申请的一方应当提出较为充分的理由，在发挥财产保全制度价值的情况下，减少错误保全可能带来的危害。应当说，尽管财产保全制度为维护当事人的合法权益发挥了积极的作用，但是在实践中因为申请财产保全错误给被申请人造成损失的情况也屡见不鲜，为此甚至需要赋予被申请人对不利的重大保全事项的抗辩的权利[①]。因此，为避免错误保全带来的危害，法院要求申请人在申请财产保全时作出说明并进行一定的举证具有正当性，对平衡申请人和被申请人双方的合法利益具有重要意义。

b. 网络文学领域的诉前行为保全——《夜的命名术》行为保全案

案件名称： 海南阅文信息技术有限公司（以下简称"阅文公司"）与广州市动景计算机科技有限公司（以下简称"动景公司"）、广州神马移动信息科技有限公司（以下简称"神马公司"）申请诉前行为保全案

基本信息： 海南自由贸易港知识产权法院（2022）琼 73 行保 1 号，2022 年 5 月 24 日

主要案情： 涉案作品《夜的命名术》是享有高知名度、粉丝数多的畅销网络小说，其在全球范围内的著作财产权由阅文公司独家享有。动景公司系"UC 浏览器"的运营者，神马公司为"UC 浏览器"内嵌及默认搜索引擎"神马搜索"的运营方。动景公司、神马公司在运营过程中存在优先展示《夜的命名术》盗版链接且诱导用户阅读盗版作品链接等涉嫌侵犯阅文公司信息网络传播权的行为。因涉案作品处于连载中，正在持续性受到侵害，情况紧急，阅文公司向法院提出了诉前行为保全申请，要求动景公司、神马公司立即对相关站点采取删除、屏蔽、断开链接等必要措施。法院经审查后，作出了准予保全的裁定。

---

① 冯庆平. 财产保全申请错误损害责任的认定与赔偿. 人民司法，2013（8）.

主要争点：阅文公司的诉前行为保全申请是否符合法律规定。

裁判理由：本案法院认为，首先，阅文公司对涉案作品《夜的命名术》享有信息网络传播权，且《夜的命名术》还处于持续更新中，具有较强的时效性，属于情况紧急的情形。其次，涉案作品能为阅文公司带来较高的广告流量和会员费、打赏费等收入，而动景公司、神马公司的侵害行为则会对阅文公司造成流量降低、收入减少等难以弥补的损害。再次，对动景公司、神马公司采取相关措施并不会影响涉案公司的正常生产经营和合法权益，也不会对社会公共利益造成损失。基于上述理由，法院支持了阅文公司的诉前行为保全申请，裁定动景公司、神马公司对其搜索引擎中涉嫌侵犯《夜的命名术》信息网络传播权的链接采取删除、屏蔽、断开等必要措施。

评　　论：本案被业界称为网络文学领域首个诉前行为保全案[①]，为治理网络文学盗版市场开辟了新道路。网络文学市场一直是著作权侵权的高发领域，存在着传统维权途径周期长、侵权范围广、侵权主体繁杂等保护难题。本案中诉前行为保全的实施起到了及时止损、便捷维权的效果，将侵权行为的不利后果控制在了最小范围内，有力维护了权利人的合法权益。本案自判决以来获得了各界广泛关注，为网络文学行业的长久发展起到了警示作用和示范作用。

c. 赛事节目的诉前行为保全——卡塔尔世界杯行为保全案

案件名称：央视国际网络有限公司（以下简称"央视国际公司"）与上海悦保信息科技有限公司（以下简称"上海悦保公司"）、沈阳盘球科技有限公司（以下简称"沈阳盘球公司"）申请诉前行为保全案

基本信息：上海市浦东新区人民法院（2022）沪 0115 行保 3 号，2022 年 12 月 8 日

主要案情：2022 年卡塔尔世界杯赛事节目是具有独创性的视听作品，受著作权法保护。央视国际公司经合法授权，拥有通过互联网以直播、延播和点播等形式传播卡塔尔世界杯赛事节目的权利及转授权的权利，并有权进行维权。在卡塔尔世界杯举办期间，上海悦保公司和沈阳盘球公司未经权利人许可，分别在其运营的"足球直播网"和

---

① 钟雨欣. 网络文学盗版何时休？行业内首个诉前禁令帮助权利人及时止损.（2022 - 11 - 18）[2023 - 04 - 18].https://www.163.com/dy/article/HMFDJLJ305199NPP.html.

"盘球吧"网站实时或延时向公众提供卡塔尔世界杯赛事节目的在线观看服务。对此，央视国际公司向上海市浦东新区人民法院提出诉前行为保全申请，请求裁定被申请人立即停止侵权。法院受理后，在24小时内作出了准予保全的裁定。

主要争点：央视国际公司的申请是否满足诉前行为保全的条件。

裁判理由：本案法院认为，央视国际公司拥有对2022年卡塔尔世界杯赛事节目予以传播的合法授权，比赛进行期间，被申请人未经权利人许可，通过信息网络向公众传播赛事节目视听作品，具有较大的侵权可能性。进一步考虑到卡塔尔世界杯正在如火如荼地开展，公众对大型体育赛事的关注度主要集中于赛事举办期间，因此世界杯赛事节目属于时效性极强的热播节目，具有极高的经济价值和国际影响力，能给申请人带来较大经济利益，如不及时制止被申请人的侵权行为，可能对申请人的竞争优势、经济利益等带来难以弥补的损害。因此，申请人的行为保全请求具有事实基础和法律依据，并且不会对社会公共利益造成损害。此外，法院亦责令申请人提供相应担保，被申请人因申请人诉前行为保全错误可能带来的损害已有充分的法律保障，采取行为保全措施不会导致当事人间利益的显著失衡。基于上述理由，法院对申请人央视国际公司的诉前行为保全申请予以支持。

评　　论：诉前行为保全是利害关系人因情况紧急于诉前向人民法院申请禁止被申请人为一定行为的保全措施，以避免其合法权益受到难以弥补的损害。面对知识产权领域越来越多的即发侵权，事后赔偿的救济方式难以满足当事人对及时维权的迫切需要。诉前行为保全制度的应用能及时制止侵权行为，防止损害结果的进一步蔓延，迅速恢复市场竞争秩序，对于加大知识产权保护力度具有重要积极作用，并最终实现法对实质正义的追求。

1.2.6　权利滥用

滥用商标权的认定——"西四包子铺"案

案件名称：北京西四包子炒肝有限公司（以下简称"北京西四公司"）与北京华天饮食控股集团有限公司（以下简称"华天饮食集团"）、北京京饮华天二友居餐饮管理有限公司（以下简称"二友居公司"）、北京京饮华天二友居餐饮管理有限公司西四南店（以下简称"二友居公司西四南店"）侵害商标权和不正当竞争纠纷案

基本信息：北京知识产权法院（2022）京 73 民终 1838 号，2022 年 12 月 15 日

主要案情：北京西四公司认为华天饮食集团、二友居公司、二友居公司西四南店在其店铺悬挂带有"西四包子铺"字样的招牌等行为侵犯了其第 98683×× 号"西四社"商标专用权。一审法院经审理认为"西四包子铺"和"西四社"构成商标近似，但北京西四公司成立以及取得和使用涉案商标的意图难为正当，认定北京西四公司商标专用权的行使违反了诚实信用原则，构成权利滥用。北京西四公司不服一审判决，提出上诉。北京知识产权法院针对北京西四公司是否构成滥用商标专用权的性质认定与一审法院不同，但处理结果一致，故在纠正相关认定的基础上，判决驳回上诉，维持原判。

主要争点：北京西四公司商标权的行使是否构成权利滥用。

裁判理由：北京知识产权法院认为，诚实信用原则可以作为禁止权利滥用的法源，而权利滥用禁止则是违反诚实信用原则的法律后果。认定权利滥用是否成立的关键在于通过权利行使的对象等多重因素，综合判断权利人的行为是否违反诚实信用原则。在上诉人受让涉案权利商标系出于真实使用意图，并对涉案权利商标进行了真实的商业使用情况下，从上诉人受让涉案商标专用权到对商标的使用，均不存在违反诚实信用原则的事实。此外，权利滥用是针对权利人的行为进行的法律评价，故被诉侵害商标专用权的行为是否具有正当性不能成为判断上诉人违反诚实信用原则的理由；权利滥用是针对权利人行使自己享有的权利的行为进行的法律评价，上诉人行使涉案权利商标专用权的行为直接表现为在经营过程中使用该商标以及通过起诉请求认定三被上诉人构成侵权。至于其在行使自己享有的权利时是否存在其他侵权行为，不应当作为认定构成权利滥用的要件。因此，一审判决认为权利人权利滥用的结论缺乏事实和法律根据。

评　　论：《民法典》第 132 条规定了禁止权利滥用，二审判决结合在先判决的阐述及司法解释的规定，认为诚实信用原则可以作为权利滥用的法源，且诚实信用原则是认定权利滥用行为的判断准则。个案中司法认定商标权滥用极为谨慎，原因在于：商标是授权性权利，商标

注册人根据商标局颁发的商标注册证进行维权，形式上具有对公权授权的"合理信赖"。基于此，认定商标权滥用应满足一定的构成要件：（1）商标权的取得具有不正当性，其权利基础存在重大瑕疵；（2）商标注册人不适当地主张权利，具有损害他人利益的主观恶意；（3）商标权滥用行为造成他人合法利益损失，且损失与滥用商标权行为之间有因果关系①。就权利基础而言，商标权滥用源自商标恶意抢注，故商标的取得是否具有正当性是判定是否构成权利滥用的关键。本案中，上诉人受让涉案权利商标系出于真实使用意图，并在受让前后对涉案权利商标进行了真实的商业使用，故其权利基础并不存在重大瑕疵，因而并不构成商标权滥用。另外，就认定权利滥用而言，权利滥用系对权利人的行为进行的法律评价，被诉行为人是否具有正当性不是权利滥用的判断根据；权利滥用针对的是权利人行使自己享有的权利的行为，权利人在行使自己享有的权利时是否存在其他侵权行为，不应当作为认定构成权利滥用的要件。

1.2.7 确认不侵权之诉

a. 确认不侵权之诉的起诉标准——威马公司确认不侵权案

案件名称： 威马中德汽车科技成都有限公司（以下简称"威马成都公司"）、威马汽车科技集团有限公司（以下简称"威马集团公司"）、威马智慧出行科技（上海）股份有限公司（以下简称"威马上海公司"）与高原汽车工业有限公司（以下简称"高原汽车公司"）确认不侵害知识产权纠纷案

基本信息： 最高人民法院（2021）最高法知民终 2460 号，2022 年 6 月 10 日

主要案情： 2018 年 10 月，高原汽车公司向四川省高级人民法院（以下简称"四川高院"）起诉称，威马成都公司申请的 8 项专利系其前员工利用在高原汽车公司工作期间所掌握的技术秘密所获得的专利，威马成都公司侵害其商业秘密，该案为（2018）川民初 121 号案（以下简称"121 号案"）。立案后，高原汽车公司先后追加威马集团公司、威马上海公司为该案被告。高原汽车公司在 121 号案开庭审理后撤诉。威马成都公司、威马集团公司、威马上海公司于 2020 年 1 月

---

① 宋健. 商标权滥用的司法规制. 知识产权，2018（10）.

10 日向高原汽车公司邮寄催告函，催告高原汽车公司明确真实意图并行使诉权，但其签收满一个月后未作任何回应，故威马成都公司、威马集团公司、威马上海公司向成都市中级人民法院提起确认不侵害知识产权之诉。该院认为本案不符合确认不侵害知识产权之诉的起诉条件，裁定驳回起诉。威马成都公司、威马集团公司、威马上海公司提起上诉。最高法院裁定驳回上诉，维持原裁定。

主要争点：本案是否满足确认不侵权之诉的起诉条件。

裁判理由：最高法院认为，《知识产权民事诉讼规定》第 5 条规定："提起确认不侵害知识产权之诉的原告应当举证证明下列事实：（一）被告向原告发出侵权警告或者对原告进行侵权投诉；（二）原告向被告发出诉权行使催告及催告时间、送达时间；（三）被告未在合理期限内提起诉讼"。其中，对于"合理期限"的判断，应当考量侵权行为证据发现的难易程度和诉讼准备所需时间等因素予以确定。对于"提起诉讼"的判断，如果权利人提起的确权之诉涵盖了侵权警告中涉及的相关知识产权客体，则应当认定权利人已经"提起诉讼"。高原汽车公司虽然撤回了 121 号案的起诉，但保留了相关专利申请权或者专利权权属纠纷案件的起诉，且高原汽车公司提起相关专利申请权或者专利权权属纠纷的时间早于威马成都公司等发出催告函的时间，故应当认定高原汽车公司已经在发出警告后在合理期限内提起诉讼。121 号案中高原汽车公司提起诉讼时明确主张权利的两项专利申请或者专利所涉相关技术方案，经过国家知识产权局驳回专利申请以及专利权人放弃专利权，高原汽车公司未就该两项专利提起相关专利申请权或专利权权属纠纷诉讼，可视为高原汽车公司已撤回了侵权警告。因此，威马成都公司等提起确认不侵权之诉不符合《民事诉讼规定》第 5 条规定的起诉条件，本案诉讼自始不能成立。

评　　论：知识产权人的合法权利依法受到严格保护，在提起侵权诉讼之前发送侵权警告是其行使民事权利的合理方式。但与此同时，必须准确界定知识产权权利人和社会公众的权利界限，若仅凭自称权利人侵权警告，会使他人正常生产经营活动受到影响。提起确认不侵害知识产权之诉，除了要满足《民事诉讼法》规定的起诉条件外，原告还必须提供初步证据证明《知识产权民事诉讼规定》第 5 条限定的三项特别条件。本案中，原告想要确认不侵权的专利权由于被驳回申请或自愿放弃等原因已经失效，被告未就该项专利提起相关专利申请权或专利权权属纠纷诉讼，可视为被告未发出侵权警告。因此，本案不满足确认不侵权之诉的起诉条件。

b. 确认不侵权之诉的受理条件——宜优比公司确认不侵害专利权案

案件名称： 宜优比科技控股（珠海）有限公司（以下简称"宜优比公司"）、泰朴（上海）国际贸易有限公司（以下简称"泰朴公司"）确认不侵害专利权纠纷案

基本信息： 最高人民法院（2021）最高法知民终 1362 号，2022 年 3 月 8 日

主要案情： 宜优比公司系涉案 20048002××××.×号"电源分配装置"发明专利的专利权人。2018 年 6—7 月间，宜优比公司多次通过京东商城平台向原告发起投诉，认为泰朴公司在其经营的优必克官方旗舰店中销售的轨道插座、适配器等产品侵犯其专利权，后宜优比公司既未撤回投诉亦未提起诉讼。之后泰朴公司提起确认不侵权之诉，上海知识产权法院作出（2018）沪 73 民初 955 号民事判决，认定本案符合确认不侵权之诉的受理条件。宜优比公司不服，提起上诉。最高人民法院裁定驳回上诉，维持原判。

主要争点： 泰朴公司起诉的确认不侵权之诉是否符合受理条件。

裁判理由： 最高人民法院认为，本案中宜优比公司在广东省高级人民法院对（2018）粤民终 1038 号案[①]审理期间，在京东商城平台投诉优必克官方旗舰店和六个链接。对 2018 年 7 月 2 日的投诉，商家回复已经修改了模具，投诉商品不侵权。对 7 月 10 日的投诉，商家再次回复不侵权，并附两份鉴定意见书。此后，宜优比公司于 7 月 17 日、7 月 23 日、7 月 31 日再次发起投诉，但直至原审法院于 2018 年 10 月 16 日就本案立案，宜优比公司既未撤回投诉亦未提起诉讼，本案符合《最高人民法院关于审理侵犯专利权纠纷案件应用法律若干问题的解释》（以下简称《专利权案件解释》）第 18 条规定的受理条件。在案证据显示，宜优比公司在泰朴公司发出催告后，未能及时行使权利，导致泰朴公司的法律关系处于不确定状态，这正是确认不侵权之诉制度发挥稳定社会关系功能之所在，泰朴公司

---

① 2018 年 12 月 21 日，广东省高级人民法院作出（2018）粤民终 1038 号民事判决，维持广州知识产权法院作出的一审判决，认定优必克公司制造、销售的电源分配装置产品落入涉案专利权保护范围。

有权提起确认不侵害专利权之诉。原审法院认定本案符合受理条件，适用法律正确，最高法院予以维持。

评 论：《专利权案件解释》第18条规定，权利人向他人发出侵犯专利权的警告，被警告人或者利害关系人经书面催告权利人行使诉权，自权利人收到该书面催告之日起一个月内或者自书面催告发出之日起二个月内，权利人不撤回警告也不提起诉讼，被警告人或者利害关系人向人民法院提起请求确认其行为不侵犯专利权的诉讼的，人民法院应当受理。司法解释未对侵权警告作出明确的界定，认定侵权警告需要结合确认不侵权诉讼制度的目的来理解。确认不侵权之诉旨在使潜在的专利侵权纠纷中的被控侵权行为人有消除不确定状态的司法救济途径[①]。在专利法语境中，侵权警告应是指权利人通过直接或间接的方式向相对方主张侵权，但又怠于通过法定程序解决纠纷，致使相对方是否侵权问题长期处于不确定状态[②]。本案中，权利人向电商平台发起的侵权投诉行为足以在其与相对方之间形成争议事实，此后权利人既未撤回投诉亦未提起诉讼，致使相对方的法律关系处于不确定的状态，因此，此情形下权利人在电商平台的侵权投诉也被认定为一种侵权警告。

c. 仲裁条款阻却确认不侵权之诉——民生保险公司著作权案

案件名称：民生人寿保险股份有限公司（以下简称"民生保险公司"）、微软（中国）有限公司（以下简称"微软中国公司"）侵害计算机软件著作权纠纷案

基本信息：最高人民法院（2021）最高法知民终1873号，2022年3月22日

主要案情：民生保险公司购买微软中国公司开发的办公软件供其员工使用，并在服务协议中约定争议解决途径为仲裁。微软中国公司曾向民生保险公司发送邮件和律师函，称民生保险公司的软件持有量与实际使用相差太大，存在版权风险。2019年12月9日，微软中国公司就服务协议履约核查条款的履行问题，向中国国际经济贸易仲裁委员会提出仲裁。民生保险公司诉请北京知识产权法院确认其不存在侵害微软中国公司计算机软件著作权的行为，该院作出（2020）京73民初935号民事裁定，认定双方仲裁条款合法有效，且本案争议焦

①② 徐卓斌. 确认不侵害专利权之诉若干疑难问题研究. 知识产权，2020（7）.

点涵盖于服务协议范围之内，属于仲裁事项，裁定驳回民生保险公司的起诉。民生保险公司不服一审裁定，向最高法院提起上诉，该院认定原审裁定对于仲裁条款效力的认定正确，且不违反法律规定，应予以维持，并且民生保险公司就本案提起的诉讼并不满足提起确认不侵权之诉的法定条件，遂驳回上诉，维持原裁定。

主要争点：本案是否满足确认不侵权之诉的受理条件。

裁判理由：最高法院认为，本案的受理条件可以参照《专利权案件解释》第18条进行审查。关于微软中国公司是否发出了侵权警告，微软中国公司称涉案邮件和律师函均系基于履约核查行为进行的沟通，并非侵权警告。最高法院认为，微软中国公司上述行为已经使得民生保险公司认识到自身权利可能处于不稳定状态，构成侵权警告。关于微软中国公司是否怠于启动纠纷解决程序，最高法院认为，在民生保险公司向微软中国公司发送催告函之后，微软中国公司已经提出仲裁。该仲裁申请目的依然在于解决双方就是否超范围使用软件问题所产生的争议，以结束民生保险公司的不安状态。因此，本案并不满足提起确认不侵权之诉的法定条件。

评　　论：在知识产权确认不侵权诉讼中，何种警告构成法律上适格的侵权警告，要结合确认不侵权之诉的制度目的加以认定[①]。虽然微软中国公司以邮件和律师函系履约核查的沟通为由，否认其在性质上属于侵权警告，但是该行为已经使得民生保险公司认识到自身权利处于不稳定的状态，因此最高法院认定微软中国公司的上述行为构成侵权警告。此外，仲裁作为法定的争议解决方式之一，其裁决效力亦具有法律强制力，因此最高法院认定"仲裁"的提起也是阻却确认不侵权之诉的方式之一。

d. 间接的侵权警告——盛和公司确认不侵权案

案件名称：浙江盛和网络科技有限公司（以下简称"盛和公司"）诉株式会社传奇IP（ChuanQi IP Co.，Ltd.）（以下简称"传奇株式会社"）确认不侵害著作权纠纷案

基本信息：杭州互联网法院（2021）浙0192民初10369号，2022年12月15日

主要案情：盛和公司出品的《蓝月》电影在腾讯视频平台上映后，传奇株式会

---

① 徐卓斌. 确认不侵害专利权之诉若干疑难问题研究. 知识产权，2020（7）.

社向腾讯公司进行侵权投诉。盛和公司回复催告函，告知传奇株式会社尽快行使相关诉权。传奇株式会社收到催告函后再次发函，仍认为《蓝月》电影侵犯《热血传奇》游戏的知识产权，要求下架该电影。盛和公司以确认《蓝月》电影不侵害《热血传奇》游戏著作权为由提起诉讼。杭州互联网法院作出民事判决，确认盛和公司授权视频网站播放的《蓝月》电影不侵害《热血传奇》游戏作为视听作品的改编权、信息网络传播权。

主要争点：盛和公司是否有权提起确认不侵权之诉。

裁判理由：杭州互联网法院认为，结合《蓝月》电影片头、片尾的出品单位署名情况、《电影〈蓝月〉权属确认书》《作品登记证书》等证据，应当认定盛和公司为该电影的著作权人，盛和公司作为该电影著作权人享有相应的诉权。故盛和公司作为本案原告资格适格。

此外，根据《民事诉讼证据规定》第5条，提起确认不侵害知识产权之诉的原告应当举证证明下列事实：（1）被告向原告发出侵权警告或者对原告进行侵权投诉；（2）原告向被告发出诉权行使催告及催告时间、送达时间；（3）被告未在合理期限内提起诉讼。

本案中，虽然传奇株式会社未直接向盛和公司发出书面警告，但其就《蓝月》电影向腾讯公司进行投诉，指向的对象明确，能够认定盛和公司受到警告。盛和公司在回复腾讯公司后，又向传奇株式会社发出诉权行使催告。传奇株式会社未撤回警告，亦未在合理期限内提起诉讼，使其与盛和公司之间是否存在著作权侵权的法律关系处于不确定状态，客观上使得盛和公司处于不安境地，并产生合理的诉讼顾虑，盛和公司所主张的合法利益有受到相应损害的可能。盛和公司与本案具有直接利害关系，其提起本案诉讼符合法律规定。

评　论：提起确认不侵权之诉的目的在于结束由于权利人的侵权警告所带来的不稳定的法律状态。对此，《民事诉讼证据规定》第5条规定了提起确认不侵害知识产权之诉需要满足的3个要件。其中，原告应当举证证明"被告向原告发出侵权警告或者对原告进行侵权投诉"。对于本案中被告传奇株式会社的侵权警告未直接向原告盛和公司发出这一情形是否符合这一要件的争议，杭州互联网法院认为，被告虽是向腾讯公司进行投诉，但指向对象明确，属于实质意义上向盛和公司发出了侵权警告。上述裁判思路灵活地将"被告向原告发出侵权警告"

解释为包含直接和间接的侵权警告，与《专利权案件解释》第 18 条中"权利人向他人发出侵犯专利权的警告"的要求保持一致。其次，被告是否"未在合理期限内提起诉讼"这一要件的判断，可以参照适用《专利权案件解释》中的相关规定。本案中，被告传奇株式会社在收到原告盛和公司的催告函后未撤回侵权警告，亦未在合理期限内提起诉讼，因此符合提起确认不侵害著作权纠纷的起诉条件，有利于引导当事人积极、主动维护自身利益，具有重要的实践价值。

1.3　动　态

1.3.1　立法动态[①]

a.《区域全面经济伙伴关系协定》（RCEP）生效

2022 年 1 月 1 日，《区域全面经济伙伴关系协定》（Regional Comprehensive Economic Partnership，RCEP）正式生效，文莱、柬埔寨、老挝、新加坡、泰国、越南等 6 个东盟成员国和中国、日本、新西兰、澳大利亚等 4 个非东盟成员国正式开始实施协定。RCEP 第 11 章为知识产权章，包含 14 节共 83 个条款和特定缔约方过渡期、技术援助请求清单等两个附件。

b. 中国加入《数字经济伙伴关系协定》（DEPA）工作组成立

2022 年 8 月 18 日，根据《数字经济伙伴关系协定》（Digital Economy Partnership Agreement，DEPA）联合委员会的决定，中国加入 DEPA 工作组正式成立，全面推进中国加入 DEPA 的谈判。DEPA 是全球第一个关于数字经济的重要规则安排，提出了发展数字经济的相关价值理念，总结了数字经济领域的相关治理经验，表达了在发展数字经济中争取多边合作、实现共同繁荣的发展诉求。

c.《国家知识产权局行政裁决案件线上口头审理办法（征求意见稿）》公开征求意见

2022 年 10 月 21 日—11 月 21 日，国家知识产权局就《国家知识产权局行政裁决案件线上口头审理办法（征求意见稿）》向社会公开征求意见。本办法所指线上

---

① 本报告的立法动态，包括各种规范性文件的起草、修订、生效等进展。

口头审理是指国家知识产权局在行政裁决中，通过互联网在线的方式完成行政裁决案件口头审理程序。

d. 最高法院、最高检察院推进侵犯知识产权刑事案件司法解释的修订

2022 年，最高法院、最高检察院推进《关于办理侵犯知识产权刑事案件适用法律若干问题的解释（征求意见稿）》起草工作①。2021 年施行的《刑法修正案（十一）》第 17～24 条对《刑法》第 213～220 条侵犯知识产权罪条款进行集中修订，此次司法解释将进一步明确侵犯知识产权罪的入罪、量刑的标准，实现与《刑法修正案（十一）》的衔接。最高法院、最高检察院先后发布过《最高人民法院、最高人民检察院关于办理侵犯知识产权刑事案件具体应用法律若干问题的解释》（法释〔2004〕19 号）、《最高人民法院、最高人民检察院关于办理侵犯知识产权刑事案件具体应用法律若干问题的解释（二）》（法释〔2007〕6 号）、《最高人民法院、最高人民检察院关于办理侵犯知识产权刑事案件具体应用法律若干问题的解释（三）》（法释〔2020〕10 号），新司法解释将实现知识产权刑事案件司法解释的整合，其施行后上述三则司法解释将同时废止。

1.3.2 其他动态

a. 国家知识产权局知识产权保护司发布《企业知识产权保护指南》

2022 年 4 月，国家知识产权局知识产权保护司发布《企业知识产权保护指南》。该指南从战略规划、人力资源、财务管理、市场营销、产品研发、生产及供应链和法务管理等方面，阐述在企业运行各环节、各阶段如何开展知识产权保护工作，为企业提供知识产权风险防控、高效应对纠纷等方面的策略建议，旨在推动从意识培养、机制建设、实务操作等方面切实提升我国企业知识产权保护能力和水平。

b. 中国国际经济贸易仲裁委员会知识产权仲裁中心成立

2022 年 7 月 22 日，中国国际经济贸易仲裁委员会（以下简称贸仲）知识产权仲裁中心揭牌。贸仲知识产权仲裁中心的成立，是落实《知识产权强国建设纲要》、化解知识产权纠纷、满足广大市场主体对知识产权纠纷解决的多元化需求的重要举措。

c. 中国知识产权研究会发布知识产权、专利和商标鉴定规范

2022 年 7 月 28 日，中国知识产权研究会发布《知识产权鉴定管理规范》（T/

---

① 最高人民法院、最高人民检察院就《关于办理侵犯知识产权刑事案件适用法律若干问题的解释（征求意见稿）》2023 年 1 月向社会公开征求意见。

CIPS001－2022）、《专利鉴定规范》（T/CIPS002－2022）及《商标鉴定规范》（T/CIPS003－2022）等知识产权鉴定系列团体标准。上述标准包含对知识产权鉴定机构的基本要求、鉴定程序以及专利、商标鉴定实施的具体规范等内容，主要目的是为知识产权鉴定机构的日常鉴定活动提供指引和依据。

d. 我国新设知识产权专业学位类别

2022年9月13日，国务院学位委员会、教育部印发《研究生教育学科专业目录（2022年）》，新设知识产权硕士专业学位类别。新版目录自2023年起实施。知识产权专业学位的设立是完善知识产权人才培养体系的重要内容，有助于培养更多的知识产权领军型高层次人才，支撑行业产业高质量发展。

e. 国家知识产权局启动数据知识产权地方试点

2022年11月，国家知识产权局发布国知办函规字〔2022〕990号通知，确定北京市、上海市、江苏省、浙江省、福建省、山东省、广东省、深圳市等8个地方作为开展数据知识产权工作的试点地方，上述地方将从推动制度构建、开展登记实践等方面开展数据知识产权地方试点工作，工作期限为2022年11月至2023年12月。

f. 几地出台关于惩罚性赔偿的地方司法文件

2022年，山东、北京、广州、杭州等地法院出台了关于惩罚性赔偿的地方司法文件：4月21日，山东高院印发了《山东省高级人民法院关于审理侵害知识产权民事案件适用惩罚性赔偿的裁判指引》。4月25日，北京高院印发了《北京市高级人民法院关于侵害知识产权民事案件适用惩罚性赔偿审理指南》和5件知识产权惩罚性赔偿典型案例。6月29日，广州知识产权法院印发了《广州知识产权法院关于全面落实惩罚性赔偿制度的意见》。5月25日、11月15日，杭州中院、杭州市人民检察院分别与杭州市生态环境局和杭州市市场监督管理局、杭州市消费者权益保护委员会印发了《杭州市生态环境损害惩罚性赔偿制度适用衔接工作指引（试行）》、《关于进一步强化落实食品药品安全领域惩罚性赔偿制度的实施办法（试行）》。

第二章 专 利 *

2.1 法律法规、司法解释、重要案例及其他文件

2.1.1 法律法规

a. 种子法（2021 修正）

基本信息：全国人大常委会 中华人民共和国主席令第 105 号 2021 年 12 月 24 日公布 2022 年 3 月 1 日施行

主要内容：此次修改涉及扩大植物新品种权的保护范围及保护环节、新增实质性派生品种制度、加大假劣种子打击力度、完善侵权赔偿制度、加强种质资源保护等。

其中，关于植物新品种权的具体规定是：（1）植物新品种权的保护范围。"植物新品种权所有人对其授权品种享有排他的独占权。植物新品种权所有人可以将植物新品种权许可他人实施，并按照合同约定收取许可使用费；许可使用费可以采取固定价款、从推广收益中提成等方式收取。任何单位或者个人未经植物新品种权所有人许可，不得生产、繁殖和为繁殖而进行处理、许诺销售、销售、进口、出口以及为实施上述行为储存该授权品种的繁殖材料，不得为商业目的将该授权品种的繁殖材料重复使用于生产另一品种的繁殖

---

* 本章包括植物新品种、集成电路布图设计相关内容。

材料。本法、有关法律、行政法规另有规定的除外。实施前款规定的行为，涉及由未经许可使用授权品种的繁殖材料而获得的收获材料的，应当得到植物新品种权所有人的许可；但是，植物新品种权所有人对繁殖材料已有合理机会行使其权利的除外。对实质性派生品种[①]实施第二款、第三款规定行为的，应当征得原始品种的植物新品种权所有人的同意。实质性派生品种制度的实施步骤和办法由国务院规定（第 28 条第 1—5 款）。（2）侵犯植物新品种权的赔偿责任。惩罚性赔偿的倍数由"一倍以上三倍以下"修改为"一倍以上五倍以下"（第 72 条第 3 款）；法定赔偿的上限由 300 万元修改为 500 万元（第 72 条第 4 款），增加了关于合理开支的规定"赔偿数额应当包括权利人为制止侵权行为所支付的合理开支"（第 72 条第 5 款）。

b. 国家标准管理办法（2022）

基本信息：国家市场监督管理总局 国家市场监督管理总局令第 59 号 2022 年 9 月 9 日公布 2023 年 3 月 1 日施行

主要内容：本办法第 11 条规定：国家标准一般不涉及专利。国家标准中涉及的专利应当是实施该标准必不可少的专利，其管理按照国家标准涉及专利的有关管理规定执行。第 27 条规定，起草工作组应当按照标准编写的相关要求起草国家标准征求意见稿、编制说明以及有关材料，编制说明一般包括涉及专利的有关说明。本办法施行后，原国家技术监督局第 10 号令公布的《国家标准管理办法》同时废止。

c. 农作物种子生产经营许可管理办法（2022 第二次修订）

基本信息：农业农村部 中华人民共和国农业农村部令 2022 年第 2 号 2022 年 1 月 21 日公布/施行

主要内容：本办法 2022 年分别依据中华人民共和国农业农村部令 2022 年第 1 号、第 2 号进行了两次修订。第一次修订将第 29 条中的"构成犯罪的，依法移送司法机关追究刑事责任"修改为"涉嫌犯罪的，及时将案件移送司法机关，依法追究刑事责任"。此次为第二次修订，

---

　　① 实质性派生品种是指由原始品种实质性派生，或者由该原始品种的实质性派生品种派生出来的品种，与原始品种有明显区别，并且除派生引起的性状差异外，在表达由原始品种基因型或者基因型组合产生的基本性状方面与原始品种相同（《种子法》第 90 条第 10 项）。

增加了关于转基因农作物种子生产经营许可管理规定，关于植物新品种权的规定无变化。

d. 农业植物品种命名规定（2022修订）

基本信息：农业农村部 中华人民共和国农业农村部令 2022 年第 2 号 2022 年 1 月 21 日公布/施行

主要内容：本次修改如下：

1. 规范对象调整为："申请农作物品种审定、品种登记和农业植物新品种权的农业植物品种及其直接应用的亲本的命名，应当遵守本规定"（第 2 条第 1 款）。

2. 关于农业植物新品种名称的规定修改为："一个农业植物品种只能使用一个中文名称，在先使用的品种名称具有优先性，不能再使用其他的品种名称对同一品种进行命名""申请植物新品种保护的同时提供英文名称"（第 5 条第 1 款、第 2 款）。

3. "申请人应当书面保证所申请品种名称在农作物品种审定、品种登记和农业植物新品种权中的一致性"①（第 6 条）。

4. 修改一项品种命名不得存在的情形："与他人驰名商标、同类注册商标的名称相同或者近似，未经商标权人书面同意的"（第 9 条第 8 项）；增加一项品种命名不得存在的情形："含有植物分类学种属名称的，但简称的除外"（第 9 条第 10 项）。

5. 增加一项"属于容易对植物品种的特征、特性引起误解的情形"："品种名称中含有知名人物名称的，但经该知名人物同意的除外"（第 10 条第 4 项）。

6. "品种名称中含有另一知名育种者名称的"属于容易对育种者身份引起误解的情形，此次修改增加了"但经该知名育种者同意的"的除外情形（第 11 条第 1 项）。

7. 增加一项"视为品种名称相同"的情形："以中文数字、阿拉伯数字或罗马数字表示，但含义为同一数字的"（第 12 条第 2 项）。

8. 增加一项规定："通过基因工程技术改变个别性状的品种，

---

① 原规定为："申请人应当书面保证所申请品种名称在农作物品种审定、农业植物新品种权和农业转基因生物安全评价中的一致性。"

其品种名称与受体品种名称相近似的，应当经过受体品种育种者同意"（第 13 条）。

9. 将"申请农作物品种审定、农业植物新品种权和农业转基因生物安全评价的农业植物品种"修改为"申请农作物品种审定、品种登记和农业植物新品种权的农业植物品种"（第 16 条第 1 款）。

10. 将"农业转基因生物安全评价"修改为"品种登记"（第 2 条、第 6 条、第 16 条、第 19 条、第 20 条），将有关条款中的"农业部"修改为"农业农村部"，"农业主管部门"修改为"农业农村主管部门"，对相关规章中的条文序号作相应调整。

e. 国家市场监督管理总局关于修改和废止部分部门规章的决定

基本信息：国家市场监督管理总局 国家市场监督管理总局令第 61 号 2022 年 9 月 29 日公布 2022 年 11 月 1 日施行

主要内容：本决定废止了以下部门规章：《专利权质押登记办法》（2010 年 8 月 26 日国家知识产权局令第 56 号公布）、《专利申请人和专利权人（单位）代码标准》（2001 年 11 月 1 日国家知识产权局令第 13 号公布）、《专利数据元素标准第 1 部分：关于用×ML 处理复审请求审查决定、无效请求审查决定和司法判决文件的暂行办法》（2006 年 12 月 7 日国家知识产权局令第 43 号公布）、《专利数据元素标准第 2 部分：关于用×ML 处理中国发明、实用新型专利文献数据的暂行办法》（2006 年 12 月 7 日国家知识产权局令第 44 号公布）等。国家市场监督管理总局决定修改的部门规章与专利无关，略。

2.1.2　司法解释

最高人民法院关于进一步加强涉种子刑事审判工作的指导意见

基本信息：最高人民法院 法〔2022〕66 号 2022 年 3 月 2 日公布/施行

主要内容：本意见要求依法加大对制假售假、套牌侵权和破坏种质资源等涉种子犯罪的惩处力度，重拳出击，形成震慑，有效维护种子生产经营者、使用者的合法权益，净化种业市场，维护国家种源安全，为种业健康发展提供有力刑事司法保障。具体方面规定如下：

1. 准确适用法律，依法严惩种子制假售假犯罪。对销售明知是假的或者失去使用效能的种子，或者生产者、销售者以不合格的种子冒充合格的种子，使生产遭受较大损失的，依照《刑法》第147条的规定以生产、销售伪劣种子罪定罪处罚。对实施生产、销售伪劣种子行为，因无法认定使生产遭受较大损失等原因，不构成生产、销售伪劣种子罪，但是销售金额在5万元以上的，依照《刑法》第140条的规定以生产、销售伪劣产品罪定罪处罚。同时构成假冒注册商标罪等其他犯罪的，依照处罚较重的规定定罪处罚。

2. 立足现有罪名，依法严惩种子套牌侵权相关犯罪。种子套牌侵权行为常伴随假冒注册商标、侵犯商业秘密等其他犯罪行为，审理此类案件时要立足刑法现有规定，通过依法适用与种子套牌侵权密切相关的假冒注册商标罪，销售假冒注册商标的商品罪，非法制造、销售非法制造的注册商标标识罪，侵犯商业秘密罪，为境外窃取、刺探、收买、非法提供商业秘密罪等罪名，实现对种子套牌侵权行为的依法惩处。同时，应当将种子套牌侵权行为作为从重处罚情节，加大对此类犯罪的惩处力度。

3. 保护种质资源，依法严惩破坏种质资源犯罪。非法采集或者采伐天然种质资源，符合《刑法》第344条规定的，以危害国家重点保护植物罪定罪处罚。在种质资源库、种质资源保护区或者种质资源保护地实施上述行为的，应当酌情从重处罚。

4. 贯彻落实宽严相济的刑事政策，确保裁判效果。实施涉种子犯罪，具有下列情形之一的，应当酌情从重处罚：针对稻、小麦、玉米、棉花、大豆等主要农作物种子实施的，曾因涉种子犯罪受过刑事处罚的，二年内曾因涉种子违法行为受过行政处罚的，其他应当酌情从重处罚的情形。对受雇佣或者受委托参与种子生产、繁殖的，要综合考虑社会危害程度、在共同犯罪中的地位作用、认罪悔罪表现等情节，准确适用刑罚。犯罪情节轻微的，可以依法免予刑事处罚；情节显著轻微危害不大的，不以犯罪论处。

5. 依法解决鉴定难问题，准确认定伪劣种子。对是否属于假的、失去使用效能的或者不合格的种子，或者使生产遭受的损失难以确定的，可以依据具有法定资质的种子质量检验机构出具的鉴定意见、检验报告，农业农村、林业和草原主管部门出具的书面意见，农业农村主管部门所属的种子管理机构组织出具的田间现场鉴定书等，结合其他证据作出认定。

6. 坚持多措并举，健全完善工作机制。各级人民法院要加强与农业农村主管部门、林业和草原主管部门、公安机关、检察机关等部门的协作配合，推动构建专业咨询和信息互通渠道，建立健全涉种子行政执法与刑事司法衔接长效工作机制，有效解决伪劣种子的认定，涉案物品的保管、移送和处理，案件信息共享等问题。

2.1.3 重要案例

最高人民法院发布第二批人民法院种业知识产权司法保护典型案例

基本信息：最高人民法院 2022 年 3 月 31 日公布

主要内容：该批案例及其典型意义如下：（1）陆某某、李某某、赵某某销售伪劣种子案①：保持对农资制假、售假犯罪的高压态势和打击力度。（2）薛某某销售伪劣种子、卢某某销售伪劣产品案②：对构成销售伪劣种子罪证据不足的，根据《刑法》第 149 条规定以销售伪劣产品罪定罪处罚。（3）江苏省高科种业科技有限公司与江苏金大丰农业科技有限公司、董某某、曹某某、杨某某侵害植物新品种权纠纷案③：审理法院调取行政机关执法证据并据此审查认定侵权事实，在适用法定赔偿时考虑适用惩罚性的因素。（4）深圳市金谷美香实业有限公司与合肥皖丰种子有限责任公司、霍邱县保丰种业有限责任公司侵害植物新品种权纠纷案④：允许将当事人对侵权赔偿数额作出的约定作为计算损害赔偿数额的标准，对于同一侵权人在同一时期的侵权行为引发的一系列案件且对权利人造成的损失具有一致性且难以分割的，在一个案件中一并确定赔偿数额。（5）酒泉市华美种子有限责任公司与夏某某植物新品种临时保护期使用费和侵害植物新品种权纠纷案⑤：涉及举证责任转移、确定临时保护期使用

---

① 二审：河南省商丘市中级人民法院（2021）豫 14 刑终 285 号。一审：河南省永城市人民法院（2021）豫 1481 刑初 28 号。

② 安徽省蒙城县人民法院（2019）皖 1622 刑初 141 号。

③ 江苏省南京市中级人民法院（2021）苏 01 民初 850 号。

④ 二审：最高人民法院（2021）最高法知民终 466 号。一审：安徽省合肥市中级人民法院（2020）皖 01 民初 1503 号。

⑤ 二审：最高人民法院（2021）最高法知民终 1469 号。一审：山东省青岛市中级人民法院（2021）鲁 02 知民初 23 号。

费，彰显了种业知识产权司法保护的公平正义。（6）江苏金土地种业有限公司与扬州今日种业有限公司、戴某某、杨某某、柏某某侵害植物新品种权纠纷案[①]：对于恶意逃避债务行为，判决原股东对于公司转让之前的侵权之债承担补充赔偿责任。（7）北京北方丰达种业有限责任公司与平顶山市卫东区平鼎种植专业合作社侵害植物新品种权纠纷案[②]：逐一列举分析影响法定赔偿适用的具体情节，合理分配举证责任，有效弥补权利人损失。（8）新乡市金苑邦达富农业科技有限公司与滑县丰之源农业科技有限公司、冯某某、项城市秣陵镇春花农资店植物新品种临时保护期使用费纠纷案[③]：参照品种权实施许可费，结合品种类型、种植时间、经营规模、当时的市场价值等因素综合确定临时保护期使用费，确保其经济利益得到充分补偿。（9）寿光德瑞特种业有限公司与山东博盛种业有限公司、汤某某侵害植物新品种权纠纷案[④]：根据检测鉴定意见转移举证责任，降低品种权人证明难度。（10）湖南亚华种业科学研究院与张某侵害植物新品种权纠纷案[⑤]：涉举证责任转移，最终适用高度盖然性标准认定侵权成立。

2.1.4 其他文件

a. 国家知识产权局关于认定产品外包装盒相关假冒专利行为的批复

基本信息： 国家知识产权局 国知发保函字〔2022〕2号 2022年1月5日公布

主要内容： 根据《专利法实施细则》的相关规定，为保护当事人合法权益，并减少不必要的资源浪费，专利权终止前依法印刷含有专利标识的产品外包装盒，在专利权终止后用于包装产品并进行销售的行为不属于假冒专利行为，但有证据证明行为人故意在专利权终止前不合理地大量印刷含有专利标识的产品外包装盒的除外。

[①] 二审：最高人民法院（2021）最高法知民终884号。一审：江苏省南京市中级人民法院（2019）苏01民初2143号。

[②] 二审：最高人民法院（2021）最高法知民终451号。一审：河南省郑州市中级人民法院（2020）豫01知民初982号。

[③] 二审：最高人民法院（2021）最高法知民终1661号。一审：河南省郑州市中级人民法院（2021）豫01民初497号。

[④] 山东省济南市中级人民法院（2019）鲁01民初1210号。

[⑤] 海南自由贸易港知识产权法院（2021）琼73知民初1号。

b. 外国专利代理机构在华设立常驻代表机构管理办法

基本信息：国家知识产权局 国知发运字〔2022〕1号 2022年1月7日公布/
施行

主要内容：外国专利代理机构在华设立常驻代表机构，应当向国家知识产权局
提出申请，取得许可。

外国专利代理机构申请在华设立常驻代表机构许可，应当具备
下列条件：（1）在国外合法成立；（2）实质性开展专利代理业务5
年以上，并且没有因执业行为受过自律惩戒或者行政处罚；（3）代
表机构的首席代表具备完全民事行为能力，具有专利代理师资格，
专利代理执业经历不少于3年，没有因执业行为受过自律惩戒或者
行政处罚，没有因故意犯罪受过刑事处罚；（4）在其本国有10名
以上专利代理师执业。

代表机构可以依法从事下列业务活动：（1）向当事人提供该外
国专利代理机构已获准从事专利代理业务国家或者地区的专利事务
咨询；（2）接受当事人或者中国专利代理机构的委托，办理在该外
国专利代理机构已获准从事专利代理业务国家或者地区的专利事
务；（3）接受当事人或者中国专利代理机构的委托，为我国企业海
外投资、海外预警、海外维权等涉专利事务提供专业化咨询服务；
（4）代表外国当事人，委托中国专利代理机构办理中国专利事务。
代表机构不得从事代理专利申请和宣告专利权无效等中国专利事务
以及中国法律事务。

c. 国家知识产权局关于持续严格规范专利申请行为的通知

基本信息：国家知识产权局 国知发保字〔2022〕7号 2022年1月24日公布

主要内容：本通知要求：（1）持续健全完善信息沟通机制。国家知识产权局定
期通报各地方专利申请情况，支持营商环境创新试点城市研究建立
非正常专利申请快速处置联动机制；各省级知识产权管理部门要定
期汇总报送国家知识产权局，各地方知识产权管理部门要主动向科
技、教育、卫生等部门通报非正常专利申请有关情况。（2）加强专
利申请行为精准管理。健全高效精准的非正常专利申请排查机制，
推动建立专利申请精准管理制度。（3）健全主动核查和举报机制。
各地方知识产权管理部门要持续加大对非正常专利申请的主动核查

力度，设立专线鼓励社会公众举报。（4）加强分级分类治理。各地方知识产权管理部门对本辖区内提交非正常专利申请的单位和个人予以重点关注，并区别不同情况开展分类整治。（5）加强对重点违规行为的治理。各地方知识产权管理部门要聚焦涉嫌违法违规的重点问题线索，加大处置力度，加强综合整治。（6）强化部门协同治理。协同和支持科技、教育、工业信息化等部门进一步改进完善与专利工作相关评价标准，协同市场监管、科技、财政等部门逐步减少对专利授权的各类财政性资助，每年至少减少 25 个百分点，直至在 2025 年以前全部取消。不得直接将专利申请、授权数量作为享受奖励或资格资质评定政策的主要条件。（7）加强专利申请领域信用监管。推动修订《专利法实施细则》等相关法律法规和规章，落实《市场监督管理严重违法失信名单管理办法》及有关政策文件，将提交非正常专利和从事违法专利代理行为列为失信行为，予以管理及公示。8. 强化代理机构行为监管。深化专项整治行动，不断加大对代理非正常专利申请和无资质专利代理的打击力度。加强区域间非正常专利申请代理行为监管信息共享，提高监管效率。

d. 国家知识产权局关于被请求人掌握不同证据主张现有设计抗辩情况下如何裁决的批复

基本信息：国家知识产权局 国知发保函字〔2022〕13 号 2022 年 1 月 27 日公布

主要内容：依照《专利法》第 67 条的规定，在专利侵权纠纷中，被控侵权人有证据证明其实施的技术或者设计属于现有技术或者现有设计的，不构成侵犯专利权。因此，现有技术或者现有设计抗辩仅在被请求人提出主张并提供相关证据的情况下才能予以适用。对于专利侵权纠纷行政裁决程序中被请求人提出现有技术或者现有设计抗辩，但未提供有效证据的，裁决机关依法无权作出侵权不成立的认定，但可向被请求人释明现有相关技术情况。

e. 国家知识产权局关于专利侵权纠纷行政裁决中口审之外的质证是否可以作为定案依据的批复

基本信息：国家知识产权局 国知发保函字〔2022〕12 号 2022 年 1 月 27 日公布

主要内容：在当事双方同意的情况下，口审之外的质证可以作为定案依据。根据现行《专利行政执法办法》第 16 条的规定，口头审理并不是管理专利工作的部门作出专利侵权纠纷行政裁决的必经程序。因此，在专利侵权纠纷行政裁决案件中，为充分发挥行政裁决效率高、成本低、专业性强、程序简便的特点，行政裁决请求书和答辩书中双方当事人对证据的质证意见可以作为定案依据，但应当以被请求人明确认可请求人提交的全部证据以及事实清楚、证据充分为前提。

f. 农业农村部、最高人民法院、最高人民检察院等关于保护种业知识产权打击假冒伪劣套牌侵权营造种业振兴良好环境的指导意见

基本信息：农业农村部等 农种发〔2022〕2 号 2022 年 1 月 28 日公布

主要内容：本意见要求：

1. 加快法律法规制修订，夯实种业知识产权保护制度基础。（1）推动修订法律法规及配套规章。贯彻实施新修改的《种子法》，推进《植物新品种保护条例》修订，研究制定实质性派生品种制度的实施步骤和方法，提高种业知识产权保护水平。研究修订《植物新品种保护条例实施细则（农业部分）》《非主要农作物品种登记办法》等配套规章，实施新修订的《主要农作物品种审定办法》、《农作物种子生产经营许可管理办法》和《农业植物品种命名规定》，健全以植物新品种权为重点的种业知识产权保护法律法规体系。（2）强化种业知识产权保护制度建设。研究制定加强涉种业刑事审判工作的指导意见，加大对危害种业安全犯罪的惩处力度。编制种业企业知识产权保护指南，制定合同范本、维权流程等操作指引。各地结合实际研究制定保护种业知识产权相关制度。

2. 加强司法保护，严厉打击侵害种业知识产权行为。加强种业知识产权案件审判工作，深入推进种业知识产权民事、刑事、行政案件"三合一"审判机制改革。积极运用涉及植物新品种、专利的民事及行政案件集中管辖机制，打破地方保护主义，提高保护专业化水平。强化案件审理，严格执行《最高人民法院关于审理侵害植物新品种权纠纷案件具体应用法律问题的若干规定（二）》。对反复侵权、侵权为业、伪造证书、违法经营等情形的侵权行为实施惩罚性赔偿。充分利用举证责任转移等制度规定，降低维权成本，提高侵权代价。加强种业领域商业秘密保护，完善犯罪行为认定标

准。强化案例指导，促进裁判规则统一。深入研究严重侵害植物新品种权行为入刑问题。

3. 严格行政执法，加大种业违法案件查处力度。（1）持续开展种业监管执法活动。组织开展常态化专项整治行动，持续保持高压严打态势，突出重要品种、重点环节和关键时节，加强种子企业和市场检查。（2）加大重大案件查处力度。对涉嫌构成犯罪的案件，及时移送公安机关处理；对于跨区域、重大复杂案件由部级挂牌督办、省级组织查处；加大对电商网络销售种子监管力度，建立协同联动的工作机制；对重点区域和环节，要重拳出击、整治到底、震慑到位。

g. 国家知识产权局关于执行假冒专利行政处罚裁量参考基准有关问题的批复

基本信息：国家知识产权局 国知发保函字〔2022〕23 号 2022 年 2 月 17 日公布

主要内容：《假冒专利行政处罚裁量参考基准》中"违法所得数额"与《专利行政执法办法》第 47 条的"违法所得"的含义相同，其计算需遵照《专利行政执法办法》相关规定执行。在查处假冒专利案件中，违法所得数额作为法定查实的违法事实，是确定违法程度和违法情节的主要依据。因此，在查处假冒专利案件中，需要将非法经营数额作为确定违法程度和违法情节的参考，以便将情节严重的假冒他人专利行为及时移送公安机关。这有利于推进行政执法和刑事司法立案标准协调衔接，促进行刑衔接机制顺畅运行。

h. 国家知识产权局关于专利行政裁决案件中分公司是否可作为独立被请求人的批复

基本信息：国家知识产权局 国知发保函字〔2022〕30 号 2022 年 2 月 23 日公布

主要内容：《民法典》第 74 条规定，"法人可以依法设立分支机构。法律、行政法规规定分支机构应当登记的，依照其规定。分支机构以自己的名义从事民事活动，产生的民事责任由法人承担；也可以先以该分支机构管理的财产承担，不足以承担的，由法人承担"。《公司法》第 14 条规定，分公司不具有法人资格，其民事责任由总公司承担。

因此，在专利侵权纠纷行政裁决案件中分公司不能作为独立的被请求人。

i. 国家知识产权局关于专利侵权纠纷案件中可否直接将请求人提供的专利权评价报告作为现有设计抗辩证据的批复

基本信息：国家知识产权局 国知发保函字〔2022〕31 号 2022 年 3 月 2 日公布

主要内容：根据《专利法》第 67 条规定，现有设计抗辩权作为一项抗辩权，以被控侵权人提出抗辩主张为前提，而且被控侵权人需提交现有设计证据。在被控侵权人未提出抗辩主张的情况下，管理专利工作的部门不能主动适用现有设计抗辩；而且外观设计专利权评价报告由请求人提交，不符合现有设计证据提交主体的要求。

《专利侵权纠纷行政裁决办案指南》规定，在适用现有设计抗辩时，应当仅将一项现有设计与被控侵权产品外观设计进行比较，并采用相同或实质相同的判断标准，即现有设计证据需证明被控侵权设计与一项现有设计相同或实质相同。根据《专利法实施细则》第 56 条及《专利审查指南》相关规定，外观设计专利权评价报告是对外观设计专利是否符合《专利法》及《专利法实施细则》规定的授予专利权条件的评价，包括反映对比文件与被评价专利相关程度的表格部分，以及被评价专利是否符合授予专利权的条件的说明部分。因此，外观设计专利权评价报告不能证明被控侵权设计与现有设计是否相同或实质相同。

j. 国家知识产权局关于专利侵权纠纷行政裁决案件补充证据采用问题的批复

基本信息：国家知识产权局 国知发保函字〔2022〕42 号 2022 年 3 月 18 日公布

主要内容：根据《专利行政执法办法》第 14 条的规定："管理专利工作的部门应当在立案之日起 5 个工作日内将请求书及其附件的副本送达被请求人，要求其在收到之日起 15 日内提交答辩书并按照请求人的数量提供答辩书副本。被请求人逾期不提交答辩书的，不影响管理专利工作的部门进行处理。被请求人提交答辩书的，管理专利工作的部门应当在收到之日起 5 个工作日内将答辩书副本送达请求人。"

通过上述方式未送达的证据材料，双方当事人应在口头审理前提交并相互交换，并在口头审理中进行质证，确认其证据的证明力。口头审理中原则上不接受当事人新提交的证据。如果相关当事人当庭提交的新证据确有充足的客观原因不能提前交换，且确实对案件具有重大影响的，应重新组织证据交换，并在进行质证后使用。

k. 国家知识产权局关于专利侵权纠纷行政裁决案件中区块链电子证据效力的批复

基本信息：国家知识产权局 国知发保函字〔2022〕40 号 2022 年 3 月 18 日公布

主要内容：《专利侵权纠纷行政裁决办案指南》第 4 章第 2 节第 6 部分①对电子证据的审核认定进行了具体规定。另外，《最高人民法院关于互联网法院审理案件若干问题的规定》第 11 条明确："通过电子签名、可信时间戳、哈希值校检、区块链等证据收集、固定和防篡改的技术手段或者通过电子取证存证平台认证，能够证明其真实性的，互联网法院应当确认。"而且 2019 年新修订的《最高人民法院关于民

---

① 《专利侵权纠纷行政裁决办案指南》第 4 章第 2 节第 6 部分关于电子证据审核认定的规定如下：

（1）合法性认定

域外形成的电子证据原则上应经过公证认证，否则不予采纳。对于国外网站信息等可以在我国域内通过正当途径获得的电子证据，无须进行公证认证，可以直接作为证据予以接纳。取证手段的合法性主要需考虑证据的取得是否侵害他人合法权益（如故意违反社会公共利益和社会公德、侵害他人隐私等）或者采用违反法律禁止性规定的方法（如窃听），除此之外，不能随意认定为非法证据。未经对方当事人同意私自录制其谈话所取得的录音资料，如未违反上述原则，不宜简单以不具有合法性予以排除。

（2）真实性认定

当事人均认可的电子证据，一般予以采纳；对方当事人有充分理由反驳的，应当要求提交电子证据的当事人提供其他证据予以佐证。经查证属实，电子证据可以作为单独认定案件事实的依据。审核电子证据的真实性时，还需要考虑以下因素：①电子证据的形成过程，包括电子证据是否是在正常的活动中按常规程序自动生成的、生成系统是否受到他人的控制、系统是否处于正常状态等。②电子证据的存储方式，包括存储方式是否科学、存储介质是否可靠、存储人员是否独立、是否具有遭受未授权的接触的可能性。③电子证据的收集过程，包括电子证据的收集人身份是否适格，收集人与案件当事人有无利害关系，收集方法（备份、打印输出等）是否科学、可靠等。④电子证据的完整性。一般情况下，应依法指派或聘请具有专门技术知识的人对其进行鉴定，就有关电子证据的技术问题进行说明，不能仅凭生活常识来判定电子证据有无删改。

（3）证明力认定

①经公证的电子证据的证明力大于未经公证的电子证据。经公证的电子证据仍然是电子证据，同样需要适用判断电子证据真实性的规则。②在正常业务活动中制作的电子证据证明力，大于为诉讼目的而制作的电子证据。③由不利方保存的电子证据的证明力最大，由中立的第三方保存的电子证据证明力次之，由有利方保存的电子证据证明力最小。

事诉讼证据的若干规定》第 14 条[①]、第 90 条[②]、第 93 条[③]、第 94 条[④]、第 99 条第 2 款[⑤]，对电子数据的客体、真实性和证明力等方面进行了规定。为促进行政司法标准统一，在行政裁决中，如有当事人提交区块链等相关电子证据，可参照《专利侵权纠纷行政裁决办案指南》以及上述司法解释的相关规定进行认定。

1. 关于加入《海牙协定》后相关业务处理暂行办法

基本信息：国家知识产权局 国家知识产权局公告第 481 号 2022 年 4 月 22 日发布 2022 年 5 月 5 日—2023 年 1 月 10 日施行[⑥]

主要内容：外观设计国际申请的申请人可以按照本办法的规定，办理相关业务。自 2022 年 5 月 5 日起，中国单位或者个人可以依照《专利法》第 19 条第 2 款的规定，根据《海牙协定》提出工业品外观设计国际注册申请。对于指定中国的工业品外观设计国际注册申请，国家知识产权局依照《专利法》第 19 条第 3 款、修改后的《专利法实施细则》以及《专利审查指南》予以处理。申请人要求优先权的，如未在提出外观设计国际申请时提交在先申请文件副本，应当自其

① 《最高人民法院关于民事诉讼证据的若干规定》第 14 条规定："电子数据包括下列信息、电子文件：（一）网页、博客、微博客等网络平台发布的信息；（二）手机短信、电子邮件、即时通信、通讯群组等网络应用服务的通信信息；（三）用户注册信息、身份认证信息、电子交易记录、通信记录、登录日志等信息；（四）文档、图片、音频、视频、数字证书、计算机程序等电子文件；（五）其他以数字化形式存储、处理、传输的能够证明案件事实的信息。"

② 《最高人民法院关于民事诉讼证据的若干规定》第 90 条规定："下列证据不能单独作为认定案件事实的根据：……（四）存有疑点的视听资料、电子数据……"

③ 《最高人民法院关于民事诉讼证据的若干规定》第 93 条规定："人民法院对于电子数据的真实性，应当结合下列因素综合判断：（一）电子数据的生成、存储、传输所依赖的计算机系统的硬件、软件环境是否完整、可靠；（二）电子数据的生成、存储、传输所依赖的计算机系统的硬件、软件环境是否处于正常运行状态，或者不处于正常运行状态时对电子数据的生成、存储、传输是否有影响；（三）电子数据的生成、存储、传输所依赖的计算机系统的硬件、软件环境是否具备有效的防止出错的监测、核查手段；（四）电子数据是否被完整地保存、传输、提取，保存、传输、提取的方法是否可靠；（五）电子数据是否在正常的往来活动中形成和存储；（六）保存、传输、提取电子数据的主体是否适当；（七）影响电子数据完整性和可靠性的其他因素。人民法院认为有必要的，可以通过鉴定或者勘验等方法，审查判断电子数据的真实性。"

④ 《最高人民法院关于民事诉讼证据的若干规定》第 94 条规定："电子数据存在下列情形的，人民法院可以确认其真实性，但有足以反驳的相反证据的除外：（一）由当事人提交或者保管的于己不利的电子数据；（二）由记录和保存电子数据的中立第三方平台提供或者确认的；（三）在正常业务活动中形成的；（四）以档案管理方式保管的；（五）以当事人约定的方式保存、传输、提取。电子数据的内容经公证机关公证的，人民法院应当确认其真实性，但有相反证据足以推翻的除外。"

⑤ 《最高人民法院关于民事诉讼证据的若干规定》第 99 条第 2 款规定："关于书证的规定适用于视听资料、电子数据；存储在电子计算机等电子介质中的视听资料，适用电子数据的规定。"

⑥ 本规定已经被 2023 年 1 月 11 日施行的《关于加入〈海牙协定〉后相关业务处理暂行办法的公告》（2023 修订）废止。

申请国际公布之日起 3 个月内向国家知识产权局提交在先申请文件副本。外观设计国际申请的申请人可以自其申请国际公布之日起 2 个月内，向国家知识产权局提出分案申请，国家知识产权局依照专利法及其实施细则、专利审查指南的相关规定处理。

m. 国家知识产权局关于专利侵权纠纷行政裁决案件信息公开有关问题的批复

基本信息： 国家知识产权局 国知发保函字〔2022〕87 号 2022 年 6 月 14 日发布

主要内容：《中华人民共和国政府信息公开条例》（国务院令第 711 号）（以下简称《公开条例》）第 5 条规定"行政机关公开政府信息，应当坚持以公开为常态、不公开为例外，遵循公正、公平、合法、便民的原则"；第 13 条规定，除本条例第 14 条[①]、第 15 条[②]、第 16 条[③]规定的政府信息外，政府信息应当公开。

根据《公开条例》，"认定不侵权的专利侵权纠纷行政裁决案件"如果不属于《公开条例》第 14 条、第 15 条、第 16 条规定的政府信息，应当进行政府信息公开。

n. 国家知识产权局关于专利侵权纠纷案件申请中止有关问题的批复

基本信息： 国家知识产权局 国知发保函字〔2022〕101 号 2022 年 7 月 8 日发布

主要内容： 无效宣告请求受理通知书是执法办案部门决定中止案件的必要条件，而相关电子文件提交回执和缴费凭证不能证明无效宣告请求已被受理。首先，电子文件提交回执仅代表国家知识产权局收到了请求人提交的相关电子文件；其次，根据《专利法实施细则》第 60 条、第 66 条有关专利申请的复审、专利权无效宣告审查的相关要

---

① 《中华人民共和国政府信息公开条例》第 14 条规定："依法确定为国家秘密的政府信息，法律、行政法规禁止公开的政府信息，以及公开后可能危及国家安全、公共安全、经济安全、社会稳定的政府信息，不予公开。"

② 《中华人民共和国政府信息公开条例》第 15 条规定："涉及商业秘密、个人隐私等公开会对第三方合法权益造成损害的政府信息，行政机关不得公开。但是，第三方同意公开或者行政机关认为不公开会对公共利益造成重大影响的，予以公开。"

③ 《中华人民共和国政府信息公开条例》第 16 条规定："行政机关的内部事务信息，包括人事管理、后勤管理、内部工作流程等方面的信息，可以不予公开。行政机关在履行行政管理职能过程中形成的讨论记录、过程稿、磋商信函、请示报告等过程性信息以及行政执法案卷信息，可以不予公开。法律、法规、规章规定上述信息应当公开的，从其规定。"

求，国家知识产权局收到复审、无效宣告请求书后，应当进行形式审查，审查内容包括请求人客体、请求人资格，无效宣告请求范围以及理由和证据等，如不符合相关规定，复审、无效宣告请求不予受理或视为未提出。一般来讲，该形式审查在复审、无效宣告请求人缴费后进行。因此，复审、无效宣告过程中电子文件提交回执和无效宣告请求缴费凭证同时提供，不能证明无效宣告请求已被受理。

2.2　案　例

2.2.1　专利授权与确权

2.2.1.1　实用性

实用性的审查标准——厦门吉达丽行政诉讼案

案件名称： 厦门吉达丽鞋业有限公司（以下简称"吉达丽公司"）与国家知识产权局实用新型专利申请驳回复审行政纠纷案[①]

基本信息： 最高人民法院（2022）最高法知行终 68 号，2022 年 6 月 28 日

主要案情： 吉达丽公司向国家知识产权局提出名称为"一种鞋子"的实用新型专利申请，申请号为 20182017××××.×。国家知识产权局作出第 202217 号复审请求审查决定，认为本申请脱离了社会需要，不具备《专利法》第 22 条第 4 款所规定的实用性，维持驳回申请的决定。吉达丽公司不服，提起行政诉讼。北京知识产权法院作出（2020）京 73 行初 6492 号行政判决，认定本申请存在固有缺陷、明显无益、脱离社会需要，驳回吉达丽公司的诉讼请求。吉达丽公司不服，提起上诉。最高法院判决撤销一审判决，撤销被诉决定，国家知识产权局重新作出审查决定。

主要争点： 涉案申请是否具有实用性，尤其是能否产生积极效果。

裁判理由：《专利法》第 22 条第 4 款规定："实用性，是指该发明或者实用新型能够制造或者使用，并且能够产生积极效果。"最高法院认为，

[①]　此案裁判观点入选最高人民法院知识产权法庭裁判要旨摘要（2022）。

能够产生积极效果，是指发明或者实用新型专利申请在提出申请之日，其产生的经济、技术和社会的效果是所属技术领域的技术人员可以预料到的，这些效果应当是积极的和有益的。只有明显无益、脱离社会需要的发明或者实用新型专利申请的技术方案不具备实用性。应当注意的是，要求申请专利的发明或者实用新型能够产生积极效果，并不要求发明或者实用新型毫无缺点。事实上，任何技术方案都不是完美无缺的。只要存在的缺点或者不足之处没有严重到使有关技术方案根本无法实施或者根本无法实现其发明目的的程度，就不能因为存在这样或者那样的缺点或者不足之处，否认该技术方案具备实用性。申请中存在的缺陷可能恰恰是申请人进行下一步改进的基础，如此才能不断促使研发人员进行发明创造并推动科技进步。本案中，虽然如被诉决定和一审判决所述，向本申请所涉空心容腔中填充指甲油、药膏、香水等物品以及取用、更换上述内容物可能会存在一定不便，但上述物品因被填充进鞋子的空心容腔内，使用人出行时无需单独携带便可随时取用，能够在一定程度上满足社会需要，从而产生积极有益的社会效果，并非明显无益。

评　　论：自国家知识产权战略实施以来，我国专利申请数量持续快速增长，为建设创新型国家提供了有力支撑，同时对专利申请的质量也提出了更高要求。但对于技术方案具有一定缺陷的专利申请是否具备实用性、是否可以获得授权，仍然应当按照我国现行的法律法规进行审查，并以提高创新主体积极性、鼓励发明创造、促进科学技术进步为宗旨进行判断。本案中，最高法院指出，实用性要求发明或者实用新型专利申请能够产生积极效果，但不要求其毫无缺陷；只要存在的缺陷没有严重到使有关技术方案无法实施或者无法实现其发明目的的程度，就不能仅以此为由否认该技术方案具备实用性。因此，本案明确了专利申请实用性的审查标准，对提高专利授权和确权的准确性和一致性具有典型意义。

2.2.1.2　新颖性

新颖性的审查——tmt 公司行政诉讼案

案件名称： tmt 机械株式会社（以下简称"tmt 公司"）与国家知识产权局专利
无效行政纠纷案

基本信息： 北京知识产权法院（2022）京 73 行初 1955 号，2022 年 10 月 28 日

主要案情： 北京中丽制机电气有限公司就 tmt 公司拥有的专利号为 20131008 ××××.×、名称为"纺丝卷取装置以及纺丝卷取设备"的发明专利提出无效宣告请求。国家知识产权局作出宣告涉案专利权利要求 1、3、5 无效的第 52316 号无效宣告请求审查决定，认为权利要求 1、3、5 所要求保护的技术方案不具备《专利法》第 22 条第 2 款规定的新颖性。tmt 公司对被诉决定不服，向北京知识产权法院提起行政诉讼。北京知识产权法院判决驳回 tmt 公司的诉讼请求。

主要争点： 涉案专利是否具有新颖性。

裁判理由： 北京知识产权法院认为，对证据公开内容的理解应当基于本领域普通技术人员的常规技术能力。根据证据 1-1 的说明书及附图 1-3，证据 1-1 中的升降装置 40 设置在纱线卷曲装置 30 的上方，升降装置 40 的主体部 41 的背部显示有三角形部件并具有"中空的矩形截面"，本领域技术人员根据上述内容可知该三角形部件和"中空的矩形截面"起到了支撑作用。同时，本领域技术人员根据证据 1-1 的附图 1-3 能够确定，该支承结构配置在由纺丝装置 10 与第一导丝辊 21 之间的第一丝线通道和从第一导丝辊 21 到第二导丝辊 22 的第二丝线通道所夹着的区域。本专利权利要求 1 并未限定"第一梁"的具体结构，本领域的技术人员根据其具备的常规技术能力，结合证据 1-2 和证据 1-3，能够确认证据 1-1 中具有"中空的矩形截面"的部件应相当于本专利的"第一梁"。证据 1-1 公开了本专利权利要求 1 中的全部技术特征，故本专利权利要求 1 所请求保护的技术方案不具备《专利法》第 22 条第 2 款规定的新颖性。

评论：《专利法》第 22 条第 2 款规定："新颖性，是指该发明或者实用新型不属于现有技术"。在评价专利是否具有新颖性时，需要基于本领域技术人员的常规技术能力来判断是否能够根据证据公开的内容直接、毫无疑义地确定专利中的技术特征。尤其是专利中如果没有限定技术特征的具体结构，本领域技术人员根据其具备的常规技术能力，能够合理地确定证据公开的内容与专利中技术特征的作用相同，那么则认为证据公开了专利中的技术特征，进而能够评价专利的新颖性。

2.2.1.3 创造性

a. 技术启示的认定——圣和公司"左旋奥硝唑"无效案[①]

案件名称： 南京圣和药业股份有限公司（以下简称"圣和公司"）、国家知识产权局与长沙市华美医药科技有限公司（以下简称"华美公司"）发明专利权无效行政纠纷上诉案

基本信息： 最高人民法院（2020）最高法知行终 475 号，2021 年 12 月 19 日

主要案情： 圣和公司是"左旋奥硝唑在制备抗厌氧菌感染药物的应用"发明专利的权利人，华美公司就该专利提出了无效宣告请求，国家知识产权局作出第 38076 号无效宣告请求审查决定，维持该专利权有效。华美公司不服，向北京知识产权法院提起诉讼，该院于 2020 年 6 月 10 日作出（2019）京 73 行初 1801 号行政判决，认为涉案专利不具有创造性，遂撤销被诉决定并要求国家知识产权局重新作出决定。国家知识产权局和圣和公司不服，提起上诉。最高法院判决撤销原判，驳回华美公司诉讼请求。

主要争点： 现有技术是否提供了采取涉案专利技术方案解决技术问题的技术启示。

裁判理由： 最高法院首先明确，涉案专利权利要求 1 和最接近现有技术的区别技术特征是使用了左旋奥硝唑，进而确定本专利实际解决的技术问题为提供一种降低消旋奥硝唑的中枢毒性、用药更安全的抗厌氧菌感染用途。在判断现有技术是否给出解决该技术问题的技术启示这一点上，最高法院认为，本领域技术人员从现有技术中可以获知的技术启示原则上应该是具体、明确的技术手段。特别是在药学领域，对于已知化合物的药物用途发明专利，如果本领域技术人员对于已知化合物的药用用途或者效果没有"合理的成功预期"（不能从化合物本身的结构、组成、分子量、已知的物理化学性质以及该化合物的现有用途中显而易见地得出或者预见到），则应该认为这种已知化合物的药用用途发明具备创造性。本案中，虽有部分证据记载了将消旋奥硝唑拆分为单一异构体并研究其活性和毒性的内容，但由于现有化合物数量巨大、活性/毒性差异又大，

---

① 此案入选 2022 年中国法院 50 件典型知识产权案例、最高人民法院知识产权法庭典型案例（2022）。

最终能成为药物的少之又少。本领域技术人员在缺乏具体、明确指引的情况下，通常没有动机对该化合物及化合物对映体进行相关研究。综上认定该技术方案对本领域技术人员并非显而易见，具有创造性。

评　　论：作为"创造性判断三步法"的最后一步，是否显而易见的判断往往过于主观和不确定，专利授权确权和审判实践虽然将其转化为现有技术是否给出技术启示的判断，但由于现有技术的繁杂性和技术启示的抽象性，判断主体容易低估发明的创造性。最高法院在本案中限缩了技术启示的范围，要求普通技术人员从现有技术中获得的技术启示原则上是具体、明确的技术手段，而非指引性的进一步改进方向。最高法院还特别结合了化合物的特性和医药行业开发已知化合物新用途的特性，提出该领域普通技术人员从现有技术获得"合理的成功预期"才属于提供了技术启示，并以化合物本身客观已知的化学和物理性质解释何谓"合理的成功预期"，正确树立了利用已知化合物的新用途发明的创造性评判标准，体现了加大医药知识产权保护力度、激发医药领域创新动力的司法导向。

b. 医药用途发明专利的创造性判断——上海科宝行政诉讼案

案件名称：上海科宝生物技术有限公司（以下简称"科宝公司"）与国家知识产权局发明专利权无效行政纠纷案

基本信息：最高人民法院（2021）最高法知行终 1165 号，2022 年 3 月 16 日

主要案情：吴某就专利号为 02111×××.× 、名称为"茶黄素的新用途"的发明专利提出无效宣告请求。国家知识产权局作出第 42630 号无效宣告请求审查决定，宣告涉案专利权全部无效，认为权利要求 1 相对于证据 6 不具备创造性，不符合《专利法》第 22 条第 3 款的规定。科宝公司对被诉决定不服，提起行政诉讼。北京知识产权法院作出（2020）京 73 行初 4948 号一审判决，驳回科宝公司的诉讼请求，认为基于证据 6 已经公开了茶黄素对高脂血症临床表现的相关作用，想到将茶黄素用于预防或治疗高脂血症对本领域技术人员而言是显而易见的，权利要求 1 的技术效果也是本领域技术人员可以合理预期的，权利要求 1 相对于证据 6 不具备创造性。科宝公司不服提起上诉。最高法院驳回上诉。

主要争点：本专利是否具有创造性。

裁判理由：最高法院认为，第一，证据 6 中权利要求 1 主题部分已经明确记载"用作补充营养的制剂和/或用作人体或动物体治疗和/或促进其健康的药物，包含以下一种、多种或所有物质"，因此权利要求 1 述及的八种组分均在制剂和/或药物之中，而权利要求 14 和 15 分别引用了权利要求 1，为"权利要求 1 所述的制剂"，故权利要求 14 和 15 所述用途应为权利要求 1 所述制剂的用途。证据 6 中权利要求 1 公开的茶黄素（TF-1）、茶黄素单乙酸盐 A（TF-2A）、茶黄素单乙酸盐 B（TF-2B）、茶黄素双没食子酸酯 B（TF-3）系本专利权利要求 1 所述茶黄素分子式中的具体单体化合物。因此，包括四种茶黄素单体在内的一种或多种物质的组合得到的制剂用于预防和治疗高胆固醇血症、降低升高的血清甘油三酯的技术方案已被证据 6 明确公开。第二，证据 6 说明书中记载了"绿茶提取物降低大鼠的甘油三酯"。尽管儿茶素、茶黄素等提取物的用途、效果不尽相同，正如证据 6 发明名称所记载的"由特定多酚化合物制成的具有治疗效果或促进健康的制剂"，其旨在发现包括茶黄素在内的多酚类成分所具有的共性用途，而并非对该多酚类成分中各种单体用途差异的阐释，且案例 3 "影响血脂水平"中具有降低胆固醇、降低甘油三酯的成分与茶黄素类成分相比，茶黄素类成分是由儿茶素类成分偶联氧化形成，二者均属于多酚类结构，即使影响血脂水平的内容中未述及茶黄素，通常而言仍可以推知茶黄素亦具有类似的效果。科宝公司一审提交的证据拟证明单体和多聚体的性质和功能存在差异，但其中并没有说明这种差异对于血脂水平的影响或作用机理，故无法将证据 6 中权利要求 14 和权利要求 15 用途中所述组分茶黄素予以排除。第三，权利要求书当然属于对比文件公开的内容，应基于本领域技术人员的角度判断是否可以获知相关信息。本领域技术人员具备相应的知识储备和能力水平，通过阅读证据 6 的权利要求书可以理解其为制药用途发明，结合说明书对于儿茶素和茶黄素结构和功能的描述，能够获知利用包括四种茶黄素单体在内的一种或多种物质的组合得到制剂可用于预防和治疗高胆固醇血症、降低升高的血清甘油三酯。这种认识并不存在技术障碍。

评　　论：医药用途发明专利是医药领域特有的一类发明专利，是基于某种物质的新性能而提出的专利申请。根据《专利法》第 25 条第 1 款第 3 项的规定，疾病的诊断和治疗方法不能被授予专利权。因此，在专利申请中，通常应将医药用途权利要求撰写为例如"物质 X 在制备治疗 Y 病的药物中的应用"的形式。用途发明专利的本质不在于物质本身，而在于物质新性能的应用。对于已知产品的用途发明的新颖性判断，应当严格遵循新颖性判断的基本原则，其中最重要的就是要判断现有技术是否公开了权利要求中相同物质具有相同的用途。本案进一步明确了医药领域专利是否具有创造性的判断方法，尤其是对证据公开内容的认定。

c. 现有技术结合动机的认定——南京紫峰行政诉讼案

案件名称：南京紫峰电力设备有限公司（以下简称"紫峰公司"）与国家知识产权局实用新型专利权无效行政纠纷案

基本信息：最高人民法院（2021）最高法知行终 630 号，2022 年 7 月 14 日

主要案情：江苏澳能电力电缆附件有限公司（以下简称"澳能公司"）就专利号为 201320093××××.× 、名称为"线路固定间隙过电压保护器的安装金具"的实用新型专利提出无效宣告请求。国家知识产权局作出第 39109 号无效宣告请求审查决定，宣告涉案专利权全部无效，认为在对比文件 1 的基础上结合对比文件 2、13 和公知常识，从而能得到本专利权利要求 1 所要求保护的技术方案是显而易见的，这些对比文件和公知常识的结合对于本领域技术人员而言仅是技术手段的简单叠加，并未带来预料不到的技术效果。紫峰公司对被诉决定不服，提起行政诉讼。北京知识产权法院作出（2019）京 73 行初 6733 号一审判决，驳回紫峰公司的诉讼请求，认为涉案专利权利要求 1 与对比文件 1、2 的区别特征在于涉案专利中绝缘子端金具竖直部分与避雷器端金具竖直部分通过竖直连接金具焊接固定，而对比文件 1、2 采用水平连接，水平连接的缺陷在于不能抗风雪、防鸟害。对比文件 13 给出了将水平连接改成竖直连接的技术启示。因此，该改进解决的技术问题是公知的，技术手段也较简单，所以涉案专利不具备创造性。紫峰公司不服，提起上诉。最高法院撤销一审判决和被诉决定，判令国家知识产权局重新作出审查决定。

主要争点：本专利是否具有创造性。

裁判理由：最高法院认为，首先，本领域技术人员没有动机将对比文件 2 的技术方案与对比文件 1 相结合。因此，在判断现有技术是否存在结合的启示时，需要适当考虑二者在发明构思方面的差异是否会带来技术结合的障碍。其次，本领域技术人员阅读对比文件 13 不能容易地得出将连接金具竖直设置的技术启示。当一个技术手段的改进需要符合多方面的需求，且该技术手段的改进并非是解决所要解决的技术问题的唯一选择时，在没有充分的证据或说理的基础上，不应武断地认定该技术手段的改进是显而易见的。关于被诉决定引用多篇对比文件评价本专利的创造性，最高法院认为，在对发明或实用新型专利进行创造性判断时，对比文件的数量是指评价每一项权利要求时引用的对比文件的数量，而非评价每一个区别特征所引用的对比文件的数量。此外，对于通过现有技术手段的简单叠加组合而成的实用新型专利，可以根据情况引用多篇对比文件评价其创造性，但本专利相对于对比文件 1、2、13 及公知常识而言并非简单叠加组合而成，且不存在结合的启示。

评　　论：《专利审查指南》规定了评价发明是否具有创造性的"三步法"判断方法，其中第三步是判断要求保护的发明对本领域的技术人员来说是否显而易见。在该步骤中，要确定的是现有技术整体上是否存在某种技术启示，即现有技术中是否给出将上述区别特征应用到该最接近的现有技术以解决其存在的技术问题的启示，这种启示会使本领域的技术人员在面对所述技术问题时，有动机改进该最接近的现有技术并获得要求保护的发明。如果现有技术存在这种技术启示，则发明是显而易见的，不具有突出的实质性特点。本案进一步明确了实用新型专利是否具有创造性的判断方法，尤其是结合动机、技术启示，以及评价实用新型专利引用对比文件数量进行判断。

2.2.1.4　充分公开

无实验数据的充分公开——深圳信维行政诉讼案

案件名称：深圳市信维通信股份有限公司（以下简称"信维公司"）与国家知识产权局发明专利权无效行政纠纷案

基本信息：北京知识产权法院（2022）京 73 行初 2384 号，2022 年 9 月 29 日主要案情：信维公司就歌尔股份有限公司拥有的名称为"扬声器振膜以及扬声器"的发明专利提出无效请求。国家知识产权局作出维持涉案专利有效的第52316号无效宣告请求审查决定，认为本领域技术人员根据本专利说明书记载的内容能够实施该技术方案，已经解决了本专利所声称的技术问题，符合《专利法》第26条第3款的规定。信维公司对该决定不服，提起行政诉讼。北京知识产权法院驳回信维公司的诉讼请求。

主要争点：涉案专利是否公开充分。

裁判理由：北京知识产权法院认为，判断"能够实现"既需考虑说明书记载的内容，亦需考虑本领域技术人员的知识和能力。如果本领域技术人员基于说明书的记载并结合其所具有的知识和能力，可以实施该技术方案、解决技术问题并实现技术效果，则可认定该说明书符合该条款的规定。这也就意味着，说明书无须对发明或实用新型进行面面俱到的记载，对于所属技术领域基于其常识能够知晓的内容，如果未在说明书中作详细说明，也不影响所属领域技术人员对技术方案的理解和实施，则其缺失不足以导致所述技术方案未公开充分。本案中，根据涉案专利说明书第0004段的记载，其要解决的技术问题是如何提供强度高、不易破损并且发声效果良好的振膜，解决上述问题的关键技术手段为"提供一种包括热塑性聚酯弹性体膜层的振膜，热塑性聚酯弹性体为由聚酯硬段与聚醚或脂肪族聚酯软段组成的共聚物，该振膜可以是单层结构或多个膜层复合而成的结构"。涉案专利说明书第0045—0078段还记载了热塑性聚酯弹性体层的制备过程、通过调整聚酯硬段A的材料的质量百分数来获得不同特性的振膜、聚醚或脂肪族聚酯软段B可选的材料、聚醚或脂肪族聚酯软段B的相对分子质量等；涉案专利说明书图5－6、图8－10还记载了本专利实施例中振膜的测试曲线，且针对振膜的测试条件是本领域公知标准，表明涉案专利的振膜相对于现有技术中的振膜等能够获得较好的谐波失真特性（即发声效果良好），已经解决了涉案专利所声称的技术问题。本领域技术人员完全可以根据已有材料的情况，采用适合的行业标准测试方法进行测试，从而获得相应的参数范围数据。

评　　论：《专利审查指南》规定了由于缺乏解决技术问题的技术手段而被认

为无法实现的五种情况[①]，《最高人民法院关于审理专利授权确权行政案件适用法律若干问题的规定（一）》规定了说明书未充分公开特定技术内容导致不符合《专利法》第 26 条第 3 款的三种情况[②]。本案明确了在专利授权确权环节中如何判断是否公开充分，尤其是在专利未提供实验数据进行说明或证明的情况下，如何认定公开充分。若本领域技术人员可以根据已有材料，采用适合的行业标准测试方法进行测试从而获得相应的参数范围数据，即可以根据本专利说明书记载的内容能够实施该技术方案，就符合《专利法》第 26 条第 3 款充分公开的要求。

2.2.1.5　权利要求的解释

使用环境特征的认定——东莞光距与宁波普能侵害实用新型专利权案

案件名称： 东莞光距电子有限公司（以下简称"光距公司"）与宁波普能通讯设备有限公司（以下简称"普能公司"）侵害实用新型专利权纠纷案

基本信息： 最高人民法院（2021）最高法知民终 1921 号，2022 年 4 月 18 日

主要案情： 智英科技股份有限公司（以下简称"智英公司"）享有专利号为 201720458×××.×、名称为"网路插头上盖自动定位结构"的实用新型专利。智英公司将涉案专利授权给光距公司。光距公司向宁波中院提起诉讼，认为普能公司侵犯其专利权。宁波中院作出（2020）浙 02 知民初 436 号一审判决，认定被诉侵权产品未落入涉案专利权的保护范围，驳回光距公司的诉讼请求。光距公司不服，提出上诉。最高法院二审认定构成专利侵权，改判普能公司停止侵权、赔偿损失。

主要争点： 被诉侵权产品是否落入涉案专利权的保护范围。

---

① （1）说明书中只给出任务和/或设想，或者只表明一种愿望和/或结果，而未给出任何使所属技术领域的技术人员能够实施的技术手段；（2）说明书中给出了技术手段，但对所属技术领域的技术人员来说，该手段是含糊不清的，根据说明书记载的内容无法具体实施；（3）说明书中给出了技术手段，但所属技术领域的技术人员采用该手段并不能解决发明或者实用新型所要解决的技术问题；（4）申请的主题为由多个技术手段构成的技术方案，对于其中一个技术手段，所属技术领域的技术人员按照说明书记载的内容并不能实现；（5）说明书中给出了具体的技术方案，但未给出实验证据，而该方案又必须依赖实验结果加以证实才能成立。

② （1）权利要求限定的技术方案不能实施的；（2）实施权利要求限定的技术方案不能解决发明或者实用新型所要解决的技术问题的；（3）确认权利要求限定的技术方案能够解决发明或者实用新型所要解决的技术问题，需要付出过度劳动的。

裁判理由：最高法院认为，所谓使用环境特征，是指权利要求中用来描述发明所使用的背景或条件的技术特征。按照技术特征所限定的具体对象的不同，技术特征可分为直接限定专利技术方案本身的技术特征以及通过限定专利技术方案本身之外的技术内容来限定专利技术方案的技术特征。前者一般表现为直接限定专利技术方案的结构、组分、材料等，后者则表现为限定专利技术方案的使用背景、条件、适用对象等，进而限定专利技术方案，因而被称为"使用环境特征"。常见的使用环境特征多表现为限定专利技术方案的安装、连接、使用等条件和环境。但鉴于专利要求保护的技术方案的复杂性，使用环境特征并不仅仅限于那些与被保护技术方案安装位置或连接结构直接有关的结构特征。对于产品权利要求而言，用于说明有关被保护技术方案的用途、适用对象、使用方式等的技术特征，也属于使用环境特征。写入权利要求的使用环境特征属于权利要求的必要技术特征，对于权利要求的保护范围具有限定作用，使用环境特征对于专利权保护范围的限定程度需要根据个案情况具体确定。一般而言，被诉侵权技术方案可以适用于使用环境特征所限定的使用环境的，即视为具有该使用环境特征。本案争议特征为使用环境特征。被诉侵权产品适用于网线，且电路板导线座设有多个与网线连接的构件，使用时网线的前端伸入被诉侵权产品内部，故被诉侵权技术方案可以适用于涉案专利权利要求记载的上述使用环境，应当认定具备了权利要求中记载的争议特征。

评　　论：当权利要求中记载了"使用环境特征"时，判断是否落入专利权的保护范围的难度便有所增加。《最高人民法院关于审理侵犯专利权纠纷案件应用法律若干问题的解释（二）》（以下简称《专利权案件解释（二）》）第9条规定，被诉侵权技术方案不能适用于权利要求中使用环境特征所限定的使用环境的，法院应当认定被诉侵权技术方案未落入专利权的保护范围。使用环境特征应该理解为要求被保护的主题对象可以用于该使用环境即可，不要求被保护的主题对象必须用于该环境[①]。本案明确了"使用环境特征"的定义、对于权

---

① 参见 ALC 粘合剂技术责任有限公司与温州市星耕鞋材有限公司侵害发明专利权纠纷案，（2020）最高法知民终 313 号。

利要求解释的影响，以及如何认定被诉侵权技术方案是否包括"使用环境特征"。

2.2.1.6　其他要件

a. 专利独立权利要求是否缺少必要技术特征的判定——原田公司行政诉讼案

案件名称：国家知识产权局、原田工业株式会社（以下简称"原田公司"）与东莞友华通信配件有限公司（以下简称"友华公司"）发明专利权无效行政纠纷案①

基本信息：最高人民法院（2021）最高法知行终 987 号，2022 年 8 月 10 日

主要案情：友华公司就专利号为 201510121×××.×、名称为"天线装置"的发明专利提出无效宣告请求。国家知识产权局作出第 37938 号无效宣告请求审查决定，宣告涉案专利权部分无效，认为涉案专利的独立权利要求已经记载了所要解决技术问题的全部必要技术特征，符合《专利法实施细则》第 20 条第 2 款的规定。友华公司对被诉决定不服，提起行政诉讼。北京知识产权法院作出（2019）京 73 行初 2132 号一审判决，认为涉案专利权利要求 1 缺少"伞形振子的一部分位于绝缘底座上方"的必要技术特征，判决撤销被诉决定，判令国家知识产权局重新作出无效宣告请求审查决定。国家知识产权局和原田公司对该决定不服，提起上诉。最高法院二审判决撤销一审判决，驳回友华公司诉讼请求。

主要争点：涉案专利独立权利要求是否缺少必要技术特征。

裁判理由：最高法院认为，发明所要解决的技术问题，是指专利申请人基于其对说明书中记载的背景技术的主观认识，在说明书中声称要解决的技术问题，其不同于在判断权利要求是否具备创造性时，根据权利要求与最接近的现有技术的区别特征重新确定的发明实际解决的技术问题。判断独立权利要求是否缺少必要技术特征，原则上只能基于说明书中记载的发明所要解决的技术问题进行判断。此外，仍应考虑说明书中记载的发明目的等内容，基于对权利要求的合理解释得出结论。理由如下：第一，不论适用哪一法律条款判断专利权

---

① 此案裁判观点入选最高人民法院知识产权法庭裁判要旨摘要（2022）。

要求是否应当授权或者维持有效，权利要求的解释应当保持一致。换言之，在专利授权确权程序中应当基于对权利要求的同一解释，判断专利权利要求是否符合《专利法》和《专利法实施细则》有关条款的规定。第二，结合说明书对权利要求作出合理解释，其关键在于"合理"。这意味着在解释时既要以权利要求的内容为准，又不能脱离说明书和附图，包括发明目的等内容在内的说明书及附图均可以用于解释权利要求。在此标准下，不会因权利要求的解释问题架空《专利法实施细则》第20条第2款的规定。第三，要求独立权利要求具备必要技术特征，本意在于规范权利要求的撰写。如果社会公众不能实现权利要求所确定的技术方案以解决技术问题，或者权利要求的保护范围与技术贡献不相符，可以通过《专利法》的其他条款解决。如果本领域技术人员根据对权利要求的合理解释可以得出其具备解决技术问题的全部必要技术特征的结论，社会公众的利益不会受到损害。相反，在本领域技术人员根据对权利要求的合理解释可以得出其具备解决技术问题的全部必要技术特征的情况下，仅因申请人在独立权利要求中没有进一步详细记载技术特征而不予授权，会导致对申请人撰写专利文件的要求与其创新程度不相适应，背离《专利法》鼓励发明创造的立法目的。因此，只有当本领域技术人员通过阅读权利要求书、说明书和附图对独立权利要求进行合理解释后仍不能认为其可以解决发明所要解决的技术问题时，才能认定独立权利要求缺少必要技术特征。本案根据本领域技术人员对涉案专利权利要求1限定内容的合理解释，认为涉案专利独立权利要求不缺少"伞形振子的一部分位于绝缘底座上方"的必要技术特征。

评　　论：本案明确了在判断权利要求是否缺少必要技术特征时需要考量的因素和判断步骤，尤其强调需要将说明书中记载的发明目的等内容予以考虑，基于对权利要求的合理解释得出正确结论；厘清了"发明所要解决的技术问题"与"发明实际解决的技术问题"的区别，前者为专利申请人在撰写申请文件时主观认为的技术问题，后者为在权利要求创造性判断中基于最接近的现有技术而动态变化的技术问题；阐明了《专利法实施细则》第20条第2款的立法目的是避免在撰写阶段专利申请人无限制扩大保护范围，要求专利申请人在撰写时至少应当将解决发明或实用新型所要解决的技术问题的必要技术特征记载到独立权利要求中去，使得独立权利要求所保护的技术方案合乎发明目的。

b. 引入利益补偿承诺的专利无效抗辩——租电公司专利案①

案件名称：深圳市租电智能科技有限公司（以下简称"租电公司"）与深圳市森树强电子科技有限公司（以下简称"森树强公司"）、深圳市优电物联技术有限公司（以下简称"优电公司"）侵害实用新型专利权纠纷案

基本信息：最高人民法院（2022）最高法知民终124号，2022年6月22日

主要案情：租电公司以森树强公司生产、优电公司销售的充电器侵犯其专利权为由，向深圳市中级人民法院（以下简称深圳中院）起诉。审理过程中，与涉案专利技术特征大部分相同的关联专利被宣告无效，该院据此作出（2021）粤03民初372号民事判决，支持了被告提出的"无效抗辩"，驳回原告诉讼请求。租电公司不服，向最高法院提起上诉。二审过程中，原审被告就涉案专利提出了宣告无效请求。经法院释明，双方均承诺补偿因审查决定和本案处理结果不一致带给对方的不利影响。最高法院认定原审判决事实基本清楚，但法律适用有误，改判驳回原审原告的起诉。

主要争点：原审被告的"无效抗辩"是否应予支持，以及案件后续的处理方式。

裁判理由：最高法院认为，原审被告的抗辩主张实质是指涉案专利权稳定性不足。基于限制权利滥用原则，在侵权诉讼中，法院有权对专利权的稳定性进行审查，并参照《专利权案件解释（二）》进行处理。本案中，涉案专利和关联专利的区别技术特征仅系常见的替换，在关联专利已被宣告无效而被告也已就涉案专利以相同证据和理由提出宣告无效请求的情况下，涉案专利被宣告无效的可能性极大。但考虑到原审被告承诺，如果未来的审查决定认定涉案专利有效，将赔偿原审原告相应利益损失，最高法院判决驳回了原审原告的起诉。

评　　论：专利侵权程序和专利确权程序如何衔接和高效运转一直是实务和理论关注的重点。《专利权案件解释（二）》第2条建立的"先行裁

---

① 此案入选最高人民法院知识产权法庭典型案例（2022）。

驳、另行起诉"制度虽然在一定程度上提高了侵权诉讼的审理效率，但仍然坚持"民行两立"的二元体制，并没有赋予法院主动审查专利授权实质条件的权力，所以并不存在因专利权存在无效事由而不构成侵权的"无效抗辩"。但是，若在专利权稳定性明显不足时贸然继续审理，则蕴含着与审查决定冲突的风险，而且在审查决定因《专利法》第47条而不具有溯及力时，无法妥善保护被控侵权人的利益。此时，法院无论采取何种处理方式，都难以兼顾案件审理效率和当事人权益保护。

本案的最大亮点就是，最高法院引导双方作出了利益补偿承诺：专利权人承诺在专利被宣告无效时将返还侵权案件中获得的收益，被诉侵权人承诺在专利权被确认有效时支付侵权案件应付赔偿，解决了当事人对于两道程序不一致带来的不利影响的担忧。在现有的二元体制下，最高法院的此种创新之举既恪守了司法权和行政权的界限，避免了相关规范的冲突，又作出了一次性解决纠纷的尝试，具有可操作性。

2.2.1.7 外观设计

外观设计专利侵权判定的细化——"桌面集线器"专利案

案件名称： 北京涉成华阳科技有限公司（以下简称"华阳公司"）与湖北窗口科技有限公司（以下简称"窗口公司"）侵害外观设计专利权纠纷案

基本信息： 北京市高级人民法院（2022）京民终484号，2022年9月19日

主要案情： 窗口公司是名称为桌面集线器、专利号为201530196×××.×的外观设计专利的权利人，其以华阳公司在淘宝网上售卖的集线器产品侵犯其专利权为由，向北京知识产权法院起诉。该院一审作出（2021）京73民初75号判决，认定侵权成立。华阳公司不服，向北京高院提起上诉。该院判决驳回上诉，维持原判。

主要争点： 涉案专利和被控侵权产品的外观设计是否相同或近似。

裁判理由： 北京高院认为，"整体观察、综合判断"是外观设计专利确权以及侵权判断的基本方法。本案中，应当基于桌面集线器一般消费者的知识水平和认知能力，比较涉案专利和被控侵权产品的外观设计异同对整体视觉效果产生的影响。两者均是由主挡板、侧挡板

和底板三部分组成，在三部分的基本形状、位置摆放等方面存在相同或相似之处，且对于涉案侵权产品和涉案专利的整体视觉效果具有显著影响，至于在三部分中的细微差异设计对整体外观未产生显著影响，该院据此认定被控侵权产品落入了涉案专利权的保护范围。

评　　论："整体观察、综合判断"是我国外观设计专利确权和侵权判断的基本方法，但也常被批评在个案适用中具有过强的主观性导致结果难以把握[①]。最高法院曾在判例中将该方法进一步细化为，比较被控侵权产品与涉案专利的相同处和不同处对整体视觉效果的影响[②]。本案审理法院也采用了此种思路，在正确识别了相同点和不同点后，从一般消费者的角度，得出了主挡板、侧挡板和底板这三部分相同的设计对整体视觉效果更具影响的判断，这也为进一步细化和规范化外观设计专利侵权的判断方法提供了参考。

2.2.2　专利权的主体/归属

技术开发合同中专利申请权归属条款的履行——科烸芯公司专利申请权案

案件名称：北京派尔特医疗科技股份有限公司（以下简称"派尔特公司"）与深圳市科烸芯科技有限公司（以下简称"科烸芯公司"）技术开发合同纠纷案

基本信息：最高人民法院（2021）最高法知民终 887 号，2022 年 4 月 21 日

主要案情：2017 年 11 月 22 日，派尔特公司与科烸芯公司签订了系统开发合同，约定其相关知识产权在开发费用全部结清后方归派尔特公司所有，在此之前归科烸芯公司所有。2018 年 12 月 5 日，科烸芯公司向国家知识产权局申请了涉案专利。之后，派尔特公司以科烸芯公司提交的设计资料未通过验收为由拒绝支付开发费用，并向北京知识产权法院起诉，要求确认涉案专利申请权属于派尔特公司。该院作出（2019）京 73 民初 1716 号民事判决，驳回原告的全部诉讼请求。派尔特公司不

---

① 郭小军．论外观设计专利的整体观察、综合判断原则．电子知识产权，2018（4）．

② 昆山威凯儿童用品有限公司与好孩子儿童用品有限公司侵害外观设计专利权纠纷上诉案，最高人民法院（2016）最高法民申 3322 号。

服，向最高法院提起上诉，并在二审中表示同意支付合同余款。最高
法院改判科烸芯公司向派尔特公司移转涉案专利申请权。

主要争点：涉案专利申请权的归属。

裁判理由：最高法院认为双方合同约定合法有效，因此应当判断科烸芯公司交
付知识产权的条件是否成就。虽然派尔特公司尚未支付最后一笔合
同款项，但这是由于科烸芯公司交付的设计资料不符合约定标准而
导致付款条件未成就，因此这并不阻碍派尔特公司在诉讼中依据合
同约定要求科烸芯公司向其转移涉案专利申请权。而且派尔特公司
在二审期间的实际履行因科烸芯公司拒绝接收而履行未果，该情形
属于科烸芯公司不当阻止派尔特公司请求的条件成就，应视为该条
件已成就。为一次性解决纠纷，最高法院作出对待给付判决，要求
科烸芯公司配合派尔特公司办理涉案专利申请权变更登记，同时派
尔特公司向科烸芯公司支付开发费尾款。

评　　论：在技术开发合同中，委托开发完成的发明创造的专利申请权的归属
属于双方自由约定的范围，以支付开发费用作为权利转移的条件并
无不可。在本案中，最高法院并未机械地审查该条件是否成就，而
是梳理了支付开发费用和其他合同义务的关系，指出条件未成就的
原因在于另一方的违约行为，判决认定条件拟制成就。本案亮点还
在于，当两项义务原本具有先后履行顺序，而后履行义务的履行条
件拟制成就时，最高法院根据双务合同的性质，将两者解释为对待
给付义务，这有利于合同的全面履行和一次性解决纠纷，也为类似
案件合同义务的解释提供了新思路。

2.2.3　专利权的行使

2.2.3.1　专利权的许可

专利许可合同从给付义务的认定——盛兴公司脱硫技术专利许可案

案件名称： 北京盛兴环保锅炉高科技股份有限公司（以下简称"盛兴公司"）
与高某民发明专利实施许可合同纠纷案

基本信息： 最高人民法院（2020）最高法知民终 1947 号，2022 年 3 月 2 日

主要案情： 2016 年 4 月 27 日，盛兴公司与高某民签订涉案合同，以普通许可

的方式许可高某民实施涉案的脱硫技术专利，具体实施方式为高某民新建两台脱硫塔，并改造现有的两台脱硫设施，高某民应支付 29 万元许可使用费。随后，高某民与盛兴公司法定代表人之弟刘某圣订立补充协议，约定在许可合同中约定的脱硫塔的建设规格基础上增添多管除尘器，价款为 35 万元。在高某民共向刘某圣陆续支付 32 万余元，但拒绝向盛兴公司支付 29 万元后，盛兴公司向河南省郑州市中级人民法院起诉，要求高某民支付 29 万元许可使用费。该院作出（2020）豫 01 知民初 533 号判决，驳回原告诉讼请求。盛兴公司不服，向最高法院提起上诉，该院改判高某民应支付 29 万元许可使用费及相应违约金。

主要争点：本案补充协议是否构成对在先合同给付义务的变更。

裁判理由：最高法院认为，首先，涉案的两份合同签订主体并不相同。其次，两份合同的目的也不同，在先的许可合同，目的在于实施专利技术，合同中约定的盛兴公司建设脱硫塔的义务仅为从属义务，不影响合同定性；而在后的补充协议，目的仅在于使脱硫塔的规格符合环保规定，与实施专利技术并无紧密关系。因此，所谓的补充协议并不构成对在先许可合同的变更，而是一份独立的合同。高某民实际上负担了两项支付义务，根据本案证据，其实际支付的 32 万元是基于补充协议向刘某圣支付的多管除尘器等硬件设备的购置、设计、安装等相关费用，而非实施盛兴公司专利技术的许可使用费。

评　　论：根据《民法典》第 862 条的规定，提供实施技术的专用设备、原材料等约定属于许可合同的组成部分，但这属于从给付义务。在实践中，当事人常常在"专利许可合同"名下作出各式各样与实施专利技术并无直接关联的约定，能否将这些约定义务解释为从给付义务，直接关系对待给付的性质以及之后的法律适用。本案中，最高法院区分了专利实施许可交易与专利实施许可配套交易的不同法律属性，认为作为许可配套准备工作对待给付的支付款项也并非许可使用费，许可合同项下的从给付义务须是从属于实施涉案专利技术的物质条件准备工作。本案判决体现了对当事人约定义务性质的审查思路：应围绕其与许可合同主给付义务的关系来判断是否属于从给付义务。

2.2.3.2 专利权的谨慎行使

抗辩语境下专利权滥用界定——惠诺公司侵权纠纷案

案件名称： 山东省惠诺药业有限公司（以下简称"惠诺公司"）与朱某蓉侵害发明专利权纠纷案

基本信息： 最高人民法院（2020）最高法知民终 1564 号，2022 年 6 月 23 日

主要案情： 朱某蓉于 2013 年 4 月 2 日申请了一种名称为"肝素钠封管注射液的质量检测方法"的专利，后获得授权。朱某蓉认为惠诺公司生产销售肝素钠封管注射液的行为侵犯了涉案专利，起诉至山东省青岛市中级人民法院（以下简称"青岛中院"）。审理中，惠诺公司主张涉案专利技术于 2013 年 7 月 11 日被纳入相关的国家强制标准中，朱某蓉在申请前已经知悉该标准，因此构成恶意取得专利权，起诉行为属于专利权滥用，但该抗辩理由未得到法院采纳。青岛中院作出（2019）鲁 02 民初 237 号民事判决，判令惠诺公司赔偿朱某蓉经济损失 500 万元，双方均不服该判决，向最高法院提起上诉，该院驳回上诉，维持原判。

主要争点： 朱某蓉是否滥用专利权。

裁判理由： 最高法院明确，抗辩语境下的专利权滥用，特指专利权人在明知其所有的技术并不具备专利性的情况下取得专利权，并且据此向法院起诉未经其许可而使用该专利技术者侵犯其专利权的行为。通常情况下，构成专利权滥用的前提是专利权人将明知不应当获得专利保护的发明创造，故意采取规避法律或者不正当手段获得专利权。在本案中，在案证据并未显示国家标准采用了涉案专利的检测方法，也不能证明朱某蓉在相关标准发布前就已经知晓其内容，因此不能证明朱某蓉在申请涉案专利时具有恶意。

评　　论： 自从 2020 年修订的《专利法》第 20 条新增禁止专利权滥用条款以来，专利权滥用的定义、范围和法律效果一直都是实务界和理论界反复讨论的焦点，专利权滥用也常常成为被诉侵权人主张不承担侵权责任的抗辩事由。最高法院在本案中从抗辩事由的角度明确了专利权滥用的概念和范围，即专利权人在申请时明知其申请不应获得授权，并在授权后指控他人侵权的，则涉案专利客观上不应

得到保护，同时将专利权滥用的举证责任分配给被诉侵权人。因此，本案对于法院在类似案件中审查专利权滥用抗辩具有重要的指导意义。

2.2.4 侵害专利权的行为

2.2.4.1 专利权保护范围的确定

a. 结合发明目的划定技术特征——带优盘记事本专利案

案件名称： 安徽泾县聚德文化艺术品有限公司（以下简称"聚德公司"）、骐轩国际贸易（深圳）有限公司（以下简称"骐轩公司"）与深圳市盈和皮具有限公司（以下简称"盈和公司"）侵害实用新型专利权纠纷案

基本信息： 最高人民法院（2021）最高法知民终 2211 号，2022 年 6 月 17 日

主要案情： 盈和公司是名称为"带优盘记事本"、专利权号为 201420626×××.×的实用新型的专利权人。其认为聚德公司和骐轩公司共同销售的记事本产品侵犯其专利权，起诉至深圳中院。该院作出（2020）粤 03 民初 5341 号民事判决，认定被诉侵权产品落入涉案专利权利要求 1 的保护范围。聚德公司和骐轩公司不服，上诉至最高法院。该院撤销了原判决，驳回盈和公司的全部诉讼请求。

主要争点： 被诉侵权技术方案是否具有涉案专利权利要求 1 的全部技术特征。

裁判理由： 最高法院认为，根据涉案专利说明书（见图 2-1）的记载，涉案专利想要解决的技术问题是提供一种虽然可以单独取下优盘，但取下后无法闭合记事本以防止优盘遗失的技术方案。涉案专利权利要求 1 中"优盘的一端插拔式插入鼻带的另一端，优盘另一端磁吸式连接于金属扣上"这一技术特征应当做整体理解，因为"优盘的一端插拔式插入鼻带的另一端"和"优盘另一端磁吸式连接于金属扣上"均不能作为独立的技术手段实现相应的功能。而在被诉侵权产品中，鼻带的一端固定在记事本背面，另一端连接有金属容置部件，可直接与记事本正面的磁铁片进行吸合。优盘设置于金属容置部件中，在使用中，将优盘抽出时，仍然可以用鼻带将记事本扣合，无法实现涉案专利的发明目的。因此，被诉侵权产品不具有这一技术特征，与涉案专利权利要求 1 中技术特征所采用的手段、实

现的功能和达到的效果均明显不同。

评　　论：技术特征是技术方案最基本的组成要素，准确划定技术特征是进行专利侵权判断的前提。在我国目前的司法实践中，经常采用的划分技术特征的办法是按照文字句段阅读习惯，尤其是按照权利要求中的文字句段停顿界限或标点符号来将权利要求中的文字机械式划分为各个技术特征①。最高法院在此前的案例中就指出，应该结合发明的整体技术方案划定技术特征②，在本案中，最高法院确定技术特征时也没有受限于权利要求中标点符号的区分作用，将一个技术特征拆分为二，而是结合了说明书记载的发明目的，从实现解决特定技术问题所必须采取的手段出发来确定技术特征，进而正确地确定了专利权的保护范围。本案为准确划定技术方案中的技术特征引入了发明目的这一重要参考因素，对于法院确定专利权保护范围有重要指引意义。

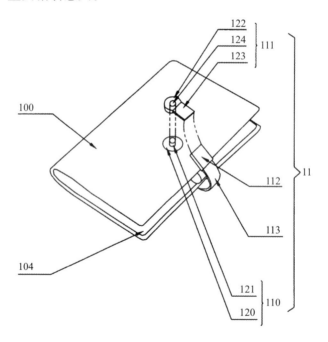

图 2 - 1　涉案专利说明书附图之一

注：其中 113 表示鼻带，111 表示优盘，110 表示金属扣。

---

① 吴大文. 专利权利要求技术特征划分的探讨. 微信公众号"知产力"，2021 - 10 - 28.

② 刘某贵与台州市丰利莱塑胶有限公司侵害实用新型专利权纠纷案，最高人民法院（2017）最高法民申 3802 号。

b. 适用禁止反悔原则解释权利要求——制药株式会社药品专利链接案[①]

案件名称：中外制药株式会社（以下简称"制药株式会社"）与温州海鹤药业
有限公司（以下简称"海鹤公司"）确认是否落入专利权保护范围
纠纷案

基本信息：最高人民法院（2022）最高法知民终 905 号，2022 年 8 月 5 日

主要案情：制药株式会社为名称为"ED-71 制剂"、专利权号为 200580009×
××.×的专利权人，也是相关上市专利药品"艾地骨化醇软胶囊"
的上市许可持有人，并将上述药品和涉案专利登记在中国上市药品
专利信息登记平台。国家药品监督管理局受理了海鹤公司提出的对
涉案专利药品的仿制药申请。针对涉案专利，海鹤公司在登记平台
作出 4.2 类声明，认为涉案仿制药未落入涉案专利权利要求 2 的保
护范围。制药株式会社遂依据《专利法》第 76 条向北京知识产权
法院提起诉讼，要求确认涉案仿制药落入涉案专利权的保护范围。
该院作出（2021）京 73 民初 1438 号民事判决，驳回制药株式会社
的诉讼请求。制药株式会社向最高法院提起上诉。最高法院驳回上
诉，维持原判。

主要争点：涉案仿制药申请的技术方案是否落入涉案专利权的保护范围。

裁判理由：最高法院认为，在判断仿制药的技术方案是否落入专利权保护范围
时，原则上应以仿制药申请人的申报资料为依据进行比对评判，其
实际实施的技术方案与申报资料是否相同，一般不属于确认落入专
利权保护范围纠纷之诉的审查范围。而在海鹤公司提交的申报资料
中，抗氧化剂辅料与 dl-α-生育酚并不相同。制药株式会社曾在专
利无效宣告程序中对权利要求进行过修改，将权利要求 1 的抗氧化
剂限定为 dl-α-生育酚，明确放弃了可以使用任意一种抗氧化剂的
技术方案，而仅保护使用 dl-α-生育酚的技术方案。因此，本案应
当适用禁止反悔规则，不宜再将采用其他抗氧化剂的技术方案纳入
涉案专利权的等同保护范围内。

评　　论：本案是 2020 年修改《专利法》以来我国首例药品专利链接诉讼案
件，入选 2022 年中国法院十大知识产权案件。我国药品专利链接
制度初建，尚处于探索阶段，本案判决对药品专利链接制度实践初

[①] 此案入选 2022 年中国法院十大知识产权案件和最高人民法院知识产权法庭典型案例（2022）。

期出现的新问题进行了符合立法目的的探索性法律适用，明确了确认落入专利权保护范围纠纷之诉的适用范围和判断对象。在判断对象上，学者多赞同本案以仿制药企向国家药监局提交的技术方案为准的做法，因为国家药监局是基于其所提交的技术方案对是否准许仿制药上市予以审批，而药品专利链接纠纷则是发生在药品审批过程中的纠纷，法院需要对仿制药企提交的技术方案的一致性进行审核[①]。在具体的判断方法上则需要与判断是否构成专利侵权纠纷一致，本案在解释涉案专利的权利要求时正确适用了禁止反悔原则，结合专利权人在无效宣告程序中作出的修改，明确了在其修改中被放弃的技术方案不应再根据等同原则受到专利权保护，这对于类似案件亦有参考意义。

2.2.4.2　侵权行为的构成

图形用户界面外观设计专利侵权判定——金山公司侵害外观设计专利权案[②]

案件名称：北京金山安全软件有限公司（以下简称"金山公司"）与上海触宝信息技术有限公司（以下简称"触宝公司"）、上海触乐信息技术有限公司（以下简称"触乐公司"）侵害外观设计专利权纠纷案

基本信息：上海知识产权法院（2019）沪73民初399号，2021年12月30日

主要案情：金山公司享有名称为"用于移动通信终端的图形用户界面"、专利号为201830455×××.×的外观设计专利权。金山公司认为，触宝公司、触乐公司共同开发并提供用户下载的名为"触宝输入法"软件的用户图形界面与其专利的外观设计涉及相同种类的产品，属于相同或近似的外观设计，故向上海知识产权法院起诉。该院判令触宝公司、触乐公司立即停止对涉案专利的侵害，并赔偿金山公司经济损失和合理支出。

主要争点：触宝公司、触乐公司是否构成对涉案专利权的侵害。

裁判理由：关于涉案专利侵权比对的问题，上海知识产权法院认为，在无针对图形用户界面外观设计专利的侵权认定规则的前提下，应适用现有

---

① 程永顺，吴莉娟. 关于审理（裁决）是否落入专利权保护范围纠纷相关问题的思考. 微信公众号"知产财经"，2022－10－11.

② 此案入选2022年中国法院50件典型知识产权案例。

外观设计侵权规则，根据设计特征对外观设计的整体视觉效果进行综合判断。首先，被诉侵权软件部分版本的基础界面1与涉案专利的基础界面1十分相似，均带有进度条和显示键盘，且其包括进度条、金币、输入法区域在内的界面设计模块具有一致性。其次，被诉侵权软件部分版本的图形用户界面与涉案专利的图形用户界面在基础界面1上部分设计要素的动态变化过程和联动逻辑较为近似，均为进度条随着连续的键盘输入内容的累计而行进，且进度条行进到一定进程会触发金币亮起。再次，被诉侵权软件部分版本的图形用户界面与涉案专利的图形用户界面的基础界面2均为带有位于界面中部区域的弹出框的界面，且均有与获得金币数量相关的展示文字和广告位。最后，被诉侵权软件部分版本的图形用户界面与涉案专利的图形用户界面在两个基础界面之间的连续动态变化过程十分近似，均为在三枚金币被依次触发亮起后从基础界面1切换至基础界面2。关于触宝公司、触乐公司开发并将被诉侵权软件提供给他人免费下载的行为是否构成侵权的问题，上海知识产权法院认为，对于图形用户界面的专利保护应充分考虑包含图形用户界面产品领域的特点及该领域的行业发展规律。触宝公司、触乐公司通过程序语言将被诉侵权图形用户界面的外观设计固化于被诉侵权软件中，且具有主观故意，此时被诉侵权软件在用户使用该软件呈现出被诉侵权手机外观的过程中发挥着不可替代的实质性作用，因此两被告的行为构成对涉案专利权的侵害。

评　论：由于传统外观设计专利强调以特定工业产品为载体，而软件并不属于专利法所规定的外观设计产品的范畴，因此制造、许诺销售、销售、进口带有图形用户界面外观专利软件的行为是否构成侵权这一问题在实践中存在较大争议。本案之所以被业界评为图形用户界面外观设计专利侵权的破冰之案，正在于其通过充分考虑产品领域特点、行业发展规律，规避了单独讨论软件与其载体产品的类别不相同或不相近的困境，从而顺畅地进行包含图形用户界面产品的外观设计的侵权比对[①]，切实保障了权利人的合法权益。本案探索了图形用户界面外观设计专利侵权案件的法律适用方法，首次提出"不

[①]　张亮.GUI外观设计专利保护制度与实践问题研究（一）.微信公众号"知产前沿"，2022-12-12.

可替代的实质性作用"这一侵权判定标准，对同类案件的审理具有借鉴意义。

2.2.4.3 专利侵权抗辩

"Bolar 例外"的认定——"利伐沙班"发明专利侵权行政裁决两案

案件名称： 南京恒生制药有限公司（以下简称"恒生公司"）/南京生命能技术开发有限公司（以下简称"生命能公司"）与江苏省南京市知识产权局（以下简称"南京知识产权局"）及拜耳知识产权有限责任公司（以下简称"拜耳公司"）专利行政裁决纠纷案①

基本信息： 最高人民法院（2021）最高法知行终451号/（2021）最高法知行终702号，2022年6月22日

主要案情： 拜耳公司是名称为"取代的噁唑烷酮和其在血液凝固领域中的应用"的发明专利的权利人，其分别以恒生公司、恒生公司全资子公司生命能公司（以下简称"两公司"）在官网和展会上宣传利伐沙班原料药及利伐沙班片侵犯专利权为由，向南京知识产权局提出专利侵权纠纷处理请求。该局作出宁知（2019）纠字5、6号专利侵权纠纷案件行政裁决，认定两公司的侵权行为成立，责令其停止侵权。两公司不服，向江苏省南京市中级人民法院提起诉讼。该院作出（2020）苏01行初261、262号行政判决，驳回其诉讼请求。两公司不服，继续向最高法院提起上诉。最高法院认为，两公司的行为构成许诺销售，该许诺销售行为不属于《专利法》（2008年修正）第69条第5项规定之情形。遂判决驳回上诉，维持原判。

主要争点： 两公司的行为是否构成许诺销售，是否属于《专利法》（2008年修正）第69条第5项规定的例外情形。

裁判理由： 关于许诺销售，最高法院认为，许诺销售在性质上系销售者的单方意思表示，并非以产品处于能够销售的状态为基础，只要存在明确表示销售意愿的行为即可认定为许诺销售行为，因此其既可以针对特定对象，又可以针对不特定对象；既可以体现为提出要约，也可以体现为提出要约邀请。本案中，两公司分别将其公司的注册商标

---

① 此两案入选最高人民法院知识产权法庭典型案例（2022），451号案件还入选2022年中国法院50件典型知识产权案例。

使用在涉案产品的包装盒上，并通过官网和展会向不特定对象展示，基于商标指示商品和服务来源的功能，其展示行为传递了销售涉案产品的信息，销售涉案产品的意思表示是明确、具体的。涉案产品落入了涉案专利权的保护范围，因此两公司的行为均构成许诺销售，应当承担停止侵权的责任。

关于本案是否属于《专利法》（2008 年修正）第 69 条第 5 项规定①的例外情形，最高法院认为，合法的专利权利保护是原则，法定不侵权的规定是例外。因此，在适用第 69 条第 5 项时应当进行严格解释而非宽泛解释，依法从抗辩主体及其具体行为等方面进行分析认定。首先，两公司不符合药品和医疗器械行政审批例外抗辩的主体条件，其既不属于为了获得仿制药品和医疗器械行政审批所需要的信息而实施专利的行为人，又不属于为该行为人专门实施专利的行为人。其次，两公司被诉行为不属于药品和医疗器械行政审批例外的行为范围。药品和医疗器械行政审批例外条款所调整的行为是，为提供行政审批所需要的信息，为自己申请行政审批而实施"制造、使用、进口"行为，以及专门为前一主体申请行政审批而实施"制造、进口"行为，均不包括生命能公司实施的许诺销售行为。基于上述理由，最高法院认为生命能公司的行为不属于《专利法》（2008 年修正）第 69 条第 5 项规定之情形。

评　　论：我国《专利法》规定许诺销售权是为了履行国际条约的义务，但并未对许诺销售作出明确界定，《专利案件适用规定》第 18 条列举的广告、陈列和展出等形式既没有明确许诺销售的内涵，也没有穷尽其外延。本案中，最高法院将判断的重心聚焦于行为能否明确、具体地体现出销售专利产品的意思，不再拘泥于许诺销售的表现形式，并且结合了商标法领域的原理，将在产品上使用商标的行为解释为具有明确销售意愿的行为。当然，此处的"明确、具体"并不等于合同订立中要求的要约"内容具体明确"，将一部分要约邀请也包含在其中。不过值得注意的是，《民法典》第 473 条改变了《合同法》的规定，不再将要约邀请规定为意思表示，而是一种事

---

① 《专利法》（2008 年修正）第 69 条第 5 项规定，为提供行政审批所需要的信息，制造、使用、进口专利药品或者专利医疗器械的，以及专门为其制造、进口专利药品或者专利医疗器械的，不视为侵犯专利权的行为。

实行为。在此背景之下，许诺销售的定义应当更为宽泛，在判断上则无须探究行为人意思表示的内容，而应当采取客观标准衡量销售专利产品的表示行为是否明确和具体。

《专利法》（2008 年修正）第 69 条第 5 项规定的药品和医疗器械行政审批例外情形，作为仿制药品上市的专利不侵权抗辩事由，又称为"Bolar 例外"规则，其目的是利于公众及时获得价格较为低廉的仿制药品。但《专利法》的立法目的是保护专利权人的合法权益，鼓励发明创造，促进科学技术进步和经济社会发展。故最高法院强调，合法的专利权利保护是原则，法定不侵权的规定是例外。因此，在适用"Bolar 例外"时应当进行严格解释而非宽泛解释，依法从抗辩主体及其具体行为等方面进行分析认定。"Bolar 例外"限于"制造"和"进口"，不包括许诺销售，且"专门"二字既限制了提供的对象是"为获得行政审批所需要的信息"的研发主体，也限制了提供的客体、品种、数量等不得超出研发之必需，该抗辩并不适用于不分目的、不分对象、不受限制的许诺销售行为。

2.2.5 专利权的救济

2.2.5.1 民事救济

a. 假冒专利损害赔偿数额的确定——姚某君专利纠纷上诉案

案件名称： 姚某君与嘉兴捷顺旅游制品有限公司（以下简称"捷顺公司"）等假冒他人专利纠纷上诉案

基本信息： 最高人民法院（2021）最高法知民终 2380 号，2022 年 6 月 23 日

主要案情： 杭州市中级人民法院（以下简称"杭州中院"）于 2021 年 10 月 18 日作出（2020）浙 01 知民初 870 号民事判决，在综合考虑捷顺公司为制止侵权所支出的合理费用、涉案专利的授权时间等因素后，按照法定赔偿的方式，酌情确定赔偿数额为 10 万元。姚某君不服一审判决，提起上诉。最高法院认为，姚某君构成假冒专利的行为。假冒专利的行为不同于侵害专利权的行为，其不能适用《专利法》（2008 年修正）第 65 条的规定计算侵权损害赔偿数额，而应当

依据《侵权责任法》承担赔偿损失的民事责任。遂判决驳回上诉，维持原判。

主要争点：假冒专利与侵害专利权行为的差异，以及损害赔偿数额如何确定。

裁判理由：最高法院认为，假冒专利的行为与侵害专利权的行为并不相同。首先，二者的行为方式不同：《专利法》（2008 年修正）规定的侵害专利权，一般是指未经权利人许可实施其专利技术方案的行为，实施的具体方式在《专利法》（2008 年修正）第 11 条中予以规定；而假冒专利并不实施专利技术方案。其次，假冒专利行为与侵害专利权行为所侵害的法益不同：侵害专利权行为所指向的是基于技术方案的专利权，而假冒专利行为侵害的是《专利法》（2008 年修正）第 17 条所规定的标明专利标识的权利（即专利标记权）、国家专利管理秩序以及社会公众利益。最后，假冒专利行为与侵害专利权行为承担责任的方式也不同：假冒专利可能承担民事责任、行政责任、刑事责任，其承担民事责任的法律依据应为规制侵权行为的一般民事法律；而侵害专利权行为所侵害的是专利权人的权益，应依据《专利法》（2008 年修正）承担民事责任。本案中姚某君所实施的被诉行为系未经专利权人许可，在其销售网页上标注涉案专利的名称、专利号，但其相应的产品并未实施涉案专利技术方案，因此其行为仅构成假冒专利，侵害了捷顺公司的专利标记权，但并未侵害捷顺公司的涉案专利权。由于假冒专利的行为并非侵害专利权的行为，故不能适用《专利法》（2008 年修正）第 65 条的规定计算侵权损害赔偿数额，而应当依据规制侵权行为的一般民事法律承担赔偿损失的民事责任。《专利法》（2008 年修正）第 63 条规定："假冒专利的，除依法承担民事责任外，由管理专利工作的部门责令改正并予公告，没收违法所得，可以并处违法所得四倍以下的罚款；没有违法所得的，可以处二十万元以下的罚款；构成犯罪的，依法追究刑事责任。"鉴于姚某君所实施的被诉行为已构成假冒专利，最高法院将在终审判决后将违法行为线索移送市场监督管理部门，由其依法追究姚某君的相应行政责任。

评　　论：本案二审判决明晰了假冒专利行为与一般意义上侵害专利权行为的区别，明确假冒专利行为不宜适用专利法规定的专利侵权赔偿责任进行判赔，而应适用民事法律关于侵权损害赔偿的一般规定。后续案件移送行政执法部门处理，体现了人民法院对假冒专利行为严厉打击的态度，以及推动司法机关和行政机关加强协同保护、加大保护力度的导向。

b. 权属纠纷中的善意管理人义务——灿坤公司损害赔偿案

案件名称：古某文、周某荣与漳州灿坤实业有限公司（以下简称"灿坤公司"）、张某华知识产权损害赔偿纠纷案[①]

基本信息：最高人民法院（2022）最高法知民终 130 号，2022 年 6 月 22 日

主要案情：张某华曾系灿坤公司的技术人员，2011 年，其自灿坤公司离职后入职广东辉胜达电气股份有限公司（以下简称"辉胜达公司"）。2016 年 1 月 12 日，辉胜达公司为专利权人申请了专利号为 201620021×××.× 的实用新型专利（以下简称"涉案优先权专利"），并以该涉案优先权专利为优先权提交了申请号为 PCT/CN2016/071553 国际申请（以下简称"涉案 PCT 申请"）。2016 年 11 月至 2017 年 5 月，辉胜达公司进行清算备案登记并完成注销，清算组成员为其时的股东古某文、周某荣。2017 年 1 月 12 日，灿坤公司起诉，请求判令涉案优先权专利归其所有。广州知识产权法院作出（2017）粤 73 民初 226 号判决，认定涉案优先权专利归灿坤公司。该判决生效后，古某文、周某荣未对涉案 PCT 申请作出任何处理。2017 年 12 月 8 日，灿坤公司就涉案 PCT 申请权属纠纷对古某文、周某荣、张某华提起诉讼。案件审理期间，涉案 PCT 申请进入国家阶段的期限届满，各方当事人在此过程中均未采取任何措施。广州知识产权法院作出（2017）粤 73 民初 4546 号判决，认定涉案 PCT 申请归灿坤公司。至此，涉案 PCT 申请登记的申请人为辉胜达公司，实际权利人为灿坤公司。深圳中院作出（2019）粤 03 民初 3873 号一审判决，判令古某文、周某荣向灿坤公司赔偿损失。古某文、周某荣不服，提起上诉。最高法院判决驳回上诉，维持原判。

主要争点：古某文、周某荣是否应当对涉案 PCT 申请的效力终止引发的知识产权损害承担赔偿责任。

裁判理由：最高法院认为，PCT 申请分为国际阶段和国家阶段两个独立的阶

---

① 此案裁判观点入选最高人民法院知识产权案件年度报告（2022）摘要。

段，PCT 申请是否进入国家阶段取决于申请人的意志。灿坤公司提出涉案优先权专利权属纠纷时，涉案 PCT 申请还未进行国际公布，古某文、周某荣应当预见到因涉案优先权专利权属争议，涉案 PCT 申请情况会直接影响灿坤公司权益，涉案 PCT 申请是否进入国家阶段，已不属于辉胜达公司可以任意处置的事项。基于辉胜达公司申请涉案优先权专利以及涉案 PCT 申请的在先行为，根据诚信原则，在辉胜达公司进入清算期间，古某文、周某荣作为清算组成员，应承担登记的涉案 PCT 申请人负有的善良管理人义务，善意及时履行基于诚信原则所产生的通知、协助、保护等义务，避免涉案 PCT 申请在灿坤公司不知情的情况下效力终止。古某文、周某荣违反诚信原则，未履行善良管理人之义务，未通知灿坤公司涉案 PCT 申请信息，存在过错。涉案 PCT 申请人为辉胜达公司，在涉案 PCT 申请权未经生效判决确认归属于灿坤公司之前，灿坤公司无法以自己名义决定涉案 PCT 申请是否进入国家阶段。古某文、周某荣作为辉胜达公司的清算组成员，应当合理预期在涉案 PCT 申请的申请人未依 PCT 行政规程有效变更前，灿坤公司拟推进涉案 PCT 申请进入国家阶段需要以原申请人的名义进行，亦即需要原申请人的配合。古某文、周某荣未及时通知灿坤公司涉案 PCT 申请信息，是灿坤公司未能及时推进涉案 PCT 申请进入国家阶段的主要原因。

评　　论：本案对 PCT 申请登记的申请人在 PCT 申请权属纠纷处理期间未向实际权利人履行 PCT 申请进入国家阶段相关信息的通知义务是否应当承担 PCT 申请失权的责任问题进行了认定，明确了登记的 PCT 申请人负有善良管理人义务，该义务在性质上属于基于诚信原则确定的义务，内容包括通知、协助、保护等，必要时应通知、提示实际权利人以确定专利权或专利申请的后续事务，至少应当及时通知实际权利人专利权或专利申请的程序信息，避免涉案 PCT 申请在实际权利人不知情的情况下效力终止。同时，实际权利人也可以从有关公开渠道获得 PCT 申请的信息，应及时恰当采取救济措施。该案判决对于引导权属纠纷中利益相关方及时有效采取措施，共同维护专利申请程序有效进行或者专利权保持法律效力具有指导意义。

2.2.5.2 行政救济

重大专利侵权纠纷行政裁决的受理与中止——勃林格殷格翰公司专利案

案件名称： 勃林格殷格翰制药两合公司（以下简称"两合公司"）与广东东阳光药业有限公司（以下简称"东阳光公司"）重大专利侵权纠纷行政裁决案/勃林格殷格翰制药两合公司与宜昌东阳光长江药业股份有限公司（以下简称"宜昌东阳光公司"）重大专利侵权纠纷行政裁决案

基本信息： 国家知识产权局国知保裁字〔2021〕1、2号，2022年7月27日

主要案情： 两合公司是201510299×××.×号发明专利（以下简称"涉案专利"）的权利人，于2021年11月5日分别针对东阳光公司和宜昌东阳光公司提起重大专利侵权行政裁决请求。国家知识产权局受理后，被请求人以提出无效宣告请求为由要求中止审理，国家知识产权局在中止审理一次后决定继续审理，并于2022年6月22日决定合并审理两案。审理期间，两合公司以被请求人侵犯涉案专利的关联专利向上海知识产权法院提起了诉讼。国家知识产权局于2022年7月27日作出行政裁决决定，认定两被请求人共同侵犯了请求人的专利权，责令其停止侵权。

主要争点： 本案是否符合行政裁决的受理条件，以及是否需要中止审理。

裁决理由： 国家知识产权局认为根据《专利行政执法办法》，法院未就该专利侵权纠纷立案属于行政机关受理行政裁决的先决条件，请求人向法院起诉请求保护的专利是03819×××.×号专利，其与涉案专利系母案与子案的关系，两者保护范围并不相同，涉及的证据、事实和理由也不同，因此两者不属于同一专利侵权纠纷，国家知识产权局有权对本案进行裁决。至于无效宣告请求是否必然导致行政裁决中止审理，国家知识产权局认为被请求人已经因提起无效宣告请求而申请过一次中止审理，后因被请求人撤销请求而恢复审理，考虑到行政裁决的效率与公平，决定不再中止本案审理。

评　　论： 本案件是2020年修改的《专利法》及其配套文件正式施行后，国家知识产权局审结的首批重大专利侵权行政裁决案件。国家知识产权局在本案中对重大专利侵权行政裁决的受理条件和审理程序均进行了有益探索。尤其是在中止审理请求的审查上，《专利法实施细则》和《重大专利侵权纠纷行政裁决办法》对可以不中止审理情形

的规定均较为宽泛，本案中被请求人针对发明专利提出无效宣告请求，并不属于可以明显看出无效理由是否成立的情形。但是鉴于其已经提出过一次无效宣告请求且已经经过了口头审理，再次中止审理将严重损害审理效率，而且可能使当事人通过无限次提起请求又撤回请求的方式拖延裁决程序，国家知识产权局最终决定继续审理。本案对中止审理请求的处理思路实现了公平与效率的平衡，保证了行政裁决程序的有序进行，有利于进一步推动专利侵权行政裁决工作的展开。

2.2.6 标准必要专利

a. 标准必要专利全球许可费率纠纷的管辖权——诺基亚与 OPPO 管辖上诉案

案件名称：诺基亚公司、诺基亚技术公司、诺基亚科技（北京）有限公司（以下简称"诺基亚公司方"，其中诺基亚科技（北京）有限公司以下简称"诺基亚北京公司"）与 OPPO 广东移动通信有限公司、OPPO 广东移动通信有限公司深圳分公司、OPPO（重庆）智能科技有限公司（以下简称"OPPO 公司方"，其中 OPPO（重庆）智能科技有限公司以下简称"OPPO 重庆公司"）标准必要专利许可合同纠纷民事管辖上诉案

基本信息：最高人民法院（2022）最高法知民辖终 167 号，2022 年 9 月 7 日

主要案情：本案涉及诺基亚公司方与 OPPO 公司方标准必要专利许可纠纷，诺基亚公司方不服重庆市第一中级人民法院于 2021 年 12 月 27 日作出的（2021）渝 01 民初 1232 号民事裁定，向最高法院提起上诉，请求确认本案不由原审法院管辖。最高法院经审理认为，原审法院对本案有管辖权。遂判决驳回上诉，维持原裁定。

主要争点：原审法院对本案是否具有管辖权。

裁判理由：最高法院认为，首先，中国法院对本案具有管辖权。OPPO 公司方系涉案标准必要专利的实施者，均为中国企业；其相对方即诺基亚公司方中的诺基亚北京公司也为中国公司。OPPO 公司方与诺基亚公司方之间曾经存在有关专利许可使用协议，双方主要磋商地点在中国，诺基亚北京公司也参与了协商谈判。诺基亚公司方在提出管

辖权异议过程中提供的其向 OPPO 公司方的声明，表明涉案标准必要专利族中中国专利占比达 46%。基于诺基亚公司方对涉案标准必要专利所作的 FRAND 许可承诺，如果 OPPO 公司方坚持请求诺基亚公司方以 FRAND 条件给予许可，可以合理预见双方缔约后的合同履行地主要在中国。据此，中国是涉案标准必要专利的主要授权地、许可使用协议磋商地、可合理预见的缔约后合同履行地、主要许可实施地之一，与本案纠纷具有相当密切的地域联系，中国法院对本案具有无可争议的管辖权。其次，原审法院对本案行使的管辖权适当。标准必要专利的专利权人一旦作出 FRAND 许可承诺，由此产生的争议主要是标准必要专利许可使用合同协商订立问题即缔约争议。缔约争议原则上属于合同纠纷。本案中，OPPO 重庆公司位于重庆市渝北区，在重庆市使用和销售手机产品，重庆市是涉案标准必要专利的主要实施地之一。原审法院作为涉案专利主要实施地的法院，实质上与本案纠纷具有适当联系，据此对本案行使管辖权亦无不当。最后，原审法院对涉案标准必要专利在全球范围内的许可使用条件作出裁判是适当的。涉案标准必要专利中中国专利占较大比例，且中国是涉案标准必要专利的主要实施地和主要营收来源地、双方当事人之间涉案专利许可使用条件的磋商地，也是专利许可请求方即 OP-PO 公司方可供财产保全或者可供执行财产所在地。据此，本案标准必要专利许可纠纷显然与中国具有更为密切的联系。由中国法院对涉案标准必要专利在全球范围内的许可使用条件进行裁判，不仅更有利于查明 OPPO 公司方实施涉案标准必要专利的情况，还更便利案件裁判的执行。基于上述理由，原审法院对本案具有管辖权。

评　　论：2021 年，最高人民法院在"OPPO 诉夏普案"中认定我国法院适宜对符合条件的全球许可问题作出裁决，这实质上是对标准必要专利"多国使用"纠纷的管辖权确立了"更密切联系"标准[①]。本案具有涉外因素，针对在中国境内没有住所和代表机构的被告提起的涉外民事纠纷案件，中国法院是否具有管辖权，取决于该纠纷与中国是否存在"更密切联系"。判断标准必要专利许可纠纷与中国是否存

---

① 阮开欣. 涉外知识产权诉讼管辖权的地域限制：以标准必要专利纠纷管辖权冲突为切入点. 清华法学，2023（2）.

在"更密切联系"，应结合该类纠纷的特点予以考虑，如许可磋商所涉及的标准必要专利授权国及分布比例，涉案标准必要专利实施者的主要实施地、主要营业地或者主要营收来源地，当事人可供扣押或可供执行财产所在地等[①]。在数个拥有管辖权的国家法院中，由与案件联系最密切的法院来行使管辖权，更能够从根本上解决争议，更便于案件的审理和裁判的执行[②]。相比于"先诉优先"原则，司法实践中我国法院提出的"更密切联系"原则在处理国际诉讼竞合时更具有合理性[③]。本案彰显了中国法院深度参与世界知识产权组织框架下的全球知识产权治理，通过司法裁判推动完善相关国际规则和标准，推动全球知识产权治理体制向着更加公正合理的方向发展。

b. 标准必要专利疑难复杂案件的提审——KPN 公司专利权案

案件名称： 皇家 KPN 公司（以下简称"KPN 公司"）与小米通讯技术有限公司（以下简称"小米公司"）等侵害发明专利权纠纷管辖案

基本信息： 上海市高级人民法院（2022）沪民辖 161 号，2022 年 11 月 21 日

主要案情： KPN 公司发现小米公司实施侵犯其专利权的行为，诉至上海知识产权法院。上海知识产权法院认为，本案涉及移动通信领域标准必要专利纠纷，案情较为复杂，审理难度较大，故报请上海市高级人民法院（以下简称"上海高院"）审理。上海高院决定提审。

主要争点： 重大疑难案件的提审。

裁判理由： 上海知识产权法院认为，本案涉及移动通信领域标准必要专利纠纷，案情较为复杂，审理难度较大，其中涉及的涉案专利是否属于标准必要专利、标准必要专利纠纷的审理思路、侵权判断标准以及后续的许可费认定等，都属于该类案件亟须统一法律适用标准和裁判思路的问题，因此本案的处理结果对于同类案件具有普遍法律适用指导意义。经上海知识产权法院审判委员会讨论决定，依照《民事诉讼法》第 39 条第 2 款的规定，报请上级法院审理。上海高院认为，本案涉及移动通信领域标准必要专利纠纷，案情较为复杂，审理难度较大，对于同类案件具有普遍法律适用指导意义，鉴于上海知识产权法院报请提级审理，故决定本案由本院审理。

---

① 张鹏. 跨境知识产权侵权纠纷的民事诉讼管辖规则研究. 知识产权，2022（1）.
② 宁立志，龚涛. 标准必要专利全球费率裁判：实践、争议与对策. 北方法学，2022（3）.
③ 同①.

评　　论：提审是旨在实现特殊类型案件动态调整级别管辖的规则。从裁判质量来看，上级法院一般集中了审判经验更为丰富的审判人员，能够输出质量更高的裁判文书。提审可以避免让下级法院处理社会关注度高、影响力大及案件事实、法律关系复杂的案件，由上级法院把握裁判尺度，宣示司法政策。提审制度既能实现法院之间规范化案件报请，也有助于更好地处理有影响力的标准必要专利疑难案件，维护专利权人的权利，进而达到以案释法、指导适用的目的。

c. 侵犯标准必要专利合法来源抗辩——徐某发明专利权案

案件名称：徐某、宁波路宝科技实业集团有限公司（以下简称"路宝公司"）与河北易德利橡胶制品有限责任公司（以下简称"易德利公司"）、河北冀通路桥建设有限公司（以下简称"冀通公司"）侵害发明专利权纠纷案

基本信息：最高人民法院（2020）最高法知民终1696号，2022年6月30日

主要案情：徐某为名称为"一种特大抗挠变梳型桥梁伸缩缝装置"、专利号为200410049×××.×的发明专利（以下简称"涉案专利"）的权利人，徐某与路宝公司就涉案专利签订了独占许可合同。徐某、路宝公司以易德利公司的制造、销售行为以及冀通公司的使用行为侵害涉案专利权为由，向河北省石家庄市中级人民法院起诉，该院作出（2019）冀01知民初284号民事判决，判令易德利公司赔偿徐某、路宝公司经济损失及合理费用。徐某、路宝公司、易德利公司均不服一审判决，提起上诉。最高法院撤销一审法院民事判决，并考虑到易德利公司存在明显的主观过错，将判赔金额由10万元调整为300万元，并判令易德利公司立即停止制造、销售涉案专利。

主要争点：易德利公司、冀通公司的侵权责任如何认定。

裁判理由：关于易德利公司是否应承担停止侵害责任的问题，最高法院认为，涉案标准为行业推荐性标准，在徐某、路宝公司没有违反公平、合理、无歧视的许可义务，不存在过错的前提下，易德利公司未与涉案专利权利人就专利实施许可条件进行协商的行为存在明显过错，故易德利公司应承担停止侵害并赔偿损失的侵权责任。关于冀通公司是否承担侵权责任的问题，最高法院认为冀通公司主张的合法来

源抗辩成立。首先，冀通公司通过合法的销售渠道以合理对价购买了被诉侵权产品；其次，冀通公司按照发包方要求采购、使用符合涉案标准的侵权产品，主观上不存在过错，故冀通公司对其使用的涉案专利产品具有合法来源。

评　　论：标准必要专利实施抗辩的关键在于对专利权人与被诉侵权人的主观过错及其程度进行认定，以使注意义务与法律责任基本对应，并与权利性质相匹配[①]。本案中，最高法院强调不能机械理解标准必要专利的许可方式，不应仅因专利权人与被许可人达成独占实施许可而当然认定专利权人违反公平、合理、无歧视的许可义务，侵权人具有主观过错。此外，合法来源抗辩的构成要件有二，即不存在过错的主观要件以及存在符合正常商业方式取得商品的客观条件。本案中，冀通公司支付了合理的对价，且采购的产品符合招标方要求的技术标准，因而符合合法来源抗辩的认定标准。

2.2.7　植物新品种

2.2.7.1　侵害植物新品种权行为的认定

繁殖行为的认定——"鲁丽"植物新品种权案[②]

案件名称：河南省郑果红生态农业有限责任公司（以下简称"郑果红公司"）与威海奥孚苗木繁育有限公司（以下简称"奥孚苗木公司"）侵害植物新品种权纠纷案

基本信息：最高人民法院（2022）最高法知民终 435 号，2022 年 9 月 13 日

主要案情：奥孚苗木公司受让取得"鲁丽"苹果的植物新品种权（以下简称"'鲁丽'品种权"），2020 年 11 月 5 日，奥孚苗木公司将"鲁丽"品种权转让给山东奥孚果业科技有限公司（以下简称"奥孚果业公司"），双方约定自该合同生效之日起至 2021 年 11 月 6 日止，奥孚果业公司授予奥孚苗木公司全国独占实施许可权。奥孚苗木公司以郑果红公司侵害其植物新品种权为由，向河南省郑州市中级人民法

---

① 最高人民法院《最新法律文件解读丛书》编辑委员会. 民事法官必备法律司法解释解读.3 版. 北京：人民法院出版社，2019.

② 此案入选第三批人民法院种业知识产权司法保护典型案例。

院起诉，该院作出（2021）豫 01 知民初 1818 号民事判决，判定郑果红公司立即停止繁殖、销售"鲁丽"品种的行为，并赔偿奥孚苗木公司经济损失及维权费用。郑果红公司不服一审判决，提起上诉。最高法院驳回上诉，维持原判。

主要争点：郑果红公司是否实施了繁殖、销售"鲁丽"品种繁殖材料的侵权行为。

裁判理由：最高法院认为郑果红公司实施了侵权行为。首先，郑果红公司为果树育种和育苗的经营主体，其种植行为的动机为获取商业利益，明显不属于私人的非商业目的。其次，郑果红公司没有提供相关合法来源的证明。最后，"鲁丽"品种为无性繁殖作物，在种植过程中可通过自我复制和自我繁殖直接形成新个体，在郑果红公司没有提供相关合法来源证明的情形下，势必存在未经品种权人许可大量生产、繁殖"鲁丽"品种苗木的行为。关于是否存在销售行为，最高法院认为，郑果红公司在其网站及与其关联的视频账号中均展示有"鲁丽"品种，且公证书中记载其收取了预定"鲁丽"种苗的款项，故认定郑果红公司实施了销售行为。

评　　论：由于无性繁殖品种可实现自我复制和自我繁殖，如何认定无性繁殖品种种植行为的性质在司法实务中的分歧较大。《最高人民法院关于审理侵害植物新品种权纠纷案件具体应用法律问题的若干规定（二）》第 5 条的规定采用了折中式的实用主义处理规则，规定法院可视具体情况将种植行为以生产、繁殖行为认定处理。本案中，最高法院在认定种植无性繁殖授权品种的行为性质时，将侵权人的主体性质、行为目的、规模、是否具有合法来源等因素纳入考量范畴，以此综合评估种植行为与实现无性繁殖品种价值间的关系。本案的裁判对于厘清种植行为的侵权责任、加强无性繁殖品种的保护具有积极意义。

2.2.7.2　侵害植物新品种权行为的证明责任

侵害植物新品种权行为的举证责任分配——恒彩公司植物新品种权案[①]

案件名称：荆州市恒彩农业科技有限公司（以下简称"恒彩公司"）与甘肃金

---

① 此案入选 2022 年最高人民法院知识产权法庭典型案例。

盛源农业科技有限公司（以下简称"金盛源公司"）、郑州市华为种业有限公司（以下简称"华为种业公司"）侵害植物新品种权纠纷案

基本信息： 最高人民法院（2022）最高法知民终 13 号，2022 年 10 月 20 日

主要案情： 恒彩公司继受取得"T37""WH818"玉米的植物新品种权，以金盛源公司、华为种业公司侵害其植物新品种权为由，向河南省郑州市中级人民法院起诉，该院作出（2021）豫 01 知民初 638 号民事判决，判定驳回恒彩公司诉讼请求。恒彩公司不服一审判决，提起上诉。最高法院认为原审判决认定事实错误，撤销一审判决，改判华为种业公司停止使用"T37""WH818"生产"彩甜糯 866"玉米种子、停止销售重复使用"T37""WH818"生产的"彩甜糯 866"玉米种子，并赔偿恒彩公司经济损失和合理开支。

主要争点： 在缺少行业标准时，法院如何分配侵害植物新品种权行为的证明责任。

裁判理由： 最高法院认为，对授权品种是否为生产另一品种繁殖材料的亲本的判断是认定侵权行为的关键事实，在目前相关鉴定缺少行业标准的情形下，杂交玉米品种与其亲本品种的亲子关系可结合双方的举证情况予以认定。考虑到在实际玉米育种生产中，使用不同亲本通过杂交选育得到相同或者极近似品种的概率很小，若品种权人能够证明被诉侵权杂交种与使用授权品种作为父、母本杂交选育的杂交种构成基因型相同或者极近似品种时，则可初步推定被诉侵权杂交种使用了授权品种作为亲本的可能性较大，此时应转由被诉侵权人提供证据证明其实际并未使用品种权人所主张的授权品种作为亲本。在被诉侵权人并未提供证据或者提供的证据不足以推翻上述初步认定时，可认定被诉侵权杂交种使用了授权品种作为亲本。

评　　论： 考虑到知识产权案件通常具有侵权行为隐蔽性、权利人取证困难性的特点，其证明责任的分配应与双方当事人证据证明力的强弱相契合，以避免不当加重当事人的举证负担。本案中，在缺少行业标准的情况下，基于对玉米育种现实规律的考量，最高法院认为恒彩公司对被诉侵权杂交种与使用授权品种作为父、母本杂交选育的杂交种构成基因型相同或者极近似品种的证明已完成了自己的举证义

务，该待证要件事实已达到高度盖然性的证明标准，此时应基于事实推定适时转移侵害植物新品种权行为的证明责任，由被诉侵权人就推翻上述初步认定的主张承担举证责任。对于品种权人来说，防止亲本流失是从源头上制止自身权益被侵害的最有效途径，本案裁判为品种权人提供了有力保护，进一步强化了知识产权案件中诉讼证据规则的规范性和可操作性。

2.2.7.3 植物新品种侵权纠纷中合法来源抗辩与权利用尽抗辩

农民损害赔偿责任的确定——华穗种业公司植物新品种权案

案件名称： 陈某与河北华穗种业有限公司（以下简称"华穗种业公司"）等侵害植物新品种权纠纷案

基本信息： 最高人民法院（2021）最高法知民终 2110 号，2022 年 6 月 14 日

主要案情： 华穗种业公司经合法授权享有"万糯 2000"玉米的植物新品种权，华穗种业公司以陈某、甘肃巨龙供销（集团）股份有限公司、张某平侵害其植物新品种权为由，向甘肃省兰州市中级人民法院起诉。该院作出（2020）甘 01 知民初 17 号民事判决，判定陈某立即停止生产、销售"万糯 2000"玉米植物新品种的行为，并赔偿华穗种业公司经济损失。陈某不服一审判决，提起上诉。最高法院驳回上诉，维持原判。

主要争点： 陈某是否应就其被诉侵权行为承担赔偿责任。

裁判理由： 最高法院认定陈某生产、销售授权品种繁殖材料的行为构成侵权，且不符合免除赔偿责任的条件，故应对其侵权行为承担赔偿责任。首先，陈某虽为农民，但其未经品种权人许可生产授权品种繁殖材料的行为并非为了留种自用，而是为了通过制种获取收益，其行为性质不同于农民为了留种进行自繁自用，故仍构成侵权行为。其次，陈某虽因受他人委托而制种，但考虑到陈某为具有一定种植规模的农业经营者，其应在制种活动中履行合理的注意义务，遵守相关行业的行政管理规定，然陈某未在制种过程中履行基本注意义务，存在重大过失，因而不满足免除赔偿责任的主观要件。

评　　论： 在农业生产经营活动中，非法代繁作为一种典型的侵害品种权行为，其表现出主体混杂、行为隐蔽、认定复杂等特点。对《最高人

民法院关于审理侵害植物新品种权纠纷案件具体应用法律问题的若干规定》第 8 条所规定的免责条款的适用既要考虑农民主体的特殊利益，又要防止"农民特权的"滥用①。本案中，最高法院严格把握免责条款的适用主体和主观要件，明确排除以营利为目的实施生产、繁殖授权品种繁殖材料的行为主体，并指出种植大户在受托代繁的过程中的合理注意义务。本案的裁判有助于规范种子生产经营市场的管理秩序，强化对品种权人的保护。

2.2.7.4 侵害品种权损害赔偿

临时保护使用费计算——京研寿光公司植物新品种权案②

案件名称： 京研益农（寿光）种业科技有限公司（以下简称"京研寿光公司"）与新疆昌丰农业科技发展有限公司（以下简称"昌丰公司"）植物新品种临时保护期使用费纠纷案

基本信息： 海南自由贸易港知识产权法院（2021）琼 73 知民初 24 号，2021 年 12 月 31 日

主要案情： 京研寿光公司与北京市农林科学院、京研益农（北京）种业科技有限公司联合培育了甜瓜新品种"都蜜 5 号"，并于 2019 年 1 月 23 日为其申请植物新品种保护。2019 年 3 月 8 日，农业农村部植物新品种保护办公室出具《品种权申请初步审查合格通知书》，确定该品种的公告日为 2019 年 5 月 1 日。2021 年 6 月 18 日，上述三公司获得"都蜜 5 号"的植物新品种权。京研寿光公司以昌丰公司侵害其植物新品种权为由提起诉讼，后变更诉讼请求为判令昌丰公司停止生产、销售"都蜜 5 号"甜瓜种子并支付临时保护期内的甜瓜新品种使用费、合理开支以及本案诉讼费用。海南自由贸易港知识产权法院判令昌丰公司支付临时保护期使用费及合理开支，驳回京研寿光公司的其他诉讼请求。

主要争点： 昌丰公司是否应支付植物新品种权临时保护期使用费，该临时保护期使用费应如何计算。

裁判理由： 关于昌丰公司是否应支付植物新品种权临时保护期使用费的问题，

---

① 徐世超. 非法代繁行为侵害植物新品种权问题研究：以安徽隆平公司诉农哈哈公司、刘汉平案为例. 法律适用，2021（12）.

② 此案入选 2022 年中国法院十大知识产权案件。

海南自由贸易港知识产权法院认为，昌丰公司未经许可，在"都蜜5号"的临时保护期内生产、繁殖、销售与"都蜜5号"为同一品种的"世纪蜜二十五号"，其应当向京研寿光公司支付临时保护期使用费。首先，判定昌丰公司应向京研寿光公司支付植物新品种权临时保护期使用费的前提是京研寿光公司在起诉前单方自行委托农业农村部植物新品种测试中心所出具的鉴定报告应被采信。考虑到该鉴定报告在样品来源、鉴定资质、适用的鉴定规则和测试方法上均无不当，故对鉴定报告的证明力予以确认。其次，昌丰公司未提出足以推翻鉴定报告的相反证据，亦未提出足以令人信服的理由或质疑，故对昌丰公司重新鉴定的申请不予准许。关于临时保护期使用费计算的问题，海南自由贸易港知识产权法院在无许可使用费可供参考的前提下，根据公平原则，综合考虑水果品种的经济作物属性、生产、销售期间与临时保护期的重合度等因素，以此确定了昌丰公司应当支付的临时保护期使用费及合理开支。

评　　论：植物新品种临时保护期的设立旨在保护育种者自初步审查合格公告至授权期间的利益，其使用费的确立以许可费为基础，并综合考虑个案情形予以酌定[①]，以此切实贯彻对品种权人的保护。法律、司法解释未对临时保护期使用费纠纷中的维权合理开支予以明确支持，本案裁判着眼于公平原则，对于品种权人在临时保护期使用费纠纷中的维权合理开支予以支持，既丰富了植物新品种临时保护期使用费的内涵，又有利于实现法律效果和社会效果的有机统一。

2.2.7.5　其　他

和解协议阻碍侵权诉讼——登海公司植物新品种权案

案件名称：山东登海种业股份有限公司（以下简称"登海公司"）与张掖市丰裕农业科技有限责任公司（以下简称"丰裕公司"）等植物新品种权权属、侵权纠纷案

基本信息：新疆维吾尔自治区乌鲁木齐市中级人民法院（2021）新01知民初66号，2022年6月10日

---

① 万志前，张成. 植物新品种临时保护请求权性质与规范构造. 电子知识产权，2021（3）.

主要案情： 2014年，登海公司经合法授权享有"登海605"玉米的植物新品种权。2020年，丰裕公司未经权利人许可与新疆维吾尔自治区昌吉市三工镇庙工村三组（以下简称"庙工村三组"）签订制种合同，庙工村三组种植了720亩"登海605"的玉米种子。对此，登海公司向丰裕公司提出投诉，双方于2020年就上述纠纷达成和解协议。2021年，登海公司以丰裕公司、庙工村三组侵害其植物新品种权为由，向新疆维吾尔自治区乌鲁木齐市中级人民法院（以下简称"乌鲁木齐中院"）起诉。乌鲁木齐中院认为在登海公司已与丰裕公司达成和解协议的前提下，登海公司提起诉讼之举违反了诚实信用原则，因此对登海公司的全部诉讼请求予以驳回。

主要争点： 在与对方当事人诉前已达成和解协议的情形下，丰裕公司的诉讼请求是否应予以驳回。

裁判理由： 乌鲁木齐中院认为，登海公司与丰裕公司已于诉前就该民事侵权事实达成和解协议，该和解协议是双方当事人意思自治的合意，是民事契约的缔结结果，自诉前侵权和解协议达成后，双方的纠纷性质已由原来的"侵权之债"转化为"合同之债"，对侵权和解合同必须依照合同法规则进行审理，而不能按侵权之债去审理。因此，在未经法院审理确认和解协议无效或撤销和解协议的情形下，登海公司又以原侵权纠纷起诉主张赔偿，违背了民事诉讼中的诚实信用原则，故对其诉求不予支持。

评 论： 私法自治理念是区分合同之债与侵权之债的根本。合同之债的适用前提是存在合同关系，合同关系下当事人间的合意具有优先性；侵权之债则强调在非合同关系下对损害的救济，法定的义务来源和责任承担方式限制了私法自治的适用空间。本案中，乌鲁木齐中院认定双方诉前已达成和解协议的行为致使其纠纷性质由"侵权之债"转化为"合同之债"，在该和解协议有效且未被撤销的情况下，依照和解协议落实当事人对其风险的自愿安排体现出对当事人意思的尊重，是对私法自治理念的贯彻实施，而登海公司在此合同关系存在的基础上以原侵权纠纷起诉主张赔偿的行为，违反了诚实信用原则，不具备正当性。

2.3 动　态

2.3.1　立法动态

a.《海牙协定》在我国生效

《工业品外观设计国际注册海牙协定》（1999 年文本）（以下简称《海牙协定》）、《商标国际注册马德里协定》和《专利合作条约》共同构成工业产权领域的三大业务体系，由世界知识产权组织（WIPO）统一管理。我国于 2022 年 2 月 5 日向世界知识产权组织交存《海牙协定》加入书。2022 年 5 月 5 日，《海牙协定》在我国生效。

b.《专利代理信用评价管理办法》修订征求意见

2022 年 10 月，国家知识产权局在试点省份试运行的基础上，修订了《专利代理信用评价管理办法（公开征求意见稿）》，并向社会公开征求意见。该公开征求意见稿包括《专利代理机构信用评价指标体系及评价规则（公开征求意见稿）》和《专利代理师信用评价指标体系及评价规则（公开征求意见稿）》。

c.《专利审查指南修改草案》再次征求意见

2022 年 10 月底，国家知识产权局公布了《专利审查指南修改草案（再次征求意见稿）》，征求社会各界意见。为在审查实践层面保障对《专利法》《专利法实施细则》的贯彻落实，国家知识产权局综合 2020 年 11 月 10 日公布的《专利审查指南修改草案（第二批征求意见稿）》、2021 年 8 月 3 日公布的《专利审查指南修改草案（征求意见稿）》相关内容以及公众反馈的意见，形成《专利审查指南修改草案（再次征求意见稿）》。

d.《专利法实施细则修改草案》送审

2022 年 11 月，《专利法实施细则修改草案（送审稿）》报送相关部门进行审查。这次专利法实施细则修改主要涉及以下四个方面内容：一是完善专利审查制度，提升专利审查质量和效率；二是加强专利保护，维护专利权人合法权益；三是落实"放管服"改革要求，促进专利转化运用；四是新增外观设计国际申请专章，与国际规则对接。

e. 专利权转让、专利实施许可合同模板及签订指引修订征求意见

2022 年 12 月，国家知识产权局知识产权运用促进司会同有关部门对现行的专利权转让合同、专利实施许可合同模板以及相应的签订指南进行了修订，形成了《专利转让合同模板及签订指引（征求意见稿）》和《专利实施许可合同模板及签订指引（征求意见稿）》，向社会公开征求意见。

2.3.2 其他动态

a. 国家知识产权局部署专利开放许可试点

2022 年 5 月，国家知识产权局组织有关省份开展专利开放许可试点工作[①]。有别于由国务院专利行政部门接收并公布声明的法定开放许可，专利开放许可试点是开展试点的省级知识产权管理部门（以下简称"试点省局"）参照开放许可的理念和方式，促进专利"一对多"快速许可的工作举措。试点省局组织相关地市、企事业单位和服务平台开展试点，实现许可意愿和条件由专利权人事先明确、经试点省局公开发布的快速许可。试点任务包括搭建许可信息发布平台、促进供需对接、做好配套服务、完善激励和规范措施四个方面，旨在为开放许可制度全面落地做好政策、机制、平台、项目等各方面准备。

b. 国家知识产权局确定第一批知识产权纠纷快速处理试点地区

2022 年 6 月，国家知识产权局发布国知办函保字〔2022〕582 号通知，确定北京、天津、吉林、上海、江苏、浙江、安徽、山东、四川等 9 个省（直辖市），南京、苏州、常州、宁波、济南、烟台、潍坊、郑州、武汉、长沙、广州、深圳、佛山、珠海、三亚、昆明等 16 个市，义乌、绍兴市柯桥、晋江等 3 个市（县、区）作为第一批试点地区，开展知识产权纠纷快速处理试点工作。

c. 国家知识产权局发布 2022 版办事指南

2022 年 7 月，国家知识产权局发布了 2022 年版《专利权无效宣告办事指南》[②]、《被驳回的专利申请复审办事指南》[③]、《集成电路布图设计专有权的撤销的审查办事

[①] 国家知识产权局办公室关于印发专利开放许可试点工作方案的通知．（2022－05－15）［2023－04－30］. https：//www.cnipa.gov.cn/art/2022/5/17/art_2073_175677.html.

[②] 专利权无效宣告办事指南（服务指南编号：33005）．（2022－07－22）［2023－04－30］. https：//www.cnipa.gov.cn/art/2022/7/22/art_2644_166633.html.

[③] 被驳回的专利申请复审办事指南（服务指南编号：33004）．（2022－07－22）［2023－04－30］. https：//www.cnipa.gov.cn/art/2022/7/22/art_2644_166628.html.

指南》①、《被驳回的集成电路布图设计申请复审办事指南》②。指南就适用范围、项目信息、办理依据、受理机构、作出决定机构、条件、流程、决定、公告、当事人权利和义务、行政复议、咨询途径、投诉渠道等进行了明确。

d. 国家知识产权局发布《专利开放许可使用费估算指引（试行）》

2022年10月，国家知识产权局发布《专利开放许可使用费估算指引（试行）》③。该指引适合专利权人提出专利开放许可声明、明确专利开放许可使用费支付标准和方式时参考使用，也适合被许可人寻求开放许可专利、知识产权服务机构围绕专利开放许可开展相关服务时参考使用。估算方法如下：（1）参考该专利已自行实施产生的收益。将专利产品销售收益中该专利技术的贡献部分作为参考基准（即计算基数），结合许可条件存在的差异和开放许可"一对多"特性设置相应的调整系数，参考基准×调整系数＝专利开放许可使用费。（2）参考该专利已许可实施的使用费。如果拟开放许可专利之前已签订过普通许可合同，则可将该专利普通许可的使用费作为参考基准。调整系数设置与估算公式同上。（3）参考同行业专利实施许可统计数据。与拟开放许可专利相同或相近的技术领域或国民经济行业已签订的专利实施普通许可合同的统计数据，可以作为参考基准。调整系数设置与估算公式同上。（4）参考国际一般许可费率。根据国际一般经验，将产品利润的25％或产品销售额的5％作为专利实施许可使用费提成率的谈判基准；考虑开放许可"一对多"的特性，根据预期的被许可人数量，设置相应的调整系数；参考基准×调整系数＝专利开放许可使用费提成率。（5）资产评估方法。常见的资产评估方法主要包括收益法、市场法和成本法。收益法是通过将评估对象的预期收益资本化或者折现，来确定其价值的评估方法。成本法是指按照重建或者重置评估对象的思路，将重建或者重置成本作为确定评估对象价值的基础，扣除相关贬值，以此确定评估对象价值的评估方法。市场法是指通过将评估对象与可比参照物进行比较，以可比参照物的市场价格为基础，进行差异修正后，确定评估对象价值的评估方法。

e. 国家知识产权局在实用新型审查中逐步引入明显创造性审查

2022年10月28日，国家知识产权局发布《深入实施〈关于强化知识产权保护

---

① 集成电路布图设计专有权的撤销的审查办事指南（服务指南编号：33008）.（2022－07－22）［2023－04－30］. https：//www.cnipa.gov.cn/art/2022/7/22/art_2644_166629.html.

② 被驳回的集成电路布图设计申请复审办事指南（服务指南编号：33007）.（2022－07－22）［2023－04－30］. https：//www.cnipa.gov.cn/art/2022/7/22/art_2644_166632.html.

③ 国家知识产权局办公室关于印发《专利开放许可使用费估算指引（试行）》的通知.（2022－10－24）［2023－04－30］. https：//www.cnipa.gov.cn/art/2022/10/24/art_75_179776.html.

的意见〉推进计划》，指出要推进实用新型制度改革，引入明显不具备创造性审查。10 月 31 日，国家知识产权局发布《专利审查指南修改草案（再次征求意见稿）》也提到推进对实用新型的"创造性"审查。此外，国家知识产权局发布对十三届全国人大五次会议第 8842 号建议答复的函和政协十三届全国委员会第五次会议第 03510 号（科学技术类 160 号）提案答复的函相继提到推进实用新型明显创造性审查。

f. 国家知识产权局办公室组织开展专利产品备案

2022 年 11 月，国家知识产权局发布国知办函运字〔2022〕985 号通知，要求按照"政策引导、企业自主、统一平台、科学规范"的原则，做好专利产品备案工作。各级知识产权管理部门要会同相关部门积极探索专利密集型产业发展政策，落实国家知识产权局关于提升专利申请质量，将财政资金支持重点从专利申请向转化运用等方面转变的要求，及时研究出台对专利密集型产业和产品的支持政策。专利转化专项计划奖补省份、知识产权运营服务体系建设重点城市（以下分别简称"奖补省份""重点城市"）等要按照前期财政部、国家知识产权局有关文件部署，积极创造条件，在政策创新上先行先试，落实相关试点任务和绩效目标要求。要与相关产业、科技、政府采购等政策加强联动，形成政策合力，进一步调动企业积极性。要将专利密集型产品作为高价值专利转化的重要检验标准，推动专利产品备案工作与专利转化专项计划实施、重点城市高价值专利组合培育、地方专利奖评选和优势示范企业培育等工作协同推进，充分利用试点平台备案数据，跟踪专利转化实施成效，为相关企业评价、项目验收和奖项评选等提供基础支撑。

第三章 商　标

3.1 法律法规、司法解释、重要案例及其他文件

3.1.1 法律法规

a. 地名管理条例（2022 修订）

基本信息：国务院 中华人民共和国国务院令第 753 号 2022 年 3 月 30 日公布 2022 年 5 月 1 日施行

主要内容：本次修订在第 9 条第 1 款增加一项规定，即"不以企业名称或者商标名称作地名"，进一步完善地名命名规定。

b. 商标代理监督管理规定

基本信息：国家市场监督管理总局 国家市场监督管理总局令第 63 号 2022 年 10 月 27 日公布 2022 年 12 月 1 日施行

主要内容：本规定明确，知识产权管理部门依法加强对商标代理行业组织的监督和指导，支持商标代理行业组织加强行业自律和规范。商标代理机构从事国家知识产权局主管的商标事宜代理业务的，应当依法及时向国家知识产权局备案。商标代理机构从事商标代理业务不得采取欺诈、诱骗等不正当手段，不得损害国家利益、社会公共利益和他人合法权益。知识产权管理部门建立商标代理机构和商标代理从业人员信用档案，开展商标代理行业分级分类评价。

　　本规定进一步明确了关于"伪造、变造或者使用伪造、变造的

法律文件、印章、签名的行为""以诋毁其他商标代理机构等手段招徕商标代理业务的行为""以其他不正当手段扰乱商标代理市场秩序的行为""商标法第十九条第三款、第四款规定的行为""以欺诈、虚假宣传、引人误解或者商业贿赂等方式招徕业务""在同一商标案件中接受有利益冲突的双方当事人委托"等商标代理违法行为的处理。

市场监督管理部门依据《商标法》第 68 条规定对商标代理机构的违法行为进行查处后，依照有关规定将查处情况通报国家知识产权局。国家知识产权局收到通报，或者发现商标代理机构存在《商标法》第 68 条第 1 款行为，情节严重的，可以依法作出停止受理其办理商标代理业务 6 个月以上直至永久停止受理的决定，并予公告。

c. 广东省地理标志条例①

基本信息： 广东省人大（含常委会）　广东省第十三届人民代表大会常务委员会公告第 123 号 2022 年 11 月 30 日公布 2023 年 1 月 1 日施行

主要内容： 本条例适用于广东省行政区域内地理标志的运用、保护、管理和服务等活动。本条例共 28 条，分别对立法目的、适用范围、地理标志工作经费、管理、普查、扶持、推介、产业园、新业态、市场、融资、国际运营、监管、违法行为、信用体系等作了具体规定。

3.1.2　其他文件

a. 商标审查审理指南②

基本信息： 国家知识产权局 国家知识产权局公告第 462 号 2021 年 11 月 16 日公布 2022 年 1 月 1 日施行

主要内容： 本指南分"形式审查和事务工作编"与"商标审查审理编"上下两编。"形式审查和事务工作编"对商标审查审理的形式审查和事务工作进行了系统、全面的梳理，"商标审查审理编"完善了商标审

---

① 此条例为全国首部地理标志保护地方法规。

② 2022 年 2 月，国家知识产权局商标局发布 4 篇《商标审查审理指南》政策解读，分别从不以使用为目的的恶意商标注册申请的审查审理、不得作为商标标志的审查审理、商标显著特征的审查审理、驰名商标的审查审理等方面对《商标审查及审理指南》中的重点问题进行解读。

查审理的实体性标准。本指南施行之日起，原《商标审查及审理标准》同时废止。

b. 商标注册申请快速审查办法（试行）

基本信息：国家知识产权局 国家知识产权局公告第 467 号 2022 年 1 月 14 日公布/施行

主要内容：本办法规定，下列商标注册申请可以请求快速审查：（1）涉及国家或省级重大工程、重大项目、重大科技基础设施、重大赛事、重大展会等名称，且商标保护具有紧迫性的；（2）在特别重大自然灾害、特别重大事故灾难、特别重大公共卫生事件、特别重大社会安全事件等突发公共事件期间，与应对该突发公共事件直接相关的；（3）为服务经济社会高质量发展，推动知识产权强国建设纲要实施确有必要的；（4）其他对维护国家利益、社会公共利益或者重大区域发展战略具有重大现实意义的。请求快速审查的商标注册申请，应当同时符合以下条件：（1）经全体申请人同意；（2）采用电子申请方式；（3）所申请注册的商标仅由文字构成；（4）非集体商标、证明商标的注册申请；（5）指定商品或服务项目与第二条所列情形密切相关，且为《类似商品和服务区分表》列出的标准名称；（6）未提出优先权请求。国家知识产权局准予快速审查的，应当自同意之日起 20 个工作日内审查完毕。

c. 商标一般违法判断标准

基本信息：国家知识产权局 国知发保字〔2021〕34 号 2021 年 12 月 13 日发布 2022 年 1 月 1 日施行

主要内容：负责商标执法的部门查处商标一般违法行为适用本标准。商标一般违法行为是指违反商标管理秩序的行为，有下列行为之一的，均属商标一般违法：违反《商标法》第 6 条规定，必须使用注册商标而未使用的；违反《商标法》第 10 条规定，使用不得作为商标使用的标志的；违反《商标法》第 14 条第 5 款规定，在商业活动中使用"驰名商标"字样的；违反《商标法》第 43 条第 2 款规定，商标被许可人未标明其名称和商品产地的；违反《商标法》第 49 条第 1 款规定，商标注册人在使用注册商标的过程中，自行改变注册商标、注册人名义、地址或者其他注册事项的；违反《商标法》第

52 条规定，将未注册商标冒充注册商标使用的；违反《商标法实施条例》第 4 条第 2 款和《集体商标、证明商标注册和管理办法》第 14 条、第 15 条、第 17 条、第 18 条、第 20 条、第 21 条规定，未履行集体商标、证明商标管理义务的；违反《商标印制管理办法》第 7 条至第 10 条规定，未履行商标印制管理义务的；违反《规范商标申请注册行为若干规定》第 3 条规定，恶意申请商标注册的；其他违反商标管理秩序的。本标准第 4 条至第 33 条对上述情形的判定标准进行了明确和细化。

d. 商务部等 8 部门关于促进老字号创新发展的意见

基本信息：商务部 中共中央宣传部 自然资源部 住房和城乡建设部 文化和旅游部 国家市场监督管理总局 国家文物局 国家知识产权局 商流通发〔2022〕11 号 2022 年 1 月 25 日发布

主要内容：本意见就老字号知识产权保护作出如下部署：建立健全老字号名录部门共享机制，依法加强对老字号企业名称和老字号注册商标的保护，严厉打击侵犯老字号商标权、名称权等侵权违法行为；支持老字号企业开展海外知识产权保护；引导社会机构搭建老字号知识产权纠纷互助平台，会同相关部门和有关企业打击侵犯老字号知识产权和制售假冒伪劣老字号产品的不法行为。

e. 国家知识产权局关于持续严厉打击商标恶意注册行为的通知

基本信息：国家知识产权局 国知发办函字〔2022〕54 号 2022 年 3 月 29 日发布

主要内容：本通知明确重点打击下列违反诚实信用原则、违背公序良俗、谋取不正当利益、扰乱商标注册秩序的典型违法行为：（1）恶意抢注与党的重要会议、重要理论、科学论断、政治论述等相同或者近似标志的；（2）恶意抢注与国家战略、国家政策、重大工程、重大科技项目，具有较高知名度的重要赛事、重要展会、重大考古发现等相同或者近似标志的；（3）恶意抢注重大公共卫生事件等重大敏感事件、突发事件特有词汇的；（4）恶意抢注具有较高知名度的政治、经济、文化、民族、宗教等公众人物的姓名的；（5）商标注册申请数量明显超出正常经营活动需求，缺乏真实使用意图的；（6）大量复制、摹仿、抄袭多个主体具有一定知名度或者较强显著性的商标或者其他商业标识的；（7）大量申请注册与公共文化资源、行政区划名称、商品或者服务通用名称、行业术语等相同或者近似标志的；（8）大量转让商标且受让人较为分散，扰乱商标注册秩序的；（9）商标代理机构知道或者应当知道委托人从事上述行为，仍接受其委托或者以其他不正当手段扰乱商标代理秩序的；（10）其他对我国商标注册管理秩序、社会公共利益和公共秩序造成重大消极、负面影响的。

f. 国家知识产权局办公室关于严厉打击代理伪造地理标志申请材料行为的通知

基本信息：国家知识产权局 国知办函运字〔2022〕624 号 2022 年 7 月 6 日发布

主要内容：本通知要求：（1）加大监控排查力度：加大对代理伪造地理标志申请材料行为的监控排查力度，并及时转送查办。（2）依法加强监管查处：对不当行为责令其立即整改；对存在直接或协助委托人篡改史料、未核对委托人提供材料等违法违规行为的，依法予以处罚；情节严重的，报请国家知识产权局依法停止受理其办理商标代理业务；对触犯刑法等相关法律的，及时移送相关部门处理。（3）指导加强行业自律：强化业内自律监督，对存在上述违法违规行为的会员单位及时予以惩戒，对非会员单位依法依职责予以通报曝光、公开谴责。（4）加强信用联合惩戒：对存在上述违法违规行为的机构，在有关知识产权扶持激励政策实施、品牌机构培育、人才选拔等工作中予以严格限制或取消资格。

g. 国家发展改革委等部门关于新时代推进品牌建设的指导意见

基本信息：国家发展和改革委员会 工业和信息化部 农业农村部 商务部 国务院国有资产监督管理委员会 国家市场监督管理总局 国家知识产权局 发改产业〔2022〕1183 号 2022 年 7 月 29 日发布

主要内容：本意见就加强品牌保护部署如下：统筹推进商标、字号、专利、著作权等保护工作，加强驰名商标保护，严厉打击商标侵权等违法行为；完善跨部门、跨区域知识产权执法协作机制，加强知识产权信息公共服务资源供给，推进商标、地理标志等知识产权数据共享，依法依规加强知识产权领域信用体系建设；支持企业加强商标品牌保护，完善商标品牌维权与争端解决机制，推进商标数据国际交换与应用，推动商标品牌保护、纠纷处置的跨国协作；加强国家海外知识产权纠纷应对指导中心、国家海外知识产权信息服务平台等建设，开展海外纠纷应对指导服务。

3.2 案 例

3.2.1 商标授权与确权

3.2.1.1 绝对理由

a. 含有禁用元素商标的排他效力——"中華"商标侵权案

案件名称： 北京龙徽酿酒有限公司（以下简称"龙徽公司"）与青岛琅琊台集团股份有限公司、青岛琅琊台酒销售有限公司（以下统称为"琅琊台公司"）、北京京东叁佰陆拾度电子商务有限公司（以下简称"京东公司"）等侵害商标权纠纷案

基本信息： 北京知识产权法院（2021）京 73 民终 3953 号，2022 年 6 月 16 日

主要案情： 龙徽公司以琅琊台公司侵犯其"中華及图"的注册商标专用权为由，向北京市西城区人民法院（以下简称"西城区法院"）提起诉讼。西城区法院作出（2021）京 0102 民初 17088 号民事判决，认定被告行为并未侵犯原告的商标专用权，驳回原告诉讼请求。原告不服，提起上诉。北京知识产权法院认为，虽然一审判决中遗漏部分事实，但不影响本案裁判结果，一审判决并无不当，故判决驳回上诉，维持原判。

主要争点： 被注册商标含有禁用元素时，商标权的保护范围是否需要被限制。

裁判理由： 西城区法院在一审期间认定，虽然被告对标志的使用构成商标性使用，但涉案权利商标与被诉侵权标识不构成近似商标，被告并未侵犯原告商标权。北京知识产权法院认可上述认定，但同时指出，本案还需要考虑涉案权利商标包含公共领域、禁用元素的问题。商标权本身具备的公共政策性使得商标保护制度的构建应当考虑维护公共利益的目的，其专有性与社会性辩证存在，因此，商标权应有保护范围的边界。涉案权利商标中的"中華"属于《商标法》第 10

条第 1 款第 1 项规定的不得作为商标使用的标志。虽然在特定情况下，包含该禁用元素的商标获准注册，权利人获得了私权性质的商标权，但对其他含有该禁用性元素的标识的使用，并不必然落入该注册商标专用权的保护范围。本案中，不能简单地因为龙徽公司注册了含有带有特殊字体"中華"的图文商标而将其保护范围扩大到"中華"二字，不能仅因被告使用其组成部分"中華"二字即认定落入涉案权利商标的保护范围，否则将不当扩大原告对含有公有领域、禁用性元素的涉案权利商标的保护范围。综上所述，不能认定原告龙徽公司享有禁止他人在与涉案权利商标核定使用的相同或类似的商品上使用公共领域、禁用元素的权利，被告并未侵犯原告商标权。

评 论：本案涉及一个商标领域的"遗留问题"。1982 年《商标法》第 43 条规定："本法施行以前已经注册的商标继续有效。"本案中，"中華及图"商标的注册时间早于 1982 年《商标法》施行时间，即使其商标含有现行《商标法》禁用的元素也继续有效，商标权人的相应权利也得到保留。但是，本案明确了这样一个观点：法律保护含有禁用元素商标的权利人的合法利益，但是这些商标权人无权垄断使用这些禁用元素所包含的公有领域信息。另有类案表达了相同观点[①]，该案原告欲以"中樺龍"商标排除他人对"中華龍"标志的使用，受诉法院认为这会造成对公共领域文字的独占享有，势必有害于公共利益，从而驳回了原告的诉讼请求。

该案判决明确了这样一个观点：即使商标权人在特殊的情况下获得了包含公有领域、禁用元素的商标，也不得排除他人对这些元素的使用。即使他人不当地对这些元素进行商标性使用，也不能以商标权利人的权利排除他人的使用。

b. 商标退化成为通用名称是否要考虑商标权人的主观过错——"千頁"商标撤销复审案

案件名称：上海清美绿色食品（集团）有限公司（以下简称"清美公司"）商标权撤销复审行政纠纷案

---

① 参见陆某、益阳市金玉米业有限公司侵害商标权纠纷案，福建省高级人民法院（2017）闽民终 901 号民事判决。

基本信息： 北京市高级人民法院（2022）京行终 2 号，2022 年 4 月 07 日

主要案情： 案件第三人典发食品（苏州）有限公司（以下简称"典发公司"）为诉争商标"千頁"的注册人，该商标核定使用商品为"第 29 类：豆腐；豆腐制品等"。原告清美公司以诉争商标成为商品通用名称为由，向国家知识产权局申请撤销诉争商标的注册。国家知识产权局作出商评字〔2020〕第 291437 号《关于第 14402363 号"千頁"商标撤销复审决定书》，维持诉争商标的注册。该决定作出后，清美公司向北京知识产权法院提起行政诉讼，要求撤销国家知识产权局的复审决定。北京知识产权法院作出（2020）京 73 行初 18106 号行政判决，认定诉争商标并未退化为通用名称，驳回原告的诉讼请求。原告不服一审判决，提起上诉。北京高院认定诉争商标已退化为通用名称，被诉决定和一审判决认定事实和适用法律均有误，应予以纠正；清美公司的相关上诉理由成立，予以支持。

主要争点： 判定注册商标成为通用名称是否要考量商标权人的主观过错。

裁判理由： 北京知识产权法院认为，结合行业情况和公众认知，不能认定诉争商标已退化成为通用名称，且一旦诉争商标被认定为通用名称，商标上凝聚的商业价值将毁于一旦，在非归咎于商标权人过错的情形下，其商标权利不应被轻易剥夺。第三人典发公司一直在宣传使用诉争商标并积极维权，并不存在消极放任的情形，因此不应将同业竞争者可能受到的利益损害交由典发公司承担，亦不应将此作为认定诉争商标构成通用名称的依据。

　　北京高院认为，根据行业情况和大众认知，诉争商标已成为通用名称。虽然第三人典发公司积极使用商标，努力避免商标通用化，但是注册商标退化为商品通用名称首先是一个法律事实认定。如果以商标权利人的主观状态作为判断的决定性要素，则很可能与客观形成的市场相背离。另外，对于注册商标退化"成为其核定使用的商品的通用名称"可被撤销注册进而失权的制度设计来说，在权利人已取得的商标权和社会公众利益之间权衡，优先保障社会公共利益的实现是较为妥当的选择。故对商标通用化的判断不以商标权利人的主观过错为前提更为合理。

评　　论： 对于判定商标是否退化为通用名称时是否需要判断商标权人的主观过错，本案一二审法院持不同的观点，作出了不同的判决。在本案

之前，在朗科"优盘"的商标争议裁定书中，彼时的商标评审委员会认为，朗科公司将"优盘"作为商品名称使用是商标退化的因素之一，认为权利人主观是否有过错需要被纳入考量①。在本案中，二审法院的观点偏向于只要商标客观上成为了商品的通用名称，不管是谁造成的，一律可撤销该商标，认定保障公众利益、保证市场信息流通顺畅的优先级高于保护商标权人的利益，在认定商标是否退化为通用名称时，以市场情况、公众的认知为主要衡量对象，无须过多考虑当事人在其中是否有过错。此判决将为以后的案件提供明确指引。

3.2.1.2 相对理由

商标的延续性注册——"Haotaitai"商标无效宣告纠纷案②

案件名称： 广东好太太科技集团股份有限公司（以下简称"好太太公司"）与国家知识产权局、佛山市凯达能企业管理咨询有限公司（以下简称"凯达能公司"）商标无效宣告纠纷案

基本信息： 最高人民法院（2022）最高法行再 3 号，2022 年 6 月

主要案情： 诉争商标为第 9501078 号商标" Haotaitai 好太太 "，注册人为案件第三人凯达能公司。与本案相关的有如下商标：第 3563073 号商标"**Haotaitai**"，注册人为凯达能公司，曾被认定为驰名商标（以下简称"涉案商标一"）；第 1407896 号商标"好太太"，注册人为好太太公司，（以下简称"涉案商标二"）；第 4443400 号商标"好家好太太"，注册人为好太太公司，（以下简称"涉案商标三"）。好太太公司以诉争商标构成近似商标为由，请求原国家工商行政管理总局商标评审委员会（以下简称"商评委"）宣告诉争商标无效。商评委作出商评字〔2018〕第 236749 号裁定（以下简称"被诉裁定"），裁定诉争商标予以维持。好太太公司不服被诉裁定，提起行政诉讼。北京知识产权法院作出（2019）京 73 行初

---

① 参见第 1509704 号"优盘"商标争议，商评字（2004）第 5569 号裁定。

② 此案入选 2022 年中国法院 50 件典型知识产权案例。

1730 号行政判决，驳回原告诉讼请求。原告不服，向北京高院提起上诉。北京高院作出（2020）京行终 3563 号行政判决，认为一审法院和商评委有关认定并无不当，判决驳回上诉，维持原判。原告不服，向最高法院申请再审。最高法院作出（2021）最高法行申 1357 号行政裁定，提审本案。最高法院认定再审申请人好太太公司的部分诉讼主张具有事实及法律依据，其再审诉讼请求成立，予以支持；被诉裁定及原审判决部分事实认定不清、部分适用法律不当，应予纠正。最高法院判决撤销原判，国家知识产权局应就诉争商标重新作出裁定。

主要争点： 判断混淆时，是否要考虑"延续性注册"因素。

裁判理由： 国家知识产权局认为，诉争商标的注册为凯达能公司在先商标权利的合理延审，并没有复制、摹仿好太太公司"好太太"系列商标的主观故意，亦不易造成消费者的混淆误认。

北京知识产权法院认为，涉案商标一"**Haotaitai**"具有较高知名度，与诉争商标"Haotaitai 好太太"近似，且诉争商标与涉案商标二"好太太"、涉案商标三"**好家好太太**"在整体设计、构图、视觉效果上存在一定差异，诉争商标与涉案商标二、涉案商标三并不近似，其共存于市场不致误导公众，不致损害好太太公司的利益。

北京高院认为，诉争商标中虽包含"好太太"汉字，但其同时包含"Haotaitai"标识，该标识与涉案商标一相同，而涉案商标一为凯达能公司在先获准注册的商标，且曾被认定为驰名商标。因此，相关公众能够将诉争商标与本案中的"好太太"系列商标区分，不会导致混淆、误认的后果。

最高法院认为，诉争商标能否注册应当依据《商标法》的相关规定进行判断。被诉裁定认定诉争商标是先商标权利的合理延伸注册，此认定没有法律依据；原审判决在涉案商标一与诉争商标间建立关联关系，并将此作为诉争商标注册的因素考虑亦缺乏法律依据。从标识本身出发，应认定诉争商标与涉案商标二、涉案商标三近似，被诉裁定和原审判决不当。

评　　论： 商誉能否延续性地影响商标注册？《商标法》及相关司法解释对此

未作规定，商标延续性注册也并非一个法律概念，相关规定仅出现在部分规范性文件中①。对于司法实践中与本案相似的案件②，不同法院作出了不同的判决。认可商誉延续性的观点按以下逻辑展开：已注册原有商标获得了一定商誉，商标权人申请注册新商标，而该新商标明显与已注册商标相关联。即使该新商标与他人注册商标近似，基于原有商标的商誉，新商标的注册不会导致混淆，不因此导致商标无效。反对者则认为，案外已注册商标的商誉与案内商标是否近似的判断无关。本案中，最高法院明确不认可商标的延续性注册，此判决具有很强的指导性意义。

3.2.2 商标权的行使

3.2.2.1 商标权的许可

a. 商标权人是否有权单方面终止事实上的商标许可——"本家"商标侵权案

案件名称：青岛得本食品有限公司（以下简称"得本公司"）与上海天叁本家餐饮有限公司（以下简称"天叁公司"）侵害商标权纠纷案

基本信息：上海知识产权法院（2021）沪73民终682号，2022年6月24日

主要案情：原告得本公司为"本家"系列商标的商标权人。在并未订立许可使用合同的情况下，得本公司曾允许被告天叁公司使用该商标，后发函停止允许天叁公司使用该商标，天叁公司亦回函承诺停止使用商标，但并未停止使用。之后，得本公司以天叁公司侵犯商标权为由，向上海市徐汇区人民法院（以下简称"徐汇区法院"）提起诉讼。徐汇区法院作出（2020）沪0104民初28261号民事判决，认

---

① 2014年颁布的《北京市高级人民法院关于商标授权确权行政案件的审理指南》（已失效）第8条规定："商标注册人的基础注册商标经过使用获得一定知名度，从而导致相关公众将其在同一种或者类似商品上在后申请注册的相同或者近似商标与其基础注册商标联系在一起，并认为使用两商标的商品均来自该商标注册人或与其存在特定联系的，基础注册商标的商业信誉可以在在后申请注册的商标上延续。"
2019年颁布的《北京市高级人民法院商标授权确权行政案件审理指南》第15.1条规定："诉争商标申请人的在先商标注册后、诉争商标申请前，他人在相同或者类似商品上注册与诉争商标相同或者近似的商标并持续使用且产生一定知名度，诉争商标申请人不能证明该在先商标已经使用或者经使用产生知名度、相关公众不易发生混淆的情况下，诉争商标申请人据此主张该商标应予核准注册的，可以不予支持。"
② 参见广西三品王餐饮管理有限公司与国家工商行政管理总局商标评审委员会因商标申请驳回复审行政纠纷上诉案，北京高级人民法院（2015）高行（知）终字第2546号行政判决。

定天叁公司侵犯得本公司商标权，天叁公司应停止侵害，并赔偿 16
万元。被告不服，提起上诉。上海知识产权法院认定一审判决并无
不当，驳回上诉，维持原判。

主要争点：存在事实上的商标许可使用关系时，商标权人是否有权单方面终止
许可使用关系。

裁判理由：徐汇区法院认为，得本公司、天叁公司虽未签订商标许可使用合
同，但得本公司认可天叁公司 2020 年之前使用涉案商标，双方在
2020 年之前存在事实上的商标许可使用关系。而天叁公司在 2020
年 1 月初收到得本公司发送的要求其停止使用涉案商标的律师函
后，即丧失涉案商标的使用权。天叁公司并未如其承诺在 2020 年 2
月 15 日前停止使用涉案商标，也未在合理期限内停止使用该商标，
侵犯了得本公司的商标权。

上海知识产权法院认为，2020 年之前，得本公司与天叁公司
存在事实上的商标许可使用关系，但在 2020 年之后，得本公司发
函明确要求上诉人立即停止使用涉案权利商标，天叁公司也回函同
意终止双方合作，天叁公司继续使用涉案商标侵犯了得本公司的商
标权。

评　　论：首先，从法律文本角度出发，得本公司与天叁公司之间存在商标许
可使用关系，且双方在关系存续期间履行了主要义务，依据《民法
典》第 490 条第 2 款和《商标民事纠纷案件解释》第 19 条的规定，
即使不考虑《商标法》第 43 条关于书面形式和备案要求的规定，
得本公司与天叁公司之间的商标许可使用合同成立，且该合同为不
定期的持续性履行合同。依据《民法典》第 563 条第 2 款的规定，
得本公司有权解除该合同。合同解除后，天叁公司未在合理期限停
止使用商标，侵犯了得本公司的商标权。

其次，从权利性质角度出发，"商标权类同于所有权"[①]，权利
人在其权利范围内具有较强的排他性。在本案中，天叁公司与得本
公司存在事实上的商标许可使用关系后，两者并未达成约束性的约
定。在这种情况下，作为权利授予方的注册商标权人得本公司在未
违反法律规定的情况下有权终止这种许可关系。

---

① 刘春田. 知识产权法. 5 版. 北京：中国人民大学出版社，2015.

而本案中，一审法院徐汇区法院的裁判理由具有标志性的意义，其认定天叁公司自收到得本公司发函时便失去了涉案商标使用权，认定商标权人有权单方面终止事实存在的商标许可关系。

b. 未注册商标的许可效力——"汇金公链"商标使用许可合同案

案件名称：中乾德成（北京）数字科技有限公司（以下简称"中乾德成公司"）与符号星辰（广东）网络科技咨询有限公司（以下简称"符号星辰公司"）商标使用许可合同纠纷案

基本信息：北京市石景山区人民法院（2021）京 0107 民初 15625 号，2022 年 8 月 18 日

主要案情：中乾德成公司与符号星辰公司签订了协议，约定符号星辰公司两年内有权使用中乾德成公司设计的"汇金公链"商标和 LOGO，需支付 25 万元使用费。中乾德成公司以符号星辰公司未缴纳使用费、未履行合同义务为由，向北京市石景山区人民法院（以下简称"石景山区法院"）提起诉讼。石景山区法院认定，符号星辰公司有使用该标识的行为，应履行合同规定的付款义务，故判令符号星辰公司履行金钱给付义务。

主要争点：未注册商标的被许可人是否可以以商标未注册为由拒绝履行付款义务。

裁判理由：石景山区法院认为，双方签订的合同真实有效，而双方合同中对于使用费的约定较为简单，对于付款条件并没有过多限制。符号星辰公司主张该商标并没有注册，但石景山区法院认为符号星辰公司不能以此为由进行抗辩，拒绝履行付款义务。

评　　论：目前，《商标法》第 43 条明确规定了注册商标的许可制度，但是我国《商标法》及司法解释尚未对未注册商标的相关许可制度作出规定。虽然如此，从《商标法》对未注册商标、未注册驰名商标权利人进行保护的规定，以及《反不正当竞争法》的相关规定可以看出，我国法律并不排斥对未注册商标权利人的应有权利进行保护。在此案之前，最高法院已在另案[①]中对未注册商标的许可效力发表观点：关于未注册商标能否许可他人使用，法律法规对此没有禁止

---

① 参见天津开发区泰盛贸易有限公司与北京业宏达经贸有限公司商标许可使用合同纠纷再审案，最高人民法院（2012）民申字第 1501 号。

性规定，且涉案当事人签订的合同中亦未限定许可使用的商标必须均为注册商标。由此，最高法院认可了未注册商标许可的效力。

本案判决结果进一步确认了未注册商标许可的效力。当事人双方基于合同确立了相应的权利义务，且未对相关商标是否需要注册进行约定。因此，在双方合同真实有效的情况下，被许可人不能以商标未注册为由拒绝履行合同义务。

c. "明确授权"的认定标准——"好太太"商标侵权案

案件名称： 青岛五铢钱网络科技有限公司（以下简称"五铢钱公司"）与淮北金洁亮环保科技有限公司（以下简称"金洁亮公司"）、上海寻梦信息技术有限公司）（以下简称"寻梦公司"）侵害商标权及不正当竞争纠纷案

基本信息： 上海知识产权法院（2022）沪73民终135号，2022年6月23日

主要案情： 案外人河北纳利鑫洗化有限公司（以下简称"纳利鑫公司"）是第7307702号、第17400710号、1624372号商标的注册商标权人，三个商标均为"好太太"系列商标。本案发生前，纳利鑫公司已起诉本案被告金洁亮公司，并与金洁亮公司达成和解，撤回起诉。原告五铢钱公司拥有涉案三商标的普通使用许可。受诉法院认定五铢钱公司与纳利鑫公司达成协议，约定五铢钱公司"有权以自己的名义对侵犯'好太太'商标专用权或相关知识产权权利的行为进行调查取证和提起司法诉讼。"五铢钱公司以金洁亮公司、寻梦公司侵犯商标权、构成不正当竞争为由，向上海市徐汇区法院提起诉讼。徐汇区法院作出（2021）沪0104民初15702号民事判决，驳回原告诉讼请求。原告不服，提起上诉，上海知识产权法院认定一审判决并无不当，驳回上诉，维持原判。

主要争点： 普通使用许可的被许可人获得的诉讼相关授权达到何种程度才可被认定为"明确授权"。

裁判理由： 徐汇区法院认为，首先，原告获得的许可为普通使用许可，应有商标权人"明确授权"才能提起诉讼。权利人与五铢钱公司签订的补充确认书写明赋予五铢钱公司"以自己的名义调查取证和提起诉讼的权利"，但此均系概括性授权，并非"明确授权"，因此五铢钱公司无权提起诉讼。

上海知识产权法院认为，虽然被许可人有权提起诉讼，但商标

被许可人享有诉权的基础仍然是商标注册人享有的商标权，根据《商标民事纠纷案件解释》的规定，原告须经商标注册人"明确授权"，才可以提起诉讼。"明确授权"通常应当针对特定的侵害商标权的行为，而非事先的概括性授权，即商标权人对具体的侵权行为知悉，且授权普通被许可人对该侵权行为提起诉讼。本案原告被授予的系概括性授权，无权提起诉讼。

评　　论：关于知识产权领域普通使用许可的性质，学界存在不同观点①，但可以明确的是，被许可人的诉权来源于权利人的权利。普通使用许可的特殊性决定了被许可人在一般情况下应对他人的使用保持容忍。在此情况下，只有权利人就特定纠纷明确授予被许可人诉权，才可排除权利人和其他许可人就该纠纷的诉权，保证不存在重复起诉的现象。本案判决结果与之前部分案件的判决结果存在差异②，有助于进一步明晰"明确授权"的内涵，为将来的裁判提供参考。

3.2.2.2　商标权的转让

a. "一标二卖"的效力认定——"珍勇"商标转让合同案

案件名称：台州特众汽车用品有限公司（以下简称"特众公司"）与杭州珍勇汽车用品有限公司（以下简称"珍勇公司"）、章某勇、杭州甲特汽车用品有限公司（以下简称"甲特公司"）商标权转让合同纠纷案

基本信息：浙江省高级人民法院（2022）浙民终 353 号，2022 年 4 月 19 日

主要案情：被告珍勇公司于 2010 年 12 月 21 日注册商标"珍勇"。2016 年 4 月 19 日，珍勇公司与原告特众公司签订商标转让合同，但未办理商标转让手续；2021 年 3 月 9 日，珍勇公司又将该商标转让给甲特公司。特众公司向浙江省丽水市中级人民法院（以下简称"丽水中院"）提起诉讼，请求法院认定珍勇公司将涉案商标转让给甲特公司的行为无效，确认涉案商标归特众公司所有，并判令珍勇公司、

---

① 上海市第一中级人民法院课题组 . 知识产权被许可人的诉权研究 . 东方法学，2011（6）；李显锋，彭夫 . 论专利普通许可权的法律性质 . 广西大学学报（哲学社会科学版），2016（3）；齐爱民，周克放 . 知识产权被许可人诉权研究 . 社会科学家，2016（3）.

② 参见上海布来斯教育投资有限公司诉西安逾青商务信息咨询有限公司侵害商标权纠纷案，陕西省西安市中级人民法院（2016）陕 01 民初 930 号民事判决；心动网络股份有限公司与北京百度网讯科技有限公司等侵害商标权、擅自使用与他人有一定影响的商品名称、包装等相同或近似的标识纠纷案，上海市徐汇区人民法院（2020）沪 0104 民初 13434 号民事判决。在此两案中，原告经权利人事先授权，被法院认定为获得了"明确授权"。

章某勇、甲特公司配合特众公司办理涉案商标的转让登记手续。丽水中院作出（2021）浙 11 民初 206 号民事判决，驳回原告诉讼请求。原告不服，提起上诉。浙江高院认定一审判决并无不当，驳回上诉，维持原判。

主要争点：在存在有效商标转让合同但未办理商标转让手续的情况下，商标权人将商标转让给他人的效力如何。

裁判理由：丽水中院认为，特众公司与珍勇公司达成商标转让合意后，未履行合同规定的金钱给付义务，亦未办理商标转让手续，故并不享有涉案商标专用权，无权主张涉案商标归其所有。甲特公司非合同相对人，与特众公司之间不存在合同权利义务关系，在特众公司未履行金钱给付义务的情况下，珍勇公司有权拒绝履行转让手续。因此特众公司无权要求珍勇公司、甲特公司协助办理商标转让手续。另外，在特众公司未履行义务的情况下，珍勇公司将商标转让给甲特公司的转让行为并非必然无效。

除了认可一审判决的裁判理由外，浙江高院还认为，珍勇公司作为原商标权人，在未办理商标转让登记手续的情况下，其对涉案商标享有处分权。在珍勇公司与甲特公司之间的合同真实有效的情况下，特众公司无权请求确认珍勇公司将涉案商标权转让给甲特公司的行为无效。

评　　论：首先，根据合同的相对性原则，案外人甲特公司与特众公司之间不存在权利义务关系，且在甲特公司与珍勇公司之间的合同真实有效的情况下，无论特众公司与珍勇公司之前的权利义务关系为何，特众公司无权请求甲特公司履行协助转让商标的义务。

其次，商标权具有排他性，这一点与物权类似。而根据《商标法》第 42 条第 4 款的规定，转让注册商标经核准后，予以公告。受让人自公告之日起享有商标专用权。本案中，在珍勇公司未与特众公司办理转让登记手续前，商标权依旧归商标权人所有，这与不动产登记对抗主义的情况相类似。因此本案可与"一房二卖"情况相类比：在后的购房者完成不动产登记后，房产所有权属于在后的购房者，而当卖房者无法履行义务时，在先的购房者可要求卖房者承担赔偿责任。因此，即使存在"一标二卖"的情况，本案中商标权转让行为依然有效，甲特公司获得涉案注册商标权。即使珍勇公司违约，特众公司也只能请求赔偿，无法要求珍勇公司或甲特公司协助办理注册商标转让手续。

b. 商标转让制度不应成为变相规避生效判决、持续实施侵权行为的工具——纽巴伦商标侵权案

案件名称： 新平衡体育运动公司（以下简称"新平衡公司"）与纽巴伦（中国）有限公司（以下简称"纽巴伦公司"）、上海露莎实业发展有限公司（以下简称"露莎公司"）、上海世仪商贸有限公司（以下简称"世仪公司"）侵害商标权及不正当竞争纠纷案

案件信息： 上海知识产权法院（2021）沪73民终301号，2021年9月3日

主要案情： 新平衡公司于2007年申请注册第5942394号"N"商标，核定使用在第25类运动鞋等商品上，并于2010年进行初审公告，纽巴伦公司在公告期间提出异议申请。经异议程序，2016年，北京高院认定纽巴伦公司的异议申请不成立，第5942394号"N"商标应予注册，此时该商标尚在有效期内。第3954764号"三"商标于2004年由晋江市求质东亚鞋服实业有限公司（以下简称"求质公司"）申请注册，并经过两次转让，由纽巴伦公司于2013年受让取得该商标权。2016年，新平衡公司针对第3954764号"三"注册商标提出无效宣告请求，国家知识产权局于2019年裁定第3954764号"三"注册商标无效。纽巴伦公司和世仪公司在其生产并销售的运动鞋商品的两侧、后跟、鞋舌、合格证等上使用相关标识（见图3-1）。新平衡公司向上海市黄浦区人民法院提起诉讼，该院作出（2016）沪0101民初19567号民事判决，认定被诉行为构成侵害商标权。纽巴伦公司和露莎公司不服一审判决，向上海知识产权法院提起上诉，该院驳回上诉，维持原判。

图3-1　被控侵权产品（左）与原告产品（右）对比图

主要争点：纽巴伦公司是否应对其在 2016 年 9 月 13 日之前使用"▰▱"标识的行为承担赔偿责任。

裁判理由：新平衡公司主张权利的第 5942394 号"N"商标经异议程序后于 2016 年 9 月 13 日准予注册。根据《商标法》第 36 条第 2 款，新平衡公司能否要求纽巴伦公司就其在该商标在公告期满之日至准予注册决定作出期间内的被诉侵权行为承担赔偿责任，取决于纽巴伦公司实施该行为是否具有恶意。在第 3954764 号"▰▱"商标注册申请日以前，新平衡公司在运动鞋两侧的"N"标识已经建立起一定的知名度。此时求质公司仍将与"N"标识在文字构成及整体视觉效果方面相近的"▰▱"标识申请注册为商标，具有恶意。在（2004）杭民三初字第 393 号民事判决认定求质公司使用"▰▱"标识的行为构成不正当竞争后，求质公司于 2009 年将"▰▱"商标转让给泉州纽班伦公司。在（2010）黄民三（知）初字第 368 号民事判决认定泉州纽班伦公司使用"N"商标构成不正当竞争后，泉州纽班伦公司于 2013 年将"▰▱"商标、"N"商标转让给纽巴伦公司。法院认为，商标转让制度旨在保障知识产权权利的流转和价值实现，但不应成为变相规避生效判决、持续实施侵权行为的工具。在明知两份判决先后认定求质公司、泉州纽班伦公司的行为构成侵权的情况下，纽巴伦公司仍受让"▰▱"商标，并许可世仪公司在运动鞋产品、包装及宣传中使用"▰▱"标识，其行为具有明显的主观侵权恶意。因此，纽巴伦公司和世仪公司应当按照《商标法》第 36 条第 2 款的但书规定，承担相应的赔偿责任。

评　论：对于经过异议程序并最终注册的商标，《商标法》第 36 条为防止行为人利用商标专用权和禁用权的取得的时间差而恶意侵害注册商标利益，以但书形式规定在此期间恶意在同一种或类似商品上使用与该商标相同或近似标识的，仍应承担相应法律责任。司法实践中，该但书规定的适用并不多见，部分法院曾在下述情形中认定第 36 条但书所指"恶意"成立：例如在商标核准注册日前，商标使用人曾向注册商标权人作出书面承诺，保证不再使用相关商标，被诉行为构成恶意[1]；又如涉案商标在核准注册日之前已具有较高知名度，且商标使用人即为相关商标异议程序的申请人，其在收到异议不成立的裁定书后仍未停止对相关商标的使用行为，具有主观恶意[2]。上述认定中具有共性的特点是，侵权人对商标权人的在先权利系明知或应知。本案中，纽巴伦公司明知相关行为构成侵权，仍受让并许可他人使用"█◤"商标，将商标转让制度作为变相逃避生效判决、持续实施侵权行为的工具。本案判决通过对第 36 条第 2 款的适用，重申了商标转让制度的本旨，并对实践中屡有发生的变相重复侵权行为进行了有效规制。

3.2.2.3　商标权的正当行使

正当使用的认定——"青花椒"商标侵权案

案件名称： 龙泉驿区龙泉街办馋猫鱼火锅店（以下简称"馋猫鱼火锅店"）、上海万翠堂餐饮管理有限公司（以下简称"万翠堂公司"）侵害商标权纠纷案

基本信息： 四川省高级人民法院（2021）川知民终 2153 号，2022 年 1 月 17 日

主要案情： 万翠堂公司系第 12046607 号注册商标（见图 3 - 2）、第 17320763 号注册商标（见图 3 - 3）、第 23986528 号注册商标（见图 3 - 4）的权利人，核定服务项目均包括第 43 类饭店、餐厅等。馋猫鱼火锅店在其店铺的店招上使用"重庆青花椒鱼火锅自助"字样，并以"重庆青花椒鱼（文景街店）"作为其美团网站店铺名称。万翠堂公司以馋猫鱼火锅店侵害其商标权为由向成都市中级人民法院提起诉讼，该院作出（2021）川 01 民初 8368 号民事判决，认定馋猫鱼火锅店被诉行为构成商标侵权。馋猫鱼火锅店不服一审判决，向四川省高级人民法院（以下简称"四川高院"）提起上诉。该院认定馋猫鱼火锅店被诉行为系正当使用，不构成商标侵权，遂判决撤销一审判决，驳回万翠堂公司的全部诉讼请求。

---

[1]　参见卡骆驰公司（CROCS）诉泉州金斯克体育用品有限公司等侵害商标专用权纠纷案，泉州市中级人民法院（2012）泉民初字第 718 号民事判决。

[2]　参见雅虎公司与深圳市雅虎通科技有限公司侵害商标权及不正当竞争纠纷案，广东省高级人民法院（2012）粤高法民三终字第 215 号民事判决。

图 3 - 2　第 12046607 号
　　　　注册商标

图 3 - 3　第 17320763 号
　　　　注册商标

图 3 - 4　第 23986528 号
　　　　注册商标

主要争点：馋猫鱼火锅店在店招及美团网站上使用"青花椒"标识是否侵犯万
　　　　翠堂公司的注册商标专用权。

裁判理由："青花椒"作为指代一种特定调味料的通用名称，其与菜品以及饭
　　　　店、餐厅服务之间的天然联系使得本案商标的显著性极大地降低。
　　　　本案商标的弱显著性特点决定了其保护范围不宜过宽，否则会妨碍
　　　　其他市场主体的正当使用，影响公平竞争的市场秩序。馋猫鱼火锅
　　　　店在店招和美团网站店铺上并未将"青花椒"三个字单独突出使
　　　　用，其使用的标识中包含的"青花椒"字样是对其提供的特色菜品
　　　　鱼火锅中含有青花椒调味料的客观描述，不具有识别服务来源的作
　　　　用。并且万翠堂公司的经营活动范围主要在上海、江苏地区，本案
　　　　商标在川渝地区并不为相关公众所熟悉。因此，四川高院认为，馋
　　　　猫鱼火锅店的被诉行为系正当使用，没有攀附万翠堂公司涉案商标
　　　　的意图，不易导致相关公众混淆或误认，不构成商标侵权。

评　　论：本案中，四川高院厘清了馋猫鱼火锅店被诉行为的性质，即该使用
　　　　行为属于对相同或近似商标标识本身的正当使用，而非商标性使
　　　　用。根据我国《商标法》第 48 条，商标的使用系识别商品来源的
　　　　行为。四川高院之所以认定被诉行为属于对商品标识的正当使用，
　　　　是基于在本案中馋猫鱼火锅使用"青花椒"字样是对其提供的菜品
　　　　鱼火锅中含有青花椒调味料的客观描述，符合我国《商标法》第 59
　　　　条第 1 款的规定，具有正当使用的法律依据。同时，本案二审判决
　　　　依法维护了诚信、正当经营的同行生产经营者的合法权益和公平竞

争的市场秩序。虽然我国《商标法》第1条立法宗旨以及其他相关条款并未明确在相同或者类似商品上的同行生产经营者自由竞争的权利，但从商标法立法宗旨以及商标法价值构造中的利益平衡机制等方面，可以充分地认为确保自由竞争也是商标法的重要价值取向。本案中，同行生产经营者的自由竞争权利主要体现为在其经营的鱼火锅等菜肴中，以青花椒作为调味料自由使用，并向消费者告知的权利，这一自由竞争的权利并不因"青花椒"被申请注册为商标而被禁止使用。

3.2.3　商标侵权判定

3.2.3.1　商标性使用

a. 商标性使用的认定考量涉案商标的知名度——"物美"商标侵权案

案件名称： 物美科技集团有限公司（以下简称"物美公司"）与严某侵害商标权及不正当竞争纠纷案

基本信息： 最高人民法院（2022）最高法民再71号，2022年3月31日

主要案情： 物美公司获准注册第3681158号"物美"商标（见图3-5）、第3681150号"物美及图"商标（见图3-6）和第22014930号"物美WUMART及图"商标（见图3-7），核定使用服务均为第35类推销（替他人）等。严某系开发区物美水果超市（以下简称"物美水果超市"）的经营者，在其门店上方使用"物美超市"字样标识。物美公司向九江市中级人民法院提起诉讼，该院作出（2020）赣04知民初120号民事判决，认定被诉侵权行为不构成对涉案商标专用权的侵害及不正当竞争。物美公司不服一审判决，向江西省高级人民法院提起上诉。该院作出（2020）赣民终718号民事判决，驳回上诉、维持原判。物美公司不服二审判决，向最高法院申请再审。该院认定被诉行为侵害物美公司的商标权并且构成不正当竞争，判决撤销前述民事判决。

主要争点： 被诉侵权行为是否侵害物美公司的商标专用权。

裁判理由： 最高法院认为，虽然汉语中已有"物美价廉"的用法，其中"物美"二字具有形容物品质量好的含义，但是在现代汉语中，"物美"

图 3-5　第 3681158 号"物美"商标

图 3-6　第 3681150 号"物美及图"商标

![图3-7](物美 WUMART 及图)

图 3-7　第 22014930 号"物美 WUMART 及图"商标

并无单独使用的传统，形容物品质量好通常也不以单独使用"物美"的方式进行表达。并且本案商标经过物美公司的长期经营和使用，"物美"标识与物美公司建立了紧密联系，已经具有较高知名度，容易使相关公众将其识别为区分服务来源的标识。因此物美水果超市在其店招上使用被诉侵权标识的行为已经构成商标性使用，二审法院认定该行为不构成商标性使用，并进而认定该行为未构成侵害商标专用权不当，应予以纠正。

评　　论：商标性使用是商标侵权认定的基础。判断一行为是否属于商标性使用，应综合考虑被使用商标的独创性程度、被使用商标的知名度、被诉侵权人使用商标标识的方式和其主观意图，在此基础上判定被诉侵权人的行为是否属于商标性使用行为[①]。具体到本案中，物美公司在物美水果超市注册成立之前便使用"物美"标识，并具有较高知名度。物美水果超市将与上述涉案商标近似的标识在店招上突出使用，明显具有攀附他人商誉的意图，客观上亦容易造成相关公众的混淆误认。因此，法院综合上述因素认定被诉行为构成商标性使用。

b. 商标性使用的认定考量涉案商标的显著性——"内参"商标侵权案

案件名称：山东兰陵美酒股份有限公司（以下简称"兰陵公司"）与酒鬼酒股份有限公司（以下简称"酒鬼酒公司"）、济南市长清区好日子酒水营销部（以下简称"好日子酒水营销部"）侵害商标权纠纷案

基本信息：山东省高级人民法院（2022）鲁民终 134 号，2022 年 5 月 12 日

---

① 李春芳，李淇. 商标性使用的判定. 知识产权，2014（8）.

主要案情： 酒鬼酒公司获准注册第 3981390 号"内参"文字商标（见图 3-8），核定使用商品为第 33 类酒精饮料（啤酒除外）、含酒精液体等。兰陵公司在其生产酒水商品的包装盒正面、背面、一侧面以及内部酒瓶正面中心部位，均标示有竖向排列的"内参"文字。酒鬼酒公司以兰陵公司、好日子酒水营销部侵犯其商标权为由向济南市中级人民法院提起诉讼，该院作出（2021）鲁 01 知民初 101 号民事判决，认定两被告构成侵权。兰陵公司不服一审判决，向山东省高级人民法院（以下简称"山东高院"）提起上诉，该院驳回上诉，维持原判。

图 3-8　第 3981390 号"内参"文字商标

主要争点： 被诉侵权商品使用"内参"标识行为是否属于商标性使用。

裁判理由： 山东高院认为，首先，本案酒水商品的酒瓶及其外包装盒均在显著位置使用了"内参"标识，并以颜色差异的方式使得该标识突出醒目，实际起到了识别商品来源的作用，属于《商标法》第 48 条规定的商标性使用。其次，虽然"内参"作为"内部参考"是指新闻的一种特殊形式，属于现有词汇，但是"内参"作为商标注册，其与核定的商品之间没有任何关系，具有显著性，且根据其文字含义，本案酒水商品上使用"内参"文字也无法得出属于"内部供应、内部招待"描述性使用的结论。最后，兰陵公司在其酒水商品上使用自己的"兰陵及图"及"兰陵洞藏"商标，并不影响其将"内参"标识作为商标性使用的认定。因此，兰陵公司关于其在本案酒水商品上使用"内参"标识的行为系描述性使用而非商标性使用的主张，法院不予支持。

评　　论： 商标的本质功能是识别来源，一个标志能否实现识别来源功能有赖于消费者感知。因此，商标性使用判定的相关公众认知标准是理论和实务中的主流观点。相关公众的认知标准意味着，只要被告的行为使相关公众对诉争标识产生或可能产生来源识别的认知，便构成"商标使用"[①]。本案证据表明"内参"标识在白酒行业已经具有较高的知名度，兰陵公司突出醒目地使用"内参"标识，能发挥较强的识别效果，已经容易导致相关公众产生被诉侵权商品与酒鬼酒公司之间存在特定联系的误认。兰陵公司也不能以其在被诉侵权商品上使用自己的商标，没有将"内参"标识用作商标的主观意图进行抗辩。

c. 商标隐性使用——"黑马程序员"商标侵权案

案件名称： 江苏传智播客教育科技股份有限公司（以下简称"传智博客公司"）与北京千锋互联科技有限公司（以下简称"千锋公司"）侵害商标权纠纷案

基本信息： 北京知识产权法院（2022）京 73 民终 836 号，2022 年 11 月 25 日

主要案情： 北京传智公司获准注册第 13918981 号"黑马程序员"文字商标（见图 3-9），核定服务项目为第 41 类学校（教育）、培训等，并许可传智播客公司使用。传智播客公司获准注册第 18856400 号"黑马程序员"文字商标（见图 3-10），核定使用服务项目为第 35 类广告、市场营销等。千锋公司在百度搜索、360 搜索中将"黑马程序员"添加为其官网的关键词，并在其官网搜索链接的标题和描述中使用"程序黑马员""黑马培训"字样。传智播客公司以千锋公司侵害其商标权为由向北京市海淀区人民法院（以下简称"海淀法院"）提起诉讼，该院作出（2021）京 0108 民初 3131 号民事判决，认定千锋公司构成侵权。千锋公司不服一审判决，向北京知识产权法院提起上诉，该院驳回上诉，维持原判。

主要争点： 千锋公司对"程序黑马员""黑马培训"等词汇的使用是否属于商标性使用。

裁判理由： 北京知识产权法院认为，虽然"黑马""程序员"确为固有词汇，但并非所有的固有词汇作为商标使用就是正当使用。首先，本案商标虽由汉字"黑马"和"程序员"组成，但二者的结合在整体上并非固有词汇，具有一定显著性。其次，本案搜索链接和描述的上下语境容易导致用户混淆，千锋公司并非是将上述词汇作为描述服务

[①] 刘铁光. 商标侵权中"商标使用"的判定规则. 法学杂志, 2021（6）.

黑马程序员

图 3-9　第 13918981 号"黑马程序员"文字商标

黑马程序员

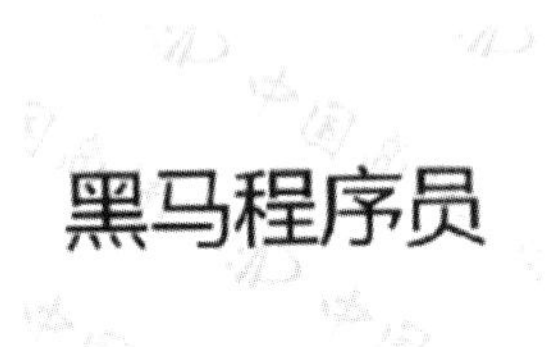

图 3-10　第 18856400 号"黑马程序员"文字商标

质量、特点、对象等的正当使用。最后，从千锋公司使用的"程序黑马员""黑马培训"词语组合方式来看，其使用目的并非正当。因此，千锋公司关于上述词汇的使用系正当使用的主张，法院不予支持。

评　　论：本案商标系固有词汇"黑马"和"程序员"的组合，千锋公司在搜索链接的标题和描述中使用的字样与其相似，结合语境能够被用于指示来源，且这一来源指示功能确由作为关键词的商标触发。千锋公司在整个行为过程中企图利用与他人商标近似的字样来指示来源，甚至误导用户，其使用目的难谓正当。在此类商标隐性使用情形中，商标性使用的判定需要在整体行为下考察被诉侵权行为的目的或意图，作出情景主义的认定，而不能简单化地予以禁止或放行，其原因在于商标隐性使用的存在具有一定合理性和正当性，但同时又要防止隐性使用触碰提供误导性、欺诈性信息的禁区①。

d. 新型商标使用行为的界定——苹果"Airpods"商标侵权案②

案件名称：罗某洲、马某华等八人假冒注册商标罪案

基本信息：广东省深圳市中级人民法院（2022）粤 03 刑终 514 号，2022 年 12 月 28 日

---

① 吕炳斌. 商标侵权中"商标性使用"的地位与认定. 法学家，2020（2）.

② 此案入选 2022 年中国法院十大知识产权案件。

主要案情： 苹果公司为第 17636443 号"AIRPODS"和第 41866814 号"AIR-PODSPRO"商标的注册人，商标核定使用在第 9 类耳机等商品上。被告人罗某洲、马某华分别系深圳市昇蓝电子实业有限公司（以下简称"昇蓝公司"）和深圳市聆音科技有限公司（以下简称"聆音公司"）的法定代表人。2020 年 9 月，罗某洲和马某华密谋以各占 50% 股份的使用方式，使用昇蓝公司和聆音公司的场所、人员及生产设施，与其他六名被告人合作组装假冒苹果注册商标的蓝牙耳机并对外销售牟利。被告人组装生产的蓝牙耳机成品没有商标标识，但与苹果手机配对时会出现"Airpods"或"Airpods Pro"的电子弹窗。

广东省深圳市龙岗区人民法院一审认为，被告人的行为均构成假冒注册商标罪，故作出（2021）粤 0307 刑初 1686 号刑事判决，分别判处被告人罗某洲有期徒刑四年，并处罚金人民币 400 万元；被告人马某华有期徒刑六年，并处罚金人民币 680 万元；其余六名被告人均判处有期徒刑二年，并处罚金人民币 10 万元。

一审宣判后，部分被告人提起上诉，上诉理由之一为罗某洲等人制造、销售表面及包装无商标标识但链接苹果手机时弹窗出现"Airpods"或"Airpods Pro"的蓝牙耳机的行为不属于《刑法》第 213 条规定的"使用"行为，不构成假冒注册商标罪。

主要争点：《刑法》第 213 条假冒注册商标罪中"使用"行为的界定。

裁判理由： 二审法院认为，假冒注册商标犯罪中的"使用"不限于将商标用于商品、商品包装或者容器及交易文书或广告宣传等有形载体中，只要是在商业活动中用于识别商品来源的行为均构成商标性使用。认定商标性使用的关键在于商标使用是否在商业活动中破坏了注册商标的识别功能而造成消费者的混淆和误认，故应当综合被告人的主观意图、使用方式、产品的行业惯例和相关公众的认知来判断。

对于蓝牙耳机的消费者而言，对蓝牙耳机产品来源的识别不仅仅是通过产品包装，更主要的是通过设备查找正确的配对项实现蓝牙耳机功能，消费者通过蓝牙配对成功显示的"Airpods"或者"Airpods Pro"字样来识别其购买使用的蓝牙耳机产品来源。被告人组装生产的产品在连接手机终端设备时展示苹果公司享有注册商标专用权的"Airpods"或者"Airpods Pro"标识，使消费者误认为其使用的产品是苹果公司制造，造成对产品来源的混淆和误认，属于假冒注册商标罪中的"使用"行为，构成假冒注册商标罪。据此，二审法院裁定驳回上诉，维持原判。

评　　论：物联网时代带来了新的商标使用方式和新的信息传播途径，也为知识产权司法保护带来了新的挑战。本案是数字经济下利用物联网技术实施新形态商标犯罪的典型案例，明确了司法对移动数字设备之间进行数据传送和智能化识别所呈现的新型商标使用方式的认定标准[①]，对正确界定商标使用行为、打击利用新技术侵犯知识产权犯罪具有指导意义。

3.2.3.2　混淆可能性的认定

正品分装导致混淆——"五芳斋"商标侵权案

案件名称：浙江五芳斋实业股份有限公司（以下简称"五芳斋公司"）与上海苏蟹阁实业有限公司（以下简称"苏蟹阁公司"）、上海赢礼实业有限公司（以下简称"赢礼公司"）侵害商标权纠纷案

基本信息：上海知识产权法院（2021）沪73民终406号，2022年5月31日

主要案情：五芳斋公司获准注册第331907号"五芳斋"商标（见图3-11）、第9720610号"五芳"商标（见图3-12）和第10379873号"美味五芳"商标（见图3-13），核定使用商品均为第30类粽子等。武汉五芳斋食品贸易有限公司系第3781249号"五芳斋"（见图3-14）注册商标专用权人，核定使用商品为第16类纸板盒或纸盒等，其以普通许可方式授权五芳斋公司使用该商标。五芳斋公司授权赢礼公司日常销售其五芳斋粽类、非粽类系列产品，但不得将授权书用于其他使用。苏蟹阁公司从赢礼公司购入上述散装粽子，并获赠由赢礼公司未经许可制造的印有"五芳斋""美味五芳""五芳"文字的礼盒包装（见图3-15）。随后，苏蟹阁公司将散装粽子与礼盒包装自行组合对外销售。五芳斋公司向上海市普陀区人民法院提起诉讼，该院作出（2019）沪0107民初27712号民事判

---

① 2022年度广东法院知识产权司法保护十大案件 .（2023-04-23）[2023-04-30]. https：//www.gdcourts.gov.cn/gsxx/quanweifabu/anlihuicui/content/post_1151342.html.

决，认定赢礼公司与苏蟹阁公司的行为未侵犯第 9720610 号、第 10379873 号和第 331907 号注册商标的权利，但构成对第 3781249 号注册商标的侵权。五芳斋公司不服一审判决，向上海知识产权法院提起上诉。该院认定赢礼公司与苏蟹阁公司的行为侵犯了第 9720610 号、第 10379873 号和第 331907 号注册商标的权利，一审判决有误，应予纠正；但一审判决确定的赔偿金额（含合理费用）于法有据，遂判决驳回上诉，维持原判。

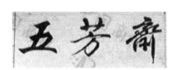

图 3-11　第 331907 号"五芳斋"注册商标

图 3-12　第 9720610 号"五芳"注册商标

图 3-13　第 10379873 号"美味五芳"注册商标

图 3-14　第 3781249 号"五芳斋"注册商标

图 3-15　权利人礼盒产品（左）与被诉侵权礼盒产品（右）对比图

主要争点：苏蟹阁公司和赢礼公司的行为是否侵犯五芳斋公司享有的第 9720610、10379873、331907 号注册商标专用权。

裁判理由：上海知识产权法院认为，尽管本案散装粽子是来源于五芳斋公司的正品，但是正品粽子礼盒与被控侵权的粽子礼盒在内容、外包装与销售价格上均与正品粽子礼盒有所区别，两者系不同的礼盒商品，也即将数个正品散装粽子装入被控侵权的礼盒包装，并不会形成正品的粽子礼盒。礼盒粽在注册商标核定使用的商品类别中属于粽子类商品，被诉侵权行为属于在同一种商品上使用与注册商标近似的商标。因此，将散装粽装入假冒礼盒中对外销售，会使相关公众对礼盒粽商品产生混淆误认，并侵占正品礼盒粽的市场份额，对五芳斋公司通过注册商标在礼盒粽商品上积累的商业声誉产生不良影响。一审判决认定被诉侵权行为既未破坏商标指示来源的功能，又未破坏商标品质保证的功能，不构成侵害商标权，属于不当判决，应予纠正。

评　　论：本案的争议焦点在于被诉正品分装销售行为是否构成侵害商标权。一审法院认为涉案商品包括散装粽子与礼盒包装，其中散装粽子系正品，因此被诉行为未破坏商标品质保证的功能，不构成侵权。但是二审法院将散装粽子和礼盒包装作为一个整体来看待，认为礼盒粽也属粽子类商品，被诉行为会使相关公众对礼盒粽商品产生混淆，构成侵权。本案中，礼盒粽已经具有区别于散装粽子的独立外部形态，将其作为一个整体来认定更为合理。

在"不二家（杭州）食品有限公司与钱某良、浙江淘宝网络有限公司侵害商标权纠纷案"[①] 和"克鲁勃润滑剂（上海）有限公司与上海信裕润滑技术有限公司等侵害商标权纠纷案"[②] 等案件中，针对正品分装销售行为，法院通常会将是否破坏商标品质保证功能作为认定商标侵权的标准。然而对于是否破坏商标的品质保证功能，需要根据具体案情进行个案认定，通常情况下，若被分装的是可以直接接触到的液体、粉末状商品，则很可能会导致商品本身的品质发生改变。本案中，尚无证据证明被诉正品分装销售行为破坏了本案注册商标的品质保证功能，但其仍然是一种可能导致消费者混淆误认的行为。上海知识产权法院以被诉行为可能导致消费者对商品来源产生混淆认定其构成商标侵权。

---

① 杭州市余杭区人民法院（2015）杭余知初字第 416 号民事判决。
② 上海市浦东新区人民法院（2020）沪 0115 民初 26507 号民事判决。

3.2.3.3　诚信原则在商标侵权判定中的适用

a. 遵循诚实信用原则与否的考量因素——日特公司商标权案

案件名称： 中山市日特机电有限公司（以下简称"日特公司"）与乐清市麦佳
进出口有限公司（以下简称"麦佳公司"）、佛山市启正电气有限公
司（以下简称"启正公司"）侵害商标权纠纷案

基本信息： 广州知识产权法院（2021）粤73民终2341号，2022年5月18日

主要案情： 日特公司以麦佳公司、启正公司侵害其"CARROO"注册商标专
用权为由（见图3-16、图3-17），向广东省广州市海珠区人民法
院起诉，该院作出（2019）粤0105民初35715号民事判决，驳回
诉讼请求。日特公司不服该判决，向广州知识产权法院提起上诉。
该院驳回上诉，维持原判。

CARROO

图 3-16　日特公司注册商标"CARROO"（第 6433535 号）

carro

图 3-17　启正公司注册商标"carro"（第 13168193 号）

主要争点： 日特公司提起本案诉讼是否违反诚实信用原则。

裁判理由： 广州知识产权法院认为，判断日特公司在本案诉讼中是否有违诚实
信用原则，应当考虑两个因素：一是日特公司在本案诉讼中的权利
基础及其对该种权利基础的认识能力；二是日特公司提起本案诉讼
的目的。关于第一个因素，日特公司于2019年10月21日启动本
案诉讼程序，其作为诉讼权利基础的第6433535号商标于2019年
10月29日被国家知识产权局撤销，因此涉案商标自始不具有法律
效力；且基于生效判决的明确认定，涉案商标权因未在指定期间内

进行真实、合法有效的商业使用，日特公司对于其权利基础的正当性即应当具备相应的认识能力，却仍然坚持诉讼，难谓善意。关于第二个因素，日特公司曾多次实施侵犯启正公司知识产权的行为，扰乱了市场正当竞争秩序。日特公司在其诉讼权利基础的涉案商标被撤销后，仍针对启正公司的合法使用商标行为积极推进诉讼，确难认定日特公司是以依法维权为目的、正当行使其诉讼权利的行为。据此，日特公司提起本案诉讼违反了诚实信用原则。

评　　论：诚实信用原则，简称诚信原则，既是民法的一般原则，也是包括商标法在内的知识产权法的一般原则，其作用在于维持当事人间的利益平衡以及社会利益的平衡①。现行《商标法》第7条第1款明文规定，"申请注册和使用商标，应当遵循诚实信用原则"。这一原则要求当事人在不损害他人和社会公共利益的前提下，善意、审慎地行使自己的权利。任何违背法律的目的和精神，以损害他人正当权益为目的，恶意取得并行使权利、扰乱市场正当竞争秩序的行为均属于权利滥用，其相关权利主张不应得到法律的保护和支持。在最高法院指导案例"歌力思案"中，原告虽享有商标权，但相关证据显示其取得和行使权利的行为明显缺乏正当性基础，审理法院通过综合考虑原告的权利基础、被诉侵权行为等多项因素，驳回原告的诉讼请求，实现了法律效果与社会效果的有机统一②。本案中，广州知识产权法院通过日特公司在诉讼中的权利基础以及对该种权利基础的认识能力、提起本案诉讼的目的两个因素来考察其是否符合诚实信用原则，为商标侵权案件中诚实信用原则的适用提供了具体方法。

b. 诚实信用原则在涉外定牌加工纠纷中的适用——时代威科公司商标权案

案件名称：深圳市时代威科焊接科技有限公司（以下简称"时代威科公司"）与浙江劳士顿科技股份有限公司（以下简称"劳士顿公司"）侵害商标权纠纷案

基本信息：浙江省高级人民法院（2021）浙民申4890号，2022年1月4日

---

① 刘春田. 知识产权法. 北京：中国人民大学出版社，2020.
② 佟姝，李兵.《王碎永诉深圳歌力思服饰股份有限公司、杭州银泰世纪百货有限公司侵害商标权纠纷案》的理解与参照：恶意取得并行使商标权的行为不受法律保护. 人民司法，2021（17）.

主要案情： 时代威科公司以劳士顿公司侵害其"STAHLWERK"注册商标
（见图 3-18、图 3-19）专用权为由，向浙江省宁波市北仑区人民
法院起诉，该院作出（2019）浙 0206 民初 7747 号民事判决，驳回
诉讼请求。时代威科公司不服该判决，向宁波中院提起上诉，该院
作出（2020）浙 02 民终 4306 号民事判决，驳回上诉、维持原判。
时代威科公司不服二审判决，向浙江高院申请再审，该院裁定驳回
再审申请。

图 3-18　时代威科公司注册商标"STAHLWERK"（第 10121635 号）

图 3-19　劳士顿公司被授权使用的商标"STAHLWERK"（2009 年于德国注册）

主要争点： 劳士顿公司的涉外定牌加工行为是否侵犯时代威科公司的商标专
用权。

裁判理由： 浙江高院认为，法院在审理涉外定牌加工商标侵权案件时，应当充
分考量国内和国际经济发展大局，对特定时期、特定市场、特定交
易形式的商标侵权纠纷进行具体分析，妥善平衡商标权人与定牌加
工方的利益。本案中，时代威科公司明知德国 stahlwerk 公司以及
德国"STAHLWERK"商标的存在，却在国内申请注册同一种商
品上的相同商标，继而以该商标为权利基础，对德国 stahlwerk 公
司授权的劳士顿公司在中国境内定牌加工行为提起侵权之诉，这种
行使商标权的方式有违诚实信用原则，不应对其商标权予以保护。

评　　论： 涉外定牌加工案中的侵犯商标权问题近年来持续引发学界与司法界
热议，就该行为是否属于"商标使用"行为，存在不同意见；就
"商标使用"是否为侵权判断的独立、前置要件，亦有分歧。本案
展现了审理此类案件的新思路。浙江高院认定本案涉外定牌加工行
为属于合法范畴。时代威科公司明知德国 stahlwerk 公司与
"STAHLWERK"商标存在，却在国内申请注册同类商品上的相同
商标。且不论时代威科公司商标权是否正当，其行为是否构成不正
当竞争，但借此提出侵权之诉，有违诚实信用原则，显然不具备正
当性。

3.2.4 商标侵权抗辩

3.2.4.1 正当使用

正当使用的认定标准——德州扒鸡公司商标权案

案件名称： 德州德香斋扒鸡食品有限公司（以下简称"德香斋公司"）与山东
德州扒鸡股份有限公司（以下简称"德州扒鸡公司"）、济南天桥大
润发商业有限公司（以下简称"天桥大润发公司"）侵害商标权纠
纷案

基本信息： 山东省高级人民法院（2022）鲁民终 258 号，2022 年 5 月 30 日

主要案情： 德州扒鸡公司以德香斋公司、天桥大润发公司侵害其"德州
DEZHOU""德州扒鸡"注册商标专用权为由（见图 3-20、图 3-
21），向山东省济南市中级人民法院起诉，该院作出（2021）鲁 01
知民初 715 号民事判决，判令德香斋公司、天桥大润发公司停止侵
权并赔偿损失。德香斋公司不服该判决，向山东高院提起上诉，该
院作出（2022）鲁民终 258 号民事判决，驳回上诉、维持原判。

图 3-20　德州扒鸡公司注册商标"德州 DEZHOU"（第 159006 号）

图 3-21　德州扒鸡公司注册商标"德州扒鸡"

（第 3892642 号，该商标标注："扒鸡"放弃专用权）

主要争点： 德香斋公司对"德州扒鸡"的使用是否属于正当使用。

裁判理由： 山东高院认为，涉案两注册商标中含有的"德州"二字确为地名，但经过德州扒鸡公司长期持续使用，"德州"二字已经与德州扒鸡公司生产的扒鸡产品产生了稳定联系。德香斋公司的被诉侵权产品包装上均在合理位置明确标注产地，已经足以表明被诉侵权产品的产地，但其又在产品包装正面上中部的显著位置以较大字体突出标注"德州扒鸡"标识，明显超出了描述性说明"德州"系被诉侵权产品产地的正当使用范围，主观上明显具有攀附德州扒鸡公司涉案商标知名度的故意，容易导致相关公众产生被诉侵权产品与德州扒鸡公司之间存在特定联系的误认，因此并不构成正当使用。

评　论： 正当使用作为商标法中的一种抗辩制度，规定在现行《商标法》第59条，本案主要涉及该条第1款，即：注册商标中含有的本商品的通用名称、图形、型号，或者直接表示商品的质量、主要原料、功能、用途、重量、数量及其他特点，或者含有的地名，注册商标专用权人无权禁止他人正当使用。关于正当使用的构成，北京高院认为应具备以下要件：使用出于善意；不是作为自己商品的商标使用；使用只是为了说明或者描述自己的商品①。本案中，审理法院经过分析指出，德香斋公司使用"德州"这一商标并非出于描述商品产地的需要，具有攀附涉案商标知名度的故意，因此不构成对商标的正当使用。本案明确了商标正当使用抗辩的适用需要关注对涉案商标的使用是否超出必要限度、是否为善意、是否恶意攀附他人商标、是否易使公众产生混淆等因素。

3.2.4.2　在先使用

a. 在先使用抗辩的适用——"糖立方"商标权案

案件名称： 华润置地（厦门）房地产开发有限公司安达仕酒店（以下简称"安达仕酒店"）、华润置地（厦门）房地产开发有限公司（以下简称"华润厦门公司"）与陈某敏侵害商标权纠纷案

基本信息： 上海知识产权法院（2022）沪73民终129号，2022年9月16日

---

① 《北京市高级人民法院关于审理商标民事纠纷案件若干问题的解答》，京高法发〔2006〕68号，2006年3月7日发布。

主要案情：陈某敏以安达仕酒店、华润厦门公司侵害其"糖立方"注册商标专用权为由（见图3－22），向上海市浦东新区人民法院起诉，该院作出（2021）沪0115民初44493号民事判决，判令安达仕酒店停止侵权，华润厦门公司赔偿陈某敏为制止侵权行为所支出的合理开支。安达仕酒店、华润厦门公司不服该判决，安达仕酒店以深圳君悦酒店（与安达仕酒店存在关联关系）在先使用被诉商标的事实为由提出不侵权抗辩，向上海知识产权法院提起上诉，该院作出（2022）沪73民终129号民事判决，驳回上诉、维持原判。

糖立方

图3－22　陈某敏注册商标"糖立方"（第10400859号）

主要争点：安达仕酒店的在先权利抗辩是否成立。

裁判理由：上海知识产权法院认为，《商标法》第59条第3款系关于商标在先使用人不侵权抗辩事由的特别规定，即当商标被他人注册后，商标的在先使用人在特定条件下可以在原有使用范围内继续使用该商标。就适用主体而言，该不侵权抗辩仅应由在先使用人自行提出。在确定"原使用范围"时，应主要考量商标使用的地域范围和使用方式。本案中，虽然安达仕酒店与深圳君悦酒店存在一定关联关系，但二者系两个独立法人分别设立的分支机构，故安达仕酒店无权以深圳君悦酒店在先使用被诉商标的事实提出不侵权抗辩。关于不同城市的酒店可否视为同一"地域"，不能因为曾在品牌酒店内开设过某一品牌的餐厅，就认为该品牌酒店集团之后开设的其他酒店内餐厅必定会使用相同餐厅品牌。在陈某敏申请涉案注册商标前，仅有深圳君悦酒店在深圳市经营"糖立方"餐厅，并无证据证明其影响力已扩张至厦门市的地域范围。综上所述，安达仕酒店的在先权利抗辩不成立。

评　　论：我国在商标权的确立上采用注册原则，即商标专用权通过注册登记取得。保护商标权人的目的之一是防止他人无偿利用注册商标所体现的商誉谋取不正当利益。如果他人在使用和申请商标注册之前就已经善意地在相同或类似商品/服务上使用了与注册商标相同或近似的未注册商标，且这种使用形成了自己的商誉，自然谈不上对在后注册商标中商誉的不当利用。我国《商标法》第 59 条第 3 款明确规定了"在先使用"这一抗辩事由。该抗辩成立的条件包括：（1）对商标的使用先于申请商标注册的时间；（2）商标使用于相同或类似商品或服务之上；（3）在先使用具有一定影响，即产生一定商誉；（4）在先使用是在其使用该未注册商标的原有范围内使用该商标①。本案中，上海知识产权法院在判断安达仕酒店的在先权利抗辩是否成立时，主要从抗辩提出主体的适格性以及是否在原有范围内两个要素进行分析。"原有范围"应从商标使用的地域范围和使用方式入手，兼顾商品或服务类型自身的特殊性，例如涉案的餐饮服务行业便具有较强的地域限制性。最高法院在"林明恺与成都武侯区富运家具经营部等侵害商标权纠纷再审案"中也阐释了类似观点，即商标法强调的使用范围并非使用规模，在先仅通过实体店铺销售商品或者提供服务的，在原实体店铺影响范围之外的地域新设店铺应当认定为超出了原有范围，此外，使用该商标的商品产能、经营规模等也可以在个案中予以考量②。这一认定思路对此类案件的审判具有重要借鉴意义。

b. "抢注商标行为的否定性评价"和"商标在先使用抗辩"的区分——碧欧国际公司商标侵权案③

案件名称： 广州市碧欧化妆品有限公司（以下简称"碧欧公司"）与广东碧鸥国际化妆品有限公司（以下简称"碧鸥国际公司"）等侵害商标权纠纷案

基本信息： 广州知识产权法院（2020）粤 73 民终 5237 号，2022 年 3 月 7 日

主要案情： 碧欧公司于 2013 年申请注册第 12113899 号"![商标]"商标，核定使用商品为第 3 类洗发液、护发素等，后于 2014 年初审公告。碧鸥国际公司的股东钟某民在公告期间提出异议申请。经过异议程序后，当事人提起行政诉讼，2019 年，北京高院认定异议申请不成立，第 12113899 号"![商标]"商标应予注册。自 2008 年始，钟某民已经对

---

① 王迁. 知识产权法教程. 北京：中国人民大学出版社，2021.

② 参见林明恺与成都武侯区富运家具经营部等侵害商标权纠纷再审案，最高人民法院（2018）最高法民再 43 号民事判决。

③ 此案入选 2022 年中国法院 50 件典型知识产权案例。

碧鸥品牌及包含"ㄅ"图形的商业标识进行长期、持续的使用。

第 12113899 号"ㄅ"商标获准注册后，碧鸥国际公司在委托生产

并销售洗护产品等多种商业活动中使用"ㄅ""ㄅ"标识。碧欧公司以碧鸥国际公司等侵害其商标权为由，向广州市白云区人民法院起诉，该院作出（2020）粤 0111 民初 5287 号民事判决，认定碧鸥

国际公司对"ㄅ"标识的使用符合商标在先使用抗辩的要件，遂驳回碧欧公司全部诉讼请求。碧欧公司不服一审判决，向广州知识产权法院提起上诉。该院驳回上诉，维持原判。

主要争点： 碧欧公司注册第 12113899 号"ㄅ"商标是否属于抢注商标。

裁判理由： 碧欧公司上诉认为，一审判决将钟某民在先使用抗辩超出"原使用范围"扩大适用至碧鸥国际公司等主体有误。碧鸥国际公司则认为

碧欧公司注册第 12113899 号"ㄅ"商标构成抢注商标。广州知识产权法院认为，本案存在应适用《商标法》第 32 条对于抢注商标行为进行否定性评价，还是适用《商标法》第 59 条第 3 款商标在先使用抗辩的前置性问题。在后注册商标申请人在申请注册商标时主观上是善意还是恶意，是区别适用这两种法律制度的关键。若在后注册商标申请人主观上明显存有恶意，应考虑对其抢注商标行为给予否定性评价，"而非适用商标在先使用抗辩对在先使用人施以'原使用范围''附加适当区别标识'等限制后对先后二者的行为均予以肯定"。

在碧欧公司申请第 12113899 号"ㄅ"商标前，钟某民及其经营的相关企业已经对包含"ㄅ"图形的商业标识在化妆品、洗洁用品等商品上进行了长期、持续的使用，并达到有一定影响的知名

度。在案证据表明，碧欧公司在申请第 12113899 号"ㄅ"商标之前，应当知道该在先使用的事实，因此其商标注册构成《商标法》第 32 条规定的以不正当手段抢先注册他人已经使用并有一定影响商标的行为。碧欧公司在本案中以此作为权利基础主张侵权，有违

诚实信用原则，构成权利滥用。

评 论：本案一审法院和二审法院判决均驳回了碧欧公司的诉讼请求，但适用的法律依据并不相同。一审法院认为碧鸥国际公司对"BIOU"和"碧鸥"标识的使用构成在先使用抗辩，二审法院则以碧欧公司申请注册第 12113899 号"BIOU"商标系抢注商标为由，认定其侵权主张构成权利滥用。二审法院之所以选择适用不同的法律依据，原因在于法院认为应当对"抢注商标行为的否定性评价"和"商标在先使用抗辩"两种情形作出区分。当在先使用的未注册标识知名程度达到《商标法》第 32 条规定的"有一定影响"的知名度，且在后注册商标申请人对他人在先使用的未注册标识已然了解、主观上属于恶意并成功抢先注册商标时，应当适用《商标法》第 32 条对此类商标抢注行为予以否定性评价。现行《商标法》并未明确以上两种法律制度在适用要件上的区分，二审法院首次在判决中将此二者的适用场景和法律要件加以区分并明确，有理有据地遏制了权利滥用行为。值得关注的是，二审法院判决的法律依据包括《商标法》第 7 条规定的诚实信用原则，对类似案件的审判提供了参考。

3.2.4.3 诚实信用原则抗辩

规制商标权滥用——青岛福库公司商标权案

案件名称： 郑某红、湛江市一品石电器有限公司（以下简称"一品石公司"）与青岛福库电子有限公司（以下简称"福库公司"）侵害商标权纠纷案

基本信息： 最高人民法院（2021）最高法民再 30 号，2022 年 3 月 21 日

主要案情： 一品石公司的法定代表人郑某红在第 11 类的电力压锅等商品上分别获准注册第 6175220 号（见图 3-23）、第 6671221 号商标（见图 3-24），并授权一品石公司使用。福库公司受让取得"一品石"美术作品（见图 3-25）的著作权，并将该标识在其生产的电压力饭煲的上盖、外包装箱和相关网页上作标注使用。郑某红、一品石公司以福库公司公司侵害其商标权为由向深圳中院提起诉讼，该院作

出（2016）粤03民初1174号民事判决，认定福库公司构成侵权。福库公司不服一审判决，向广东省高级人民法院（以下简称"广东高院"）提起上诉，该院作出（2019）粤民终1945号民事判决，驳回上诉、维持原判。福库公司不服二审判决，向最高法院申请再审。该院认定郑某红及一品石公司的诉讼行为构成权利滥用，判决撤销一审、二审判决，并驳回郑某红及一品石公司的诉讼请求。

图3-23　郑某红"一品石"注册商标（第6175220号）

图3-24　郑某红"一品石"注册商标（第6671221号）

图3-25　福库公司"一品石"美术作品

主要争点：福库公司被诉行为是否侵害了郑某红和一品石公司的注册商标专用权。

裁判理由：根据生效民事判决（2021）最高法民再121号，福库公司系"一品石"美术作品的著作权人，该作品的创作完成时间早于本案注册商标的创作完成时间，郑某红在创作完成本案注册商标前具有对"一品石"美术作品的接触可能性。本案商标与"一品石"美术作品文字构成完全相同、外在表达极为近似，二者已经构成实质性相似。郑某红在电饭锅等商品上申请注册"一品石"商标，并许可一品石公司在相关商品上使用，已构成对福库公司在先著作权的侵害。最高法院认为，郑某红及一品石公司取得及使用涉案商标权的行为系在侵犯福库公司合法在先著作权的基础上进行的，该行为违反了诚实信用原则，不具有正当性，其诉讼行为构成权利滥用，其诉讼请求缺乏合法的权利基础，不应得到法院支持。

评　　论：针对商标注册人取得的注册商标权利基础本身存在重大权利瑕疵，且以损害他人合法权益为主要目的滥用该商标权的行为，法院应当以诚实信用原则为指导，依法审查并采纳被诉侵权人的正当抗辩理由，在此基础上驳回商标注册人的诉讼请求[①]。例如在王某永诉歌力思公司、银泰百货公司侵害商标权纠纷案[②]中，审理法院便认定王某永不正当取得和行使"歌力思"商标权，王某永对歌力思公司的正当使用行为提起的侵权之诉构成权利滥用，其相关权利主张不应得到法律的保护和支持。本案中，最高法院在认定郑某红及一品石公司违反诚实信用原则，构成商标权滥用的基础上，驳回其诉讼请求，体现了司法对恶意注册并滥用商标权行为的有效规制。

3.2.5　商标侵权救济

3.2.5.1　民事救济

a. 确定法定赔偿数额的考量因素——泸州老窖公司商标权案

案件名称：泸州老窖股份有限公司（以下简称"泸州老窖公司"）与西安市莲湖区红君烟酒商店（以下简称"红君商店"）侵害商标权纠纷案

基本信息：陕西省高级人民法院（2022）陕知民终 194 号，2022 年 5 月 30 日

主要案情：泸州老窖公司以红君商店侵害其"國窖"注册商标专用权为由（见图 3-26），向陕西省西安市中级人民法院起诉，该院作出（2021）陕 01 知民初 1781 号民事判决，判令红君商店停止侵害、赔偿损失，酌定赔偿数额为 2 万元。泸州老窖公司、红君商店不服该判决，向陕西省高级人民法院（以下简称"陕西高院"）提起上诉，该院作出（2022）陕知民终 194 号民事判决，改判红君商店赔偿数额为 10 万元。

主要争点：本案一审的判赔数额是否适当。

---

① 刘义军. 恶意注册后滥用商标权的司法规制. 电子知识产权，2022（7）.
② 参见最高人民法院（2014）民提字第 24 号民事判决书。

图 3－26　泸州老窖公司注册商标"國窖"（第 1719161 号）

裁判理由：陕西高院认为，根据《商标法》第 63 条，侵犯商标专用权的赔偿数额，按照权利人因被侵权所受到的实际损失确定；实际损失难以确定的，可以按照侵权人因侵权所获得的利益确定；权利人的损失或者侵权人获得的利益难以确定的，参照该商标许可使用费的倍数合理确定。权利人因被侵权所受到的实际损失、侵权人因侵权所获得的利益、注册商标许可使用费难以确定的，由人民法院根据侵权行为的情节判决给予 500 万元以下的赔偿。本案中，泸州老窖公司并无充分证据证明红君商店因销售被控侵权产品所获得的收益及其因被侵权所受到的具体损失数额。且红君商店于 2019 年因销售侵犯泸州老窖公司"國窖"注册商标专用权的白酒被行政处罚，又于 2021 年再次实施侵犯泸州老窖公司"國窖"商标专用权的行为，属于重复侵权，主观故意明显。一审法院关于侵权事实与本案相似案件判赔标准与本案差距较大，故一审法院关于本案赔偿数额认定较低。综合考虑涉案商标的类型、知名度、红君商店的侵权情节、主观过错程度、侵权后果等因素，酌定红君商店的赔偿数额（含维权合理开支）为 10 万元。

评　　论：商标侵权损害赔偿数额的认定主要通过考量权利人实际损失、侵权所得利益、可参考的许可费和法定赔偿四种方法确定。在实践中，很多情况下难以适用前三种方法，此时则可以适用法定赔偿，这也是最为常见的方法，这一现状与商标侵权案件的特点以及由此导致的权利人举证难度较大具有紧密联系。法定赔偿的优点在于能够有效减少举证、质证、查证等烦琐环节，但同样存在适用标准模糊的问题。因此，规范法定赔偿的适用成为审判活动中的重要问题。北京高院在相关司法文件中提出，"法定赔偿数额的确定，应当遵循裁判标准一致性原则，综合考虑权利、行为、过错、后果、因果关系等因素，体现案件之间的相同点和不同点，合理确定赔偿数额。"① 本案中，二审法院在酌定赔偿数额时，考量了本案侵权事实与相似案件判赔标准的统一问题，并综合考虑了涉案商标类型、知名度、侵权情节、主观过错程度、侵权后果等因素，对司法实践中此类案件的审判具有示范意义。

b. 惩罚性赔偿的适用要件——威克多公司商标侵权案

案件名称： 江苏威克多体育用品有限公司（以下简称"威克多公司"）与周某轩侵害商标权纠纷案

基本信息： 湖北省荆州市中级人民法院（2022）鄂 10 民终 1836 号，2022 年 5 月 30 日

主要案情： 威克多公司以周某轩侵害其第 7511758 号注册商标专用权为由（见图 3-27），向湖北省石首市人民法院起诉，该院作出（2022）鄂 1081 民初 948 号民事判决，判令周某轩赔偿威克多公司经济损失及维权合理开支合计 6 000 元。威克多公司不服该判决，向湖北省荆州市中级人民法院（以下简称"荆州中院"）提起上诉，主张本案应适用惩罚性赔偿。该院作出（2022）鄂 10 民终 1836 号民事判决，驳回上诉，维持原判。

图 3-27　威克多公司注册商标（第 7511758 号）

主要争点： 本案是否应适用惩罚性赔偿。

裁判理由： 荆州中院认为，根据《商标法》第 63 条，对恶意侵犯商标专用权，情节严重的，可以适用惩罚性赔偿。即侵权人同时具备"恶意"且"情节严重"。本案中，威克多公司并未提交证据证明周某轩具有恶意侵犯商标专用权、且情节严重的情形，故对威克多公司适用惩罚性赔偿的上诉理由不予支持。

评　　论： 为实现惩罚性赔偿的惩罚和预防的社会控制功能，同时为了防止惩罚性赔偿被滥用，行为人的主观过错程度是决定惩罚性赔偿的重要

---

① 《北京市高级人民法院关于侵害知识产权及不正当竞争案件确定损害赔偿的指导意见及法定赔偿的裁判标准》第 1.12 条。

考量。我国《民法典》规定惩罚性赔偿的主观要件为"故意"，《商标法》第 63 条第 1 款、《反不正当竞争法》第 17 条第 3 款规定为"恶意"①。为避免在知识产权司法实践中难以精准区分故意与恶意，《最高人民法院关于审理侵害知识产权民事案件适用惩罚性赔偿的解释》（以下简称《惩罚性赔偿解释》）第 1 条中对二者作出一致性解释，即故意包括商标法和反不正当竞争法规定的恶意。该司法解释第 4 条对"情节严重"的认定也予以明确，即"人民法院应当综合考虑侵权手段、次数，侵权行为的持续时间、地域范围、规模、后果，侵权人在诉讼中的行为等因素"，同时列举了 7 种可认定为情节严重的情形，如：因侵权被行政处罚或者法院裁判承担责任后，再次实施相同或者类似侵权行为；以侵害知识产权为业；伪造、毁坏或者隐匿侵权证据；等等。本案中，由于威克多公司并未提交证据证明本案符合"恶意"和"情节严重"的情况，二审判决未适用惩罚性赔偿条款。

c. 惩罚性赔偿基数的认定——联塑公司商标权案

案件名称： 广东联塑科技实业有限公司（以下简称"联塑公司"）与潘某勇侵害商标权纠纷案

基本信息： 云南省高级人民法院（2022）云民终 535 号，2022 年 6 月 2 日

主要案情： 联塑公司以潘某勇侵害其"LESSO 联塑"注册商标专用权为由（见图 3-28），向云南省红河哈尼族彝族自治州中级人民法院起诉，该院作出（2021）云 25 民初 520 号民事判决，判令潘某勇赔偿联塑公司经济损失及维权合理费用共计人民币 6 万元。联塑公司不服该判决，向云南省高级人民法院（以下简称"云南高院"）提起上诉。该院作出（2022）云民终 535 号民事判决，认为一审判决赔偿数额偏低，判决由潘某勇赔偿联塑公司经济损失及维权合理费用人民币 8 万元。

LESSO 联塑

图 3-28　联塑公司注册商标"LESSO 联塑"（第 10670117 号）

---

① 林广海，李剑，秦元明.《关于审理侵害知识产权民事案件适用惩罚性赔偿的解释》的理解和适用. 人民司法，2021（10）.

主要争点：本案能否以商标许可使用费作为惩罚性赔偿基数。

裁判理由：云南高院认为，在潘某勇主观恶意及情节严重两要件均具备的情况下，能否对其适用惩罚性赔偿，还应当审查其请求赔偿的基数能否确定。联塑公司请求参照涉案商标许可使用费 30 万元/年的 1.8 倍确定本案经济损失赔偿数额 55 万元。根据《商标法》第 63 条规定，权利人的损失或者侵权人获得的利益难以确定的，参照该商标许可使用费的倍数合理确定。"对恶意侵犯商标专用权，情节严重的，可以在按照上述方法确定数额的一倍以上五倍以下确定赔偿数额。"联塑公司提交的《商标使用许可合同》，是其与生产企业签订的，与本案潘某勇销售者的身份存在差异，且两者所处地域及经济实力也存在差异，不具有可参照性，故不能以此商标许可使用费作为基数来确定惩罚性赔偿数额，本案无法适用惩罚性赔偿条款，应当适用法定赔偿条款。

评　　论：在符合知识产权惩罚性赔偿制度适用的"主观恶意"和"情节严重"的情况下，确定惩罚性赔偿的基数是必要任务。对于基数的确定，《商标法》第 63 条表述为"可以在按照上述方法确定数额的一倍以上五倍以下确定赔偿数额"。其中，"上述方法"是指实际损失、侵权所得利益和商标许可使用费的倍数。《惩罚性赔偿解释》第 5 条的规定与之相符，即"实际损失数额、违法所得数额、因侵权所获得的利益均难以计算的，人民法院依法参照该权利许可使用费的倍数合理确定，并以此作为惩罚性赔偿数额的计算基数。"本案中，云南高院在判断能否以商标许可使用费作为基数时，重点分析并强调了被诉人与被许可人身份差异以及两者所处地域和经济实力的区别，对今后的案件审理有重要的借鉴价值。若忽略上述因素对权利许可使用费数额造成的影响，将极大影响裁判结果的公正性。

此外，需要注意的是，本案中云南高院认为，在无法通过实际损失、侵权所得利益和商标许可使用费确定惩罚性赔偿的基数时，无法适用惩罚性赔偿条款。这一观点符合当前相关立法和司法解释的规定。但在司法实践中，已有案例[①]在此种情况下以"去除惩罚

---

① 参见佳龙公司与卫龙公司擅自使用与他人有一定影响的商品名称、包装、装潢等相同或者近似的标识纠纷案，河南省高级人民法院（2021）豫知民终 609 号民事判决。

性考量的法定赔偿"作为惩罚性赔偿的计算基数。这种做法得到了部分学者的支持，即认为满足一定条件情况下的法定赔偿可以作为惩罚性赔偿的基数[①]。该观点为惩罚性赔偿基数的确定提供了新思路、新方法，但仍值得进一步观察。

d. 法定赔偿数额能否作为惩罚性赔偿的计算基数——"味达美"商标侵权案

案件名称：烟台欣和味达美食品有限公司（以下简称"欣和公司"）、新泰市兴泰酿造有限公司（以下简称"兴泰公司"）侵害商标权纠纷案

基本信息：山东省泰安市中级人民法院（2022）鲁 09 民初 61 号，2022 年 5 月19 日

主要案情：欣和公司作为第 16851517 号"味达美"商标注册人，在 2015 年至2021 年期间，三次以侵害商标权及不正当竞争纠纷为由起诉兴泰公司，除第一次双方达成和解协议撤诉外，后两次审理法院皆作出判决，分别判令兴泰公司赔偿欣和公司经济损失及合理开支人民币10 万元和 16 万元，两次判决均已生效并履行完毕。2022 年，欣和公司再次以兴泰公司侵害商标权为由，向山东省泰安市中级人民法院起诉，主张兴泰公司多次因侵权行为被判决承担责任后，仍继续实施相同侵权行为，主观侵权恶意明显，情节严重，对其恶意侵权行为应适用三倍惩罚性赔偿。

主要争点：法定赔偿数额能否作为惩罚性赔偿的计算基数。

裁判理由：受诉法院认为，欣和公司主张的惩罚性赔偿的计算基数是基于（2021）鲁 09 民初字第 96 号判决中法院在综合考量当事人主观过错、侵权情节等情况后酌定的赔偿数额，该数额是法定赔偿数额，已带有一定的惩罚性因素，若在适用法定赔偿的基础上再适用惩罚性赔偿，将过度加重侵权人的赔偿责任。根据现有证据，本案无相对确定或可计算、估算的数额作为惩罚性赔偿的基数，无法适用惩罚性赔偿。最后，法院结合兴泰公司的主观过错程度、经营规模、侵权行为的性质、次数等因素，酌定其赔偿欣和公司经济损失及制止侵权行为的合理支出人民币 16 万元。

评　　论：本案明确了法定赔偿数额不得作为计算惩罚性赔偿的基数。法定赔

[①] 丁文严，张蕾蕾 . 知识产权侵权惩罚性赔偿数额的司法确定问题研究 . 知识产权，2021（2）.

偿除具有基本的补偿性功能之外，在我国知识产权法的立法语境下也具有惩罚性的功能①。在法定赔偿的基础上加倍判赔，允许法定赔偿作为惩罚性赔偿计算基数，极有可能导致判决结果畸重，引致司法不公②。因此，惩罚性赔偿与法定赔偿融合叠加的并用模式，在我国知识产权侵权赔偿制度下缺乏正当性和合理性。

e. 侵犯商标权惩罚性赔偿数额的确定——"德禄"商标侵权案③

案件名称： 德禄产业与发展有限责任两合公司（以下简称"德禄两合公司"）、德禄国际有限公司（以下简称"德禄国际公司"）、德禄（太仓）家具科技有限公司（以下简称"德禄太仓公司"）与德禄家具（上海）有限公司（以下简称"德禄上海公司"）、德禄家具（南通）有限公司（以下简称"德禄南通公司"）、朱某军侵害商标权及不正当竞争纠纷案

基本信息： 江苏省高级人民法院（2021）苏民终 2636 号，2022 年 8 月 17 日

主要案情： 德禄两合公司为"德禄（raumplus）"系列商标权利人，其许可德禄国际公司与德禄太仓公司使用该系列商标。朱某军系德禄上海公司、德禄南通公司的法定代表人。双方当事人均主要经营家具定制行业相关业务。德禄两合公司、德禄国际公司与德禄太仓公司以德禄上海公司、德禄南通公司与朱某军侵犯其商标权、构成不正当竞争为由，提起诉讼。苏州中院作出（2020）苏 05 民初 271 号民事判决，认定被诉行为构成商标侵权和不正当竞争，判决适用惩罚性赔偿 5 000 万元。原审被告不服，提起上诉。江苏高院驳回上诉，维持原判。

主要争点： 本案赔偿数额如何确定。

裁判理由： 苏州中院认为，首先依据原审原告方主张，本案应以原审被告方侵权所得计算损害赔偿数额。其次，根据本案现有证据，原审被告方侵权所得主要包含两部分：一是与案外人仁恒置地集团合作的工程项目收入；二是加盟、直营业务收入。

关于工程项目收入，原审被告未提供全部工程项目资料，苏州中院以现有的合作协议以及结算凭证作为基础，推算工程项目收入

---

① 孙那. 民法典视阈下知识产权惩罚性赔偿与法定赔偿的司法适用关系. 知识产权，2021（4）.

② 刘军华，叶明鑫. 知识产权惩罚性赔偿与法定赔偿的协调适用. 中国应用法学，2021（1）.

③ 此案入选 2022 年中国法院 50 件典型知识产权案例、江苏省高级人民法院 2022 年知识产权司法保护十大典型案例。

至少为 1 亿元。关于加盟、直营业务收入，原审被告只提供了 2019 年度的业务收入额，且根据现有证据，2019 年度业务收入额大于其所提交的业务收入额。而根据原审被告方报表显示，其业务收入额逐年增长稳定，因此未提交数据年份业务收入总额一定大于 2019 年业务收入额的 2 倍。因此，原审被告加盟、直营业务的收入大于其所提供的 2019 年业务收入额的 3 倍，即 113 568 020.5 元。故原审被告收入总额一定大于 2 亿元。

关于利润率，苏州中院认为，原审被告利润率应高于家具定制行业上市公司平均利润率，理由如下：（1）其存在公司混同现象，其提供的利润表数额过低，不足取信；（2）根据购买其商品的案外人及其庭审陈述，其销售利润高于前述平均利润率；（3）其商品的销售定位与上市公司相近；（4）其经营中多以私人账户结算，其经营成本低于上市公司。原审被告经营利润率至少以家具定制行业上市公司平均利润率计算，该利润率为 14.05%。综上，原审被告实施被控侵权行为利润至少为 2 810 万元。

另外，苏州中院认为，原审被告行为属于恶意侵犯知识产权，且情节严重，可适用惩罚性赔偿，倍数定为一倍。而原审原告诉讼请求赔偿数额为 5 000 万元，低于基数赔偿和惩罚性赔偿之和，因此本案对原审原告 5 000 万元的赔偿主张全额支持。

江苏高院对一审判决结果及判决理由予以认可。

评　　论：商标法明确规定了以实际损失、侵权所得或许可费倍数为基准确定赔偿额，且规定了惩罚性赔偿。但在司法实践中，实际赔偿数额往往是难以直接确定的，本案亦如此。因此，苏州中院以现有证据为准进行了合理推算，其计算赔偿数额方式具有借鉴意义。

f. 惩罚性赔偿与法定赔偿同时分立适用——"JUKI"商标侵权案

案件名称：JUKI 株式会社与浙江巨凯缝纫科技有限公司（以下简称"巨凯公司"）侵害商标权纠纷案

基本信息：上海知识产权法院（2022）沪 73 民终 187 号，2022 年 7 月 21 日

主要案情：JUKI 株式会社是第 146917 号"JUKI"商标（见图 3-29）、第 3715148 号"JUKI"商标（见图 3-30）、第 5090608 号"JUKI"商标（见图 3-31）的权利人。其中，第 146917 号商标经过长期宣传使用，为中国相关公众广为知晓并具有较高声誉，曾被认定为驰

名商标。巨凯公司曾申请注册第 7222684 号"JUKAI"商标（见图 3 - 32）和第 7222681 号"巨凯 JUKAI"商标（见图 3 - 33），但均已被撤销或宣告无效。

JUKI 株式会社以侵害商标权为由，向上海市浦东新区人民法院起诉巨凯公司。该院作出（2020）沪 0115 民初 85435 号民事判决，认定巨凯公司的行为构成商标侵权，并按照巨凯公司生产并出口境外的侵权产品获利的 3 倍适用惩罚性赔偿，确定其应承担的赔偿总额为填平性赔偿数额与惩罚性赔偿数额之和，即为基数的 4 倍共 774 928.44 元；针对巨凯公司在境内的侵权行为，综合考虑巨凯公司在境内的生产销售、宣传情况，侵权故意、侵权情节等因素，酌定巨凯公司的宣传、境内销售等行为法定赔偿金额为 100 万元。

巨凯公司不服，向上海高院提起上诉。二审法院最终判决驳回上诉、维持原判。

图 3 - 29　JUKI 株式会社的第 146917 号商标

图 3 - 30　JUKI 株式会社的第 3715148 号商标

图 3 - 31　JUKI 株式会社的第 5090608 号商标

图 3 - 32　巨凯公司的第 7222684 号商标

图 3 - 33　巨凯公司的第 7222681 号商标

主要争点：巨凯公司实施的商标侵权行为能否适用惩罚性赔偿以及赔偿数额如何计算。

裁判理由：关于惩罚性赔偿的适用，一审法院认为，巨凯公司经 JUKI 株式会社或者利害关系人通知、警告后，仍继续实施侵权行为，在综合考虑被侵权客体类型、权利状态和相关产品知名度、巨凯公司与 JU-KI 株式会社或者利害关系人之间的关系等因素后，认定巨凯公司具有侵害 JUKI 株式会社注册商标专用权的故意。巨凯公司生产、境内外销售规模较大，获利也巨大，符合侵犯商标专用权的情节严重的要件，故应当适用惩罚性赔偿。

关于惩罚性赔偿数额的确定，一审法院认为，不能机械地认为如果不能查明基数的全部数额，就不能适用惩罚性赔偿，当部分数额能够确定时，也可就该部分单独适用惩罚性赔偿，故将巨凯公司的侵权行为分成两部分来计算赔偿数额。虽然 JUKI 株式会社因被侵权所受实际损失难以确定，但巨凯公司因出口的侵权行为所获得的部分利益可以查实，故可以将可确定的巨凯公司向境外出口部分的获利作为计算基数适用惩罚性赔偿。由于无法查明巨凯公司在境内的具体销售情况，对该部分则适用了法定赔偿。

二审法院对一审法院确定的赔偿数额予以维持。

评　　论：本案采用的双轨制赔偿方案，明确了惩罚性赔偿和法定赔偿可以同时分立适用，允许不同计算方式适用于同一案件①，对于在司法实践中划清二者界限，协调知识产权法定赔偿与惩罚性赔偿的适用具有重要参考意义。同时，本案也对双轨制方案下惩罚性赔偿的基数计算方式有重要指引作用，对案件存在可以被准确计算的赔偿基数部分适用惩罚性赔偿，对无法查明部分适用法定赔偿。

g. 股东参与侵犯商标权是否需承担连带责任——"恒丰"商标侵权案

案件名称：四川省恒丰塑胶有限公司（以下简称"四川恒丰公司"）与泾阳恒丰塑胶有限公司（以下简称"泾阳恒丰公司"）、谢某萍、陈某林、浙江淘宝网络有限公司（以下简称"淘宝公司"）侵害商标权及不正当竞争纠纷案

---

① 刘军华，叶明鑫.知识产权惩罚性赔偿与法定赔偿的协调适用.中国应用法学，2021（1）.

基本信息：浙江省高级人民法院（2021）浙民终 1718 号，2022 年 2 月 28 日

主要案情：四川恒丰公司为"恒豐"系列注册商标权利人，泾阳恒丰公司原投资人为四川恒丰公司法定代表人王某彬与谢某萍。2017 年，泾阳恒丰公司投资人变更为谢某萍、陈某林，陈某林为泾阳恒丰公司法定代表人。四川恒丰公司曾授权许可泾阳恒丰公司使用涉案商标，授权期限至 2018 年 3 月 31 日。2020 年，四川恒丰公司以泾阳恒丰公司、谢某萍、陈某林、淘宝公司侵犯商标权、构成不正当竞争为由，向杭州中院提起诉讼，并要求泾阳恒丰公司、谢某萍、陈某林共同承担连带赔偿责任。杭州中院作出（2020）浙 01 民初 1973 号民事判决，认定泾阳恒丰公司未经许可在同一种或类似商品上使用与注册商标相同或类似标识，侵犯四川恒丰公司商标权，承担赔偿责任；谢某萍、陈某林未侵犯原告商标权，不承担连带赔偿责任。原告不服，提请上诉。浙江高院作出判决，认定谢某萍与泾阳恒丰公司构成共同侵权，侵犯四川恒丰公司商标权，应承担连带赔偿责任。

主要争点：本案股东是否与公司构成共同侵权，需承担连带赔偿责任。

裁判理由：杭州中院认为，四川恒丰公司在本案中并未提供充分证据证明谢某萍、陈某林与泾阳恒丰公司共同实施了商标侵权行为，因此不需承担连带赔偿责任。

　　浙江高院认为，谢某萍系泾阳恒丰公司股东，对泾阳恒丰公司有一定控制权，其意志与泾阳恒丰公司的意志具有明显共同性，例如谢某萍曾与泾阳恒丰公司等就继续使用涉案商标问题共同向四川恒丰公司法定代表人王某彬致函。此外，谢某萍曾申请"恒丰塑"、"恒丰品"等与涉案商标近似或相似的商标，此两商标在涉案商标相关的核定使用商品类别上已被宣告无效，谢某萍还曾许可泾阳恒丰公司使用前述两商标。在泾阳恒丰公司开设的多家直营店铺中，谢某萍还提供个人银行账户用于收取销售被诉侵权商品的款项。因此，谢某萍与泾阳恒丰公司主观上具有共同意思联络，客观上存在互相利用、配合或者支持的行为，二者构成共同侵权。而陈某林虽系泾阳恒丰公司法定代表人，但没有有效证据证明陈某林超出其职责范围实施被诉侵权行为，或存在公司人格、财产混同等情形，其行为并未与泾阳恒丰公司构成共同侵

权。因此，浙江高院认定谢某萍与泾阳恒丰公司构成共同侵权，承担连带赔偿责任。

评　　论：根据《公司法》第 20 条的规定，公司股东不得滥用股东权利逃避责任。具体到本案中，浙江高院认为，积极参与侵权事宜的股东与公司构成共同侵权，而行为未超出职责范围的股东不构成侵权，即以股东行为是否属于其职责范围、是否属于公司意志为界限，判定股东是否与公司构成共同侵权。在此之前也有类案①，受诉法院认定，公司股东为公司提供便利侵犯知识产权的行为，与公司构成共同侵权。前述判决表明，如果股东超出职责范围，积极参与侵犯知识产权的活动，则认定股东与公司构成共同侵权是防止股东滥用权利逃避责任的一个有效途径。

3.2.5.2　行政救济

地理标志商标的保护路径——"龙井茶"商标行政处罚及行政纠纷案②

案件名称：特威茶餐饮管理（上海）有限公司（以下简称"特威茶公司"）与上海市浦东新区知识产权局（以下简称"浦东知识产权局"）、上海市浦东新区人民政府（以下简称"浦东政府"）行政处罚及行政复议纠纷案

基本信息：上海知识产权法院（2022）沪 73 行终 1 号，2022 年 8 月 17 日

主要案情：诉争商标为第 5612284 号注册商标"龙井茶"（龙井茶 Longjing Tea）。该商标是第三人浙江省农业技术推广中心在中国注册的地理标志证明商标，注册商品类别为"茶"。特威茶公司进口并销售了带有"盛玺龙井茶""龙井茶"标识的茶叶。得知相关情况后，浦东知识产权局对特威茶公司作出浦知处字［2020］1520198343 号行政处罚决定书，认定原告侵犯商标权，责令其停止侵权，并没收带有侵权标识的茶叶、罚款 545 273.06 元。收到行政处罚决定书后，特威茶公司申请行政复议。浦东政府作出浦府复决（2020）第 1010 号行政复议决定书，维持行政处罚决定。特威茶公司提起行政诉讼。浦东法

---

① 参见环球影城（上海）商贸有限公司与沧州千尺雪食品有限公司、旺仔食品（广州）集团有限公司等侵害著作权纠纷案，江苏省高级人民法院（2020）苏知终 60 号民事判决。
② 此案入选 2022 年中国法院十大知识产权案件。

院作出（2021）沪 0115 行初 399 号行政判决，认定被诉行政处罚决定并无不当，驳回诉讼请求。特威茶公司不服，提起上诉。上海知识产权法院驳回上诉，维持原判。

主要争点：被诉行政处罚是否合法合理。

裁判理由：浦东法院认为，依据《商标法》第 60 条第 2 款的规定，浦东知识产权局有权就原告侵权行为作出行政处罚。且根据该条规定和《商标法实施条例》第 78 条以及行政处罚法的相关规定，对特威茶公司作出的行政处罚并无不当，因此浦东法院判决驳回原告诉讼请求。

上海知识产权法院认为，上诉人的行为构成侵权，行政机关责令其立即停止侵权行为，没收相应的侵权产品并进行罚款于法有据，且罚款数额合理合法。故驳回上诉，维持原判。

评　　论：本案的典型意义在于明确了我国地理标志商标的保护路径。在我国，地理标志商标的特性决定了仅依靠民事诉讼的方式不足以保护权利人和消费者的权益，而如果通过行政手段保护地理标志商标，又存在多个行政部门管辖的问题①。因此，如何保护地理标志的集体商标和证明商标是一个非常值得讨论的话题。如最高人民法院所述：本案判决监督支持行政机关依法行政，推动地理标志保护行政执法标准与裁判标准统一……。本案的典型意义在于明确了管理商标权的行政部门可以依法采取行政手段保护地理标志商标权，具有极强的"宣示"意义。

3.2.5.3　刑事救济

刑事处罚后民事责任的承担——宏潮制品厂商标侵权案

案件名称：阿耐思特岩田产业机械（上海）有限公司（以下简称"阿耐思特公司"）与郑某儿、蒋某锋、宁波市镇海宏潮金属制品厂（以下简称"宏潮制品厂"）侵害商标权纠纷案

基本信息：浙江省宁波市中级人民法院（2021）浙 02 民初 2469 号，2022 年 9 月 23 日

---

① 孟祥娟，李晓波．地理标志保护制度存在的问题其解决．知识产权，2014（7）；王笑冰．关联性要素与地理标志法的构造．法学研究，2015（3）．

主要案情：阿耐思特公司系第 1023273 号商标、第 10505717 号商标的被许可人。2013 年 4 月至 2019 年 5 月间，郑某儿和蒋某锋共同经营宏潮制品厂，在未经商标权人许可情况下，使用与阿耐思特公司上述两注册商标相同的标识，并长期委托他人帮助其生产、销售相关商品。阿耐思特公司经过商标注册人阿耐思特岩田株式会社授权，以侵害商标权为由向宁波中院起诉郑某儿、蒋某锋和宁波市镇海宏潮金属制品厂。在本案立案审理之前，湖南省桃源县人民法院曾于 2021 年 5 月 26 日作出（2020）湘 0725 刑初 128 号刑事判决，判决郑某儿犯假冒注册商标罪，判处有期徒刑三年，并处罚金 290 万元；判决蒋某锋犯假冒注册商标罪，判处有期徒刑三年，缓刑四年，并处罚金 50 万元。其中，蒋某锋已预缴罚金，且二人已向公安机关退赃共 210 万元。湖南省常德市中级人民法院于 2021 年 7 月 26 日作出的（2021）湘 07 刑终 238 号刑事判决也确认了郑某儿、蒋某锋的犯罪事实。宁波中院认定，三被告的行为构成对涉案两商标专用权的侵害，应共同承担相应的民事责任。

主要争点：三被告应当承担的民事赔偿数额。

裁判理由：宁波中院认为，现有证据无法确定惩罚性赔偿的基数，故本案难以适用惩罚性赔偿。在综合考虑被告涉案商标知名度、被告侵权性质及情节，以及郑某儿、蒋某锋已被追究刑事责任、共同退赃 210 万元，蒋某锋已缴罚金 50 万元的情况下，酌情确定三被告的赔偿数额为 120 万元。

评　　论：我国目前对知识产权采取的是多重保护方式，对于侵害知识产权的行为，既可以通过国家公权力追究刑事责任，也可以通过民事侵权诉讼，要求侵权人承担赔偿损失的民事责任[①]。本案系在被告已退赃、缴纳罚金的情况下，判决被告承担 120 万元的民事赔偿责任，以司法判决的形式明确了刑事退赃、罚金和民事赔偿在知识产权案件中可以并行不悖[②]。公法责任的先行承担，并不意味着私法责任的免除，否则利益受损的知识产权权利人的损失将无法得到真正圆满的救济。

---

① 李扬，施小雪. 知识产权金钱责任的冲突与协调. 知识产权，2014（2）.

② 商标案例：擅自产销假冒岩田牌喷枪，法院一审判赔 120 万元. 微信公众号"知产宝"，2022 - 11 - 15.

3.3 动　态

3.3.1　立法动态

a. 《集体商标、证明商标管理和保护办法》修订征求意见

2022 年 6 月，国家知识产权局将修改的《集体商标、证明商标管理和保护办法（征求意见稿）》及其修改说明公布，征求社会各界意见。此次修订主要着眼于以下三点：（1）以问题为导向，完善含地名商标的注册和使用要求；（2）结合集体商标、证明商标特点，细化管理规则，明确注册人管理义务，规范使用人使用行为；（3）采取有力措施，强化保护和运用，便利当事人，体现对集体商标、证明商标的注册、管理、运用、保护的全链条规范。

b. 国家知识产权局推进《商标法》及其实施条例全面修改

2022 年，国家知识产权局成立专项工作组，着力推进《商标法》及其实施条例的全面修改工作[①]。本次修改思路如下：秉持人民至上，维护社会公平正义和公平竞争市场秩序，服务经济社会高质量发展的理念，更加注重权利保护与公共利益、社会效果、在先权利的平衡，厘清权利行使的边界，解决公共利益维护不足的问题；继续强化商标使用义务，在坚持现有注册制度的基础上弥补其缺陷；着力优化商标授权确权程序，促进商标审查审理、运用管理、行政执法、司法审判各环节高效、协同；全面顺应科技进步与经济社会发展需要，助力商标行业数字化转型升级，支持商标品牌运用促进，提升公共服务水平[②]。

3.3.2　其他动态

a. 国家知识产权局推进地理标志专用标志使用核准改革试点

2022 年，国家知识产权局持续推进地理标志专用标志使用核准改革试点[③]。6

---

① 《中华人民共和国商标法修订草案（征求意见稿）》2023 年 1 月 13 日公开征求意见。

② 国家知识产权局关于《中华人民共和国商标法修订草案（征求意见稿）》的说明.（2023 - 01 - 13）[2023 - 04 - 30]. https://www.cnipa.gov.cn/art/2023/1/13/art_75_181410.html.

③ 国家知识产权局办公室关于开展第二批地理标志专用标志使用核准改革试点及持续深化第一批改革试点的通知（国知办函保字〔2022〕386 号）.（2022 - 04 - 24）[2023 - 04 - 30]. https://www.cnipa.gov.cn/art/2022/4/24/art_2073_175569.html；国家知识产权局办公室关于确定第二批地理标志专用标志使用核准改革试点及持续深化第一批改革试点地方的通知（国知办函保字〔2022〕593 号）.（2022 - 06 - 29）[2023 - 04 - 30]. https://www.cnipa.gov.cn/art/2022/6/29/art_2536_176283.html.

月28日，国家知识产权局确定在上海市、浙江省、山东省、河南省、湖北省、湖南省、广西壮族自治区和甘肃省等8个地方开展第二批地理标志专用标志使用核准改革试点，在北京市、河北省、黑龙江省、福建省、广东省、海南省和云南省等7个地方延续开展第二批改革试点，在江苏省、安徽省、四川省、贵州省和陕西省等5个地方开展持续深化第一批改革试点。各试点地方要依托已有工作基础，在总结、借鉴第一批改革试点典型经验做法的基础上，建立、完善地理标志专用标志使用核准工作体系并组织实施，加强地理标志专用标志使用监管，切实提高地理标志专用标志审核效率和质量，进一步规范和扩大地理标志专用标志使用。持续深化第一批改革试点地方要在原有改革试点工作基础上，建立地理标志产品专用标志使用注销工作体系并组织实施，持续提高地理标志专用标志的管理能力，进一步形成可复制、可推广的工作模式，为地理标志保护工作提供有效支撑。试点期限为3年，自2022年7月至2025年6月。

b. 国家知识产权局与国家市场监督管理总局联合开展商标代理行业专项整治

2022年11月2日，国家知识产权局、国家市场监督管理总局印发通知[①]，联合开展商标代理行业专项整治行动，集中力量整治商标代理行业乱象。通知明确，专项整治行动坚持问题导向，通过广泛摸排违法线索、加大案件查办力度、强化日常监督检查、做好信息归集利用，依法查处一批违法代理案件，曝光一批违法代理机构，对于多次违法开展代理业务以及社会广泛关注、公众反映强烈的违法行为，依法加大处罚力度，切实形成震慑。

c. 商标代理机构重新备案

2022年12月1日，国家知识产权局发布第507号公告，要求2022年11月30日（含）前在国家知识产权局商标局完成备案的商标代理机构，包括已在国家知识产权局商标局备案的经市场主体登记机关依法登记从事商标代理业务的服务机构和从事商标代理业务的律师事务所重新备案。

以下情形将不予重新备案：（1）已经注销登记，被撤销或者被吊销营业执照、律师事务所执业许可证，被国家知识产权局决定永久停止受理其办理商标代理业务的；（2）已被列入严重违法失信名单、经营异常名录等有不良信用记录且信用尚未修复的；（3）商标代理机构负责人、负有管理责任的非上市公司股东、合伙人，以

---

① 国家知识产权局、国家市场监督管理总局关于开展商标代理行业专项整治行动的通知，国知发运字〔2022〕39号。

及商标代理从业人员不得同时在两个以上商标代理机构从事商标代理业务。申请重新备案的商标代理机构与在先已提交重新备案申请的机构从业人员属于同一人员的；（4）聘用曾在国家知识产权局局机关、商标局或商标审查协作机构从事商标注册和管理工作的人员中，存在辞去公职或退休不满三年的处级以上人员，或不满两年的其他人员。

d. 商标局进一步提升异议、评审、撤三网申率

2022 年 9 月 20 日，商标局明确进一步提升异议、评审、撤三网申率的阶段性工作措施：推进商标信息化建设，制定并发布异议、驳回复审、无效宣告和撤三网上申请和答辩指引，集中宣讲授课，加强沟通协调，进行网申率排名。下一步，商标局将进一步加快商标申请和答辩全面电子化工作进程，为全面网申做准备。

第四章 著作权

4.1 法律法规、司法解释、重要案例及其他文件

4.1.1 法律法规

以无障碍方式向阅读障碍者提供作品暂行规定

基本信息：国家版权局 国版发〔2022〕1 号 2022 年 8 月 1 日公布/施行

主要内容：本规定依据我国《著作权法》和我国批准的《关于为盲人、视力障碍者或其他印刷品阅读障碍者获得已出版作品提供便利的马拉喀什条约》（以下简称《马拉喀什条约》）制定。主要包括以下内容：

　　1. 可以不经著作权人许可、不向其支付报酬，将已经发表的作品制作成无障碍格式版并向阅读障碍者提供的，应满足下列要求：（1）指明作者姓名或名称、作品名称；（2）使用有合法来源的作品；（3）尊重作品完整性，除让阅读障碍者能够感知并有效使用所需要的修改外，不得进行其他修改；（4）在作品名称中以适当显著的方式标注"阅读障碍者专用"；（5）仅限通过特定渠道向可以提供相关证明的阅读障碍者或无障碍格式版服务机构提供，不得向其他人员或组织提供或开放服务；（6）采取身份认证、技术措施等有效手段防止阅读障碍者以外的人员或组织获取、传播；（7）向阅读障碍者提供的无障碍格式版类型应当仅限于满足其合理需要；（8）不以营利为目的；（9）未以其他方式影响作品的正常使用或不合理地损害著作权人的合法权益。

2. 使用无法通过正常途径获取的作品制作、提供无障碍格式版，依据《著作权法》第 50 条第 1 款第 2 项规定，可以避开技术措施，但不得向他人提供避开技术措施的技术、装置或部件，不得侵犯权利人依法享有的其他权利。

3. 制作、提供、跨境交换无障碍格式版，应当以适当的方式告知著作权人，并完整、准确记录作者姓名或名称、作品名称以及制作、提供的方式和数量及提供对象等，供相关著作权人和国家相关主管部门查阅。相关记录至少保留 3 年。记录、提供相关信息时，应当遵守《个人信息保护法》相关规定，平等保护阅读障碍者个人信息。

制作、提供无障碍格式版，应当遵守国家关于出版、电影、广播电视、网络视听等行业的管理规定和标准。跨境交换无障碍格式版，应当遵守相关行业进出口管理等有关规定。

鼓励出版、电影、广播电视、网络视听等机构为其拥有版权的作品同步制作、提供无障碍格式版。

制作、提供、跨境交换无障碍格式版违反本规定，影响作品的正常使用或不合理地损害著作权人的合法权益的，应当承担《著作权法》第 52、53 条规定的民事责任；同时损害公共利益的，由著作权主管部门依法追究行政责任；构成犯罪的，依法追究刑事责任。

4.1.2　其他文件

a. 新闻出版版权领域基层政务公开标准指引

基本信息：国家新闻出版署　国新出发函〔2022〕5 号　2022 年 1 月 26 日公布

主要内容：新闻出版版权领域基层政务公开事项包括行政许可、行政处罚两个一级事项，具体包括"出版物零售单位和个体工商户设立、变更审批""对非法从事印刷经营活动的行政处罚""对非法从事复制经营活动的行政处罚""对非法编印内部资料性出版物行为的行政处罚""对非法从事出版物发行活动的行政处罚""对损害公共利益的有关著作权侵权行为作出行政处罚""对违反《信息网络传播权保护条例》的有关行为作出行政处罚"等 7 个二级事项，并对公开内容（要素）、公开依据、公开时限、公开主体、公开渠道和载体、公开对象、公开方式和公开层级进行明确，提供了开展新闻出版版权领域基层政务公开工作的基础性标准框架。

b. 关于推动新时代纪录片高质量发展的意见

基本信息： 国家广播电视总局 广电发〔2022〕7 号 2022 年 1 月 30 日公布

主要内容： 本意见要求鼓励设立纪录片基金，引导和拓展适合纪录片发展的配套金融服务，支持纪录片版权评估交易相关平台建设；支持优秀国产纪录片走出去，对符合条件的国产纪录片版权销售、译制、国际版本制作等给予支持；强化行业知识产权意识，加强版权保护，维护合法权益。

c. 国家广播电视总局关于开展国家电视剧版本存储管理工作的通知

基本信息： 国家广播电视总局 广电发〔2022〕29 号 2022 年 5 月 9 日公布

主要内容： 国家电视剧版本存储管理，是一项公益性工作举措，非经版权所有机构授权不得用于存储、保管、科研之外的任何商业营利目的。各省级广电行政部门、各播出平台要认真做好沟通服务，引导帮助制作机构按要求做好版本报送工作。

d. 关于推动短剧创作繁荣发展的意见

基本信息： 国家广播电视总局 广电发〔2022〕67 号 2022 年 12 月 6 日公布

主要内容： 本意见要求各电视台及所属新媒体要积极开展自制或主导制作短剧，重视短剧版权开发经营；各网络视听平台要发挥规模、数据、技术等优势，积极探索创新运营模式，通过自制、定制、版权、分账等方式进一步激活短剧创作动能。

4.2　案　例

4.2.1　著作权的确认

4.2.1.1　作品类型

a. 游戏整体画面是否构成类电作品——迷你玩科技公司著作权及不正当竞争案[①]

案件名称： 广州网易计算机系统有限公司（以下简称"广州网易公司"）、上海

---

　① 此案入选 2022 年度广东法院知识产权司法保护十大案件。

网之易吾世界网络科技有限公司（以下简称"网之易公司"）与深圳市迷你玩科技有限公司（以下简称"迷你玩公司"）著作权侵权及不正当竞争纠纷案

基本信息：广东省高级人民法院（2021）粤民终 1035 号，2022 年 11 月 22 日

主要案情：沙盒类游戏《我的世界》由 Mojang Synergies AB 公司与 Mojang AB 公司开发，网之易公司获得授权在中国大陆地区分销运营，并可在授权地域内就侵犯《我的世界》的知识产权行为与针对《我的世界》的不正当竞争行为提起诉讼，包括向本案中由迷你玩公司开发运营同类型沙盒游戏《迷你世界》的行为提起诉讼。深圳中院作出（2019）粤 03 民初 2157 号民事判决，认定《我的世界》游戏动态画面构成类电作品，迷你玩公司侵害了作品的改编权、信息网络传播权，但由于已通过《著作权法》对作品予以保护，不再适用《反不正当竞争法》对被诉行为重复评判。双方当事人均不服一审判决，向广东高院提起上诉。二审法院认为游戏整体画面构成类电作品，但迷你玩公司未侵犯网易公司对《我的世界》游戏整体画面享有的著作权，对一审法院的认定予以纠正；同时认定《迷你世界》整体抄袭了《我的世界》游戏的玩法规则，构成《反不正当竞争法》第 2 条规定的不正当竞争行为。

主要争点：《我的世界》游戏整体画面是否构成类电作品。

裁判理由：广东高院首先就事实层面对"游戏整体画面"进行分析，指出其为游戏运行后形成的全部游戏画面的整体。而"游戏画面"则指游戏程序自动或者应游戏用户操作指令，临时调取游戏中预设的文字、图片、视频、音频等素材片段，并借助技术设备实时呈现出的影像画面（常伴有声音）。其次，根据《著作权法实施条例》第 4 条，提出游戏整体画面是否构成类电作品除需判定其满足作品的一般条件外，还应满足类电作品的条件。广东高院分四部分进行论证：（1）涉案游戏整体画面符合类电作品的表现形式。《我的世界》游戏整体画面以动态场景画面为主（类似于电影中若干不同的镜头画面），随着游戏玩家在虚拟三维场景中不断探索与交互，画面视角不断转变、移动，画面内容连续变化，且画面之间相互衔接和串联，整体上形成连续动态画面。（2）涉案游戏整体画面符合类电作品的创作性要求。《我的世界》画面中视听素材的选择与编排、画

面与画面的衔接、画面与声音的配合相当于电影镜头画面的拍摄、剪辑、配音等环节，整体上以类似摄制电影的方法创作形成游戏连续动态画面，尤其是在把游戏画面中各种视听素材融合形成一个整体并将该整体转化形成连续动态画面的过程中，充分体现了游戏开发者富有个性化的取舍、安排、设计，符合视听作品的创作性要求。（3）涉案游戏整体画面实质符合类电作品的"固定性"要求。随着技术的发展，视听画面已不再需要事先固定在一定介质上也可传播，对游戏画面而言，其是游戏软件程序的运行结果，根据算法和玩家操作指令调取视听素材也符合固定性的要求。（4）涉案游戏整体画面的"交互性"不影响将其归入类电作品范畴。游戏画面确实会因玩家不同操作过程呈现不同变化，具有一定不确定性，但这并不意味着游戏画面完全随机，游戏画面的内容范围在整体上仍有一定边界，具有相对稳定性。综上，广东高院认为《我的世界》游戏整体画面构成《著作权法》第3条规定的类电作品，并表示对作品进行类型化区分的意义不仅便于识别特定类型作品的表现形式和创作性要求，而且有助于明确该类型作品的权利内容范围、特殊权属规则、侵权认定方法等。

评　　论：本案中，广东高院从四个方面详细分析了将游戏整体画面作为视听作品（类电作品）进行保护的正当性。在独创性方面，法院考虑了游戏制作包含策划、美工和编程三个阶段，满足视听作品的智力创造性来源于画面的拍摄制作、画面衔接、声画配合（如有）三部分，而叙事情节并非认定视听作品的构成要件。有学者提出，按照内容与画面的二分思路，如果故事情节、音乐等非画面内容可以从视听作品中分离出来且具备独创性，则可以获得独立的著作权[①]。因此对视听作品（类电作品）的认定还是要回归到这一作品类型独有的独创性来源中来。广东高院强调，游戏整体画面的"交互性"不影响将其归入类电作品范畴，即使游戏玩法具有很高的自由度，玩家在画面形成过程中参与贡献度很高，或许玩家可能创作出完整的作品，但"玩家操作形成的游戏画面属于对游戏开发者创作内容的演绎作品"，不影响游戏整体画面构成视听作品。游戏整体画面

---

① 崔国斌. 视听作品画面与内容的二分思路. 知识产权，2020（5）.

的形成离不开游戏开发者预设的大量视听素材，这导致游戏整体画面虽然多样但仍有一定边界，包括游戏中实质部分的故事情节、人物角色、游戏画面、音乐等都是重复出现的，具有统一的故事线索和主线任务[①]，玩家的参与或许对游戏整体画面中具有独创性的部分有所贡献，但仍不能否定游戏开发者所作的大量属于视听作品的创作。

值得一提的是，广东高院认为将游戏整体画面认定为类电作品是对游戏提供整体保护途径，这只是"权宜之计"，试图一并通过游戏画面著作权来保护玩法规则更是"鞭长莫及"。游戏玩法规则作为一种智力成果，在一定条件下具有法律保护的价值，但并非只能在著作权法视野下寻求保护路径。我国《著作权法》在作品类型、权利边界、侵权比对等方面设定了体系化的基本规范，视听作品只能在自身逻辑运行框架内发挥调节功能，不能指望由其"包打一切"。若任意将内容要素替代画面表达进行比对，系以视听作品之名，行其他作品之实，可能破坏司法裁判的逻辑自洽性，实不可取。

b. 汇编作品的认定——福兮公司侵害作品复制权案

案件名称：福兮（广州）文化创意有限公司（以下简称"福兮公司"）与张某平、高新技术产业开发区海乐书屋（以下简称"海乐书屋"）侵害作品复制权纠纷案

基本信息：重庆市高级人民法院（2022）渝民终66号，2022年3月28日

主要案情：2018年12月和2019年4月，福兮公司分别就《盲盒》和《桌游の盲箱》作品登记了著作权，张某平、海乐书屋销售的产品的外包装盒与涉案作品在文字、图案、色彩的选择及编排上具有相似性。福兮公司提起诉讼，重庆市第五中级人民法院作出（2021）渝05民初1876号民事判决，判定张某平、海乐书屋共同销售涉案物品，侵犯著作权。张某平不服一审判决，向重庆市高级人民法院提起上诉，提出福兮公司未能提交在张某平店里购买商品时拍下的关联证据。重庆市高院认为张某平的上诉理由没有证据支撑，维持原判。

主要争点：福兮文化公司主张著作权的客体是否是作品及其权属。

---

① 王迁，袁锋. 论网络游戏整体画面的作品定性. 中国版权，2016（4）.

裁判理由：本案适用《著作权法》（2010 修正），一审法院根据《著作权法》（2010 修正）第 3 条对作品类型的列举、第 14 条对汇编作品的规定以及《著作权法实施条例》第 2 条对作品的定义，认为本案中福兮文化公司主张著作权的客体为竖行长方体外包装盒的展开图，外包装盒正面和背面的设计系通过对文字、图形、色彩的选择及编排，整体构成一种独创性的表达，故福兮文化公司主张著作权的"盲箱"包装盒展开图构成著作权法保护的汇编作品。

评　　论：本案中，一审法院在判定作品是否是作品及其权属时，考虑了《著作权法》（2010 修正）中的作品类型条款、对汇编作品的定义条款，以及《著作权法实施条例》中的作品定义条款。值得注意的是，本案中的涉案作品《盲盒》和《桌游の盲箱》在广东省版权局登记时的作品类别为"其他作品"，而对于《著作权法》（2010 修正）第 3 条中的最后一项"法律、行政法规规定的其他作品"该如何理解曾有争议，但随着《著作权法》（2020 修正）将其修改为"符合作品特征的其他智力成果"，我国对作品类型采取开放式规定已无争议。

　　对于规定在《著作权法》（2010 修正）第 14 条的汇编作品与规定在第 3 条的传统作品类型的关系，有学者认为我国不能照搬美国的做法，认为汇编作品是传统作品的下位概念，而是可以分为两种情况理解：（1）若独创性的选择或编排形成的是能够独立表现思想或文艺美感的内容，则选择或编排仅仅是创作第 3 条列举的作品的手段，没有产生汇编作品；（2）若独创性选择或编排无法形成独立表现思想或文艺美感的内容，无法归入第 3 条规定的作品类型，则只能作为汇编作品受到保护[①]。因此本案中的涉案作品应当被认定为美术作品，包括福兮公司在一审中也是以"美术作品"这一作品类型起诉的。例如涉案作品《盲盒》，"为竖行长方体包装盒的六面展开图，包装盒整体呈黄色，设计特征主要体现在正面和背面。其中，包装盒的正面设计为黑色白边的"盲の箱"文字占据上中部位置……"，其符合《著作权法实施条例》中美术作品的定义，是一种具有审美意义的立体造型艺术作品，将其认定为美术作品更符合法律对具体作品类型和汇编作品之间关系的安排。

---

① 王迁 . 论汇编作品的著作权保护 . 法学，2015（2）.

c. 建筑物效果图作品类型的认定——凯达公司侵害著作权及不正当竞争案

案件名称： 凯达环球建筑设计咨询（北京）有限公司（以下简称"凯达公司"）与易爱迪（上海）建筑设计有限公司（以下简称"易爱迪公司"）侵害作品署名权、发表权等及不正当竞争纠纷案

基本信息： 上海知识产权法院（2021）沪73民终64号，2022年8月30日

主要案情： 凯达公司为履行与上海嘉爵房地产开发经营有限公司的建筑设计咨询服务合同，创作出了三幅建筑物效果图。易爱迪公司在官网等媒介展示三幅效果图并申报奖项，该行为被凯达公司以侵犯效果图的署名权、发表权、修改权、复制权、信息网络传播权，相关行为构成不正当竞争为由诉至上海市徐汇区人民法院。该法院作出（2019）沪0104民初11458号民事判决，认为易爱迪公司设计工作本身以及申报奖项时使用图片的行为不侵犯著作权，亦不构成不正当竞争，但在涉案项目评奖时提供图片供复制、发行，并在公司官网和微信公众号的文章中使用图片的行为侵犯了凯达公司的署名权、复制权、发行权、信息网络传播权。双方当事人不服一审判决，向上海知识产权法院提起上诉。上海知识产权法院认为一审法院事实认定基本正确，但法律适用存在部分不当，易爱迪公司超出使用范围使用权利图片的行为构成侵犯信息网络传播权等，但不侵犯署名权、发表权，评奖行为等构成不正当竞争中的虚假宣传。

主要争点： 涉案三张权利图片的作品类型如何确定。

裁判理由： 就权利图片的作品类型，凯达公司主张为美术作品，易爱迪公司主张为工程设计图。上海知识产权法院认为本案所涉作品为建筑物效果图，对该类效果图的作品类型定性，通常需要根据图纸所体现的内容甄别。倘若图纸内容非常简单，只是客观展示建筑物的结构、布局、线条等，没有体现艺术美感，则只能作为工程设计图保护；倘若设计者对效果图的内容作了美化和修饰，使得效果图展示出艺术上的美感，则可以作为美术作品保护；倘若效果图中展示的建筑物外形足够优美，能够给人带来美的享受，具有独立于建筑物实用功能之外的艺术美感，则效果图中的建筑物还可以同时作为建筑作品保护。本案中权利图片不仅仅单独展现建筑本身的结构、布局等，而是从各种不同的角度充分展现建筑物的外观及其独特的设计

要点，并配以天空、绿化、周边环境等背景烘托建筑物。效果图中所设计的建筑物本身独特的外观使其与其他建筑物有显著的区别，体现了设计者独特的艺术创作力，具备了作为建筑物所需要的实用功能之外的艺术美感，能够作为建筑作品保护。三张效果图采用不同的角度和渲染手法充分展现了图片中建筑物的艺术美感，本身已经达到美术作品艺术独创性的高度，能够作为美术作品保护。因此，上海知识产权法院认可凯达公司将涉案作品作为美术作品保护的观点。

评　　论：本案中，上海知识产权法院根据《著作权法实施条例》中美术作品和图形作品的定义，认为在认定本案所涉及的建筑物效果图的作品类型时需要区分图纸所体现的内容，要成为美术作品应当具备"独立于功能之外的艺术美感"。图形作品与美术作品的区别在于：前者处于科学领域，虽有美感但服务于实用功能；后者处于艺术领域，用途在于给人以艺术上美的享受[①]。因此，本案法院在判定作品类型时分析了涉案作品有无功能性之外的艺术美感。

4.2.1.2　版权性要件

a. 美术作品独创性的判断——郑某成著作权侵权案

案件名称：郑某成与杭州朱炳仁文化艺术有限公司（以下简称"朱炳仁公司"）、朱某仁著作权侵权纠纷案

基本信息：浙江省高级人民法院（2022）浙民再 6 号，2022 年 3 月 30 日

主要案情：郑某成就一兔子造型的雕塑（见图 4-1）登记为美术作品，并于 2013 年 9 月 9 日通过淘宝店铺销售铜制商品。朱某仁公司经营的朱炳仁旗舰店销售有兔子造型铜雕（见图 4-2）。郑某成起诉朱炳仁公司与朱某仁侵犯著作权。一审法院浙江省杭州市余杭区人民法院（以下简称"余杭法院"）作出（2020）浙 0110 民初 6543 号民事判决，认定被诉侵权复制品兔子铜雕与涉案作品不构成实质性相似，不侵犯著作权。郑某成不服一审判决，提起上诉。杭州中院作出（2020）浙 01 民终 9615 号民事判决，认定一审法院的认定并无不当。郑某成不服二审判决，申请再审。浙江高院再审认为，涉案作

[①]　王迁. 著作权法. 北京：中国人民大学出版社，2015.

品具有独创性，被诉侵权复制品与涉案作品构成实质性相似，遂撤销一审、二审判决，判令朱炳仁公司赔偿经济损失和合理费用共计人民币 10 万元。

图 4-1　原告涉案作品

图 4-2　被诉侵权复制品

主要争点： 涉案作品是否具有独创性。

裁判理由： 涉案作品为美术作品中的雕塑类作品。浙江高院根据《著作权法》（2010 修正）第 3 条关于作品的概念、《著作权法实施条例》第 4 条第 8 项关于美术作品的规定，认为对美术作品而言，除了要求具有独创性外，还要符合具有审美意义的条件，即要具有一定的艺术性，能够体现作者的个性化审美判断。涉案作品为表现兔子形象的美术作品。朱炳仁公司、朱某仁一审提交的相关兔子形象为平面形态，且多个局部以及整体形态与涉案作品存在较大差异，不影响涉案作品具有独创性的认定。兔子虽为自然界动物，但涉案作品对兔子的身体胖瘦、五官特征、整体线条、坐姿、头部动作、耳朵、眼睛等多个元素进行创作，体现了作者在美学方面的独特创造力和个性化表达，同时也体现了一定的艺术美感，符合著作权法对美术作品独创性及艺术性的要求，属于受著作权法保护的美术作品。

评　　论： 本案涉案作品以自然界客观存在的实物为原型。一审法院提出，对该类作品是否具有独创性的判断应排除其属于公共领域资源部分的表达，包括客观事物常见形态和在先创作的同类作品已有表达。二审法院也提出，对于判断被诉侵权复制品与权利作品是否实质性相似，应将公有领域的表达排除在外，并重点关注被诉侵权复制品是否使用了权利作品的独创性设计。再审法院同样关注了涉案作品区别于公有领域中的表达，并强调了美术作品这一特定作品类型所要求的独创性要求。值得一提的是，尽管《著作权法实施条例》将美术作品规定为"以线条、色彩或者其他方式构成的有审美意义的平面或者立体的造型艺术作品"，无论是独创性概念本身还是美术作品的概念，都不要求作品具有较高的艺术水准，但美术作品依旧需要具备区别于公有领域中已经存在的表达之外的具有独创性的表达，而不能是简单的线条与色彩的组合。

b. 商标图形的独创性判断——芘亚芭与杰乔等著作权侵权及不正当竞争纠纷案

案件名称： 芘亚芭公司（BEABA）与上海杰乔实业有限公司（以下简称"杰乔公司"）、爱朵护理（浙江）股份有限公司（以下简称"爱朵护理公司"）、上海心宠网络科技有限公司（以下简称"心宠公司"）、上海爱朵婴童用品有限公司（以下简称"爱朵婴童公司"）、浙江天猫网络有限公司（以下简称"天猫公司"）著作权侵权及不正当竞争纠纷案

基本信息： 浙江省高级人民法院（2022）浙民申 3362 号，2022 年 11 月 22 日

主要案情： 原告芘亚芭公司是在我国登记的法国公司。1989 年，涉案"BE-ABA"图案（见图 4 - 3）被芘亚芭公司注册为商标。目前，芘亚芭公司在全球范围内享有涉案图案的商标权和著作权，"BEABA"图案在我国比较知名。芘亚芭公司以杰乔公司、比芭公司、心宠公司、爱朵护理公司、爱朵婴童公司等未经其许可使用"BEABA"图案，侵犯其著作权为由诉至浙江省互联网法院。该院作出（2019）浙 0192 民初 7885 号民事判决，认为"BEABA"图案构成著作权法所保护的美术作品，被告侵犯了著作权。杰乔公司、爱朵护理公司、爱朵婴童公司、心宠公司、比芭公司上诉至杭州中院。二审法院作出（2020）浙 01 民终 8779 号民事判决，认为过于简单的线条与色彩的组合，如果没有形成起码的艺术造型，很难有独创性可言，涉案"BEABA"图案不具有独创性，不构成著作权法保护的作品，遂对一审判决依法进行改判。芘亚芭公司向浙江高院提

出再审申请。再审法院认为，在判断涉案"BEABA"图案是否具有作为美术作品的独创性时，应当关注的是五个字母的字形、排布等视觉元素。从文字作品的角度考虑，"BEABA"字母组合过于简短，无法完整且个性化地表达作者的思想感情，不具备文字作品的独创性。因此，再审法院驳回了芘亚芭公司的再审申请。

图 4-3　BEABA 商标

主要争点：涉案"BEABA"图案是否具备独创性。

裁判理由：再审法院认为本案审查要点为：芘亚芭公司主张的涉案"BEABA"图案是否构成著作权法上的作品。首先，芘亚芭公司认为涉案"BEABA"图案构成美术作品，"BEABA"并非固定的法语或英语词汇，而是取自婴儿咿呀学语的语调与发音组合而成，体现了个性化的选择。根据《著作权法实施条例》第 4 条规定，美术作品是指绘画、书法、雕塑等以线条、色彩或者其他方式构成的有审美意义的平面或者立体的造型艺术作品。美术作品的独创性体现为以线条、色彩等元素表达的视觉艺术效果，在判断涉案"BEABA"图案是否具有作为美术作品的独创性时，应当关注的是五个字母的字形、排布等视觉元素，而非图案中所包含的字母组合的读音、含义。其次，芘亚芭公司主张构成作品的"BEABA"图案系作为商业标识被设计和使用，被诉侵权作品同样系作为商业标识被使用于相关商品领域。在判断涉案"BEABA"图案是否具备作品的独创性时，尤其应当注意协调著作权法和商标法保护之间的关系，适当从严把握作品独创性标准，以防止独创性很低的商业标识获得著作权法保护后，在客观上产生商标跨国保护、跨类保护的后果。本案中，涉案"BEABA"图案的字体采用了将字母加粗，将 A、B 字母中空之处做填充处理的变形方式，但这种艺术化处理方式与在先字形设计相比，仅在边缘角度等处存在细微差别，未达到基本的独创性高度，二审法院认定涉案"BEABA"图案不构成作品并无不当。据此，再审法院驳回了芘亚芭公司的再审申请。

评　　论：本案不仅涉及著作权法对于独创性的认定问题，而且涉及著作权法与商标法协调保护的问题，非常具有理论意义与实践价值。具体而言，首先，再审法院在处理该案时，并未笼统地识别涉案图案是否具有独创性，而是预先区分了文字作品与美术作品在独创性判断方面的差异，并指出原审原告对独创性的主张指向文字作品，却要求法院将涉案图片认定为美术作品，这种审理思路无疑是非常正确的。其次，再审法院还考虑了若给予涉案图案著作权的保护后可能引发的问题，即该案"BEABA"图案已被注册为商标，获得著作权保护后很可能会在客观上产生过度保护的问题。著作权法与商标法对权利的保护逻辑有着明显的差异，如果轻易肯定同一客体能够得到两重保护，极有可能引发法律保护的冲突问题，这种考量也非常有价值。

c. 体育赛事节目具有独创性——昆明广播公司与苏宁公司侵害信息网络传播权纠纷案

案件名称：昆明广播电视网络责任有限公司（以下简称"昆明广播公司"）与苏宁体育文化传媒（北京）有限公司（以下简称"苏宁公司"）侵害信息网络传播权纠纷案

基本信息：北京知识产权法院（2022）京 73 民终 2587 号，2022 年 10 月 10 日

主要案情：2019 年，苏宁公司获得中超联赛的新媒体独家授权，授权内容包括但不限于直播比赛、开幕式等，授权期限为 2019 年 3 月 1 日至 2019 年 12 月 1 日。2019 年 7 月 8 日，昆明广播公司未经授权转播中超赛事，苏宁公司在取证后将其诉至法院，要求其承担侵权责任。北京互联网法院经审理作出（2021）京 0491 民初 11348 号民事判决，认定该案体育赛事节目构成类电作品，昆明广播公司的行为侵犯了信息网络传播权。昆明广播公司提起上诉，主张其行为属于不侵权的时移播放行为。北京知识产权法院认为，涉案赛事节目构成以类似摄制电影的方法创作的作品，苏宁公司提交的授权文件能够证明其享有涉案赛事节目的信息网络传播权，昆明广播公司在网络数字电视平台提供涉案赛事节目的在线点播，构成对苏宁公司信息网络传播权的直接侵害，应当承担停止侵权、赔偿损失的民事责任。遂判决驳回上诉，维持原判。

主要争点：体育赛事节目是否构成作品。

裁判理由：北京知识产权法院认为，根据《著作权法实施条例》第 2 条规定，

具有独创性是作品的构成要件。本案中，虽然涉案赛事属于竞技赛事，队员在竞技过程中无法加入具有独创性的选择，但涉案赛事节目需要通过数台不同机位的录像设备进行摄像、导演及团队选取各机位拍摄的画面素材，并拾取球场声音信号，最终形成视频。该制作过程在机位摄制、镜头切换、画面选择、剪辑方式等方面体现了创作者的独立思考和个性化选择，具有独创性。同时，该涉案赛事节目可以通过有形形式复制，故涉案赛事节目构成著作权法意义上的作品，一审法院对此认定正确。此外，苏宁公司能够证明其所获授权中包含信息网络传播权，本案中昆明广播公司向用户提供的服务令其用户可以在一定时间内选定的平台上观看节目，这符合信息网络传播权"公众可以在其个人选定的时间和地点获得作品"的法律特征。因此，昆明广播公司侵犯了苏宁公司的信息网络传播权。

评 论：近年来，伴随着体育赛事直播产业蓬勃发展，越来越多的体育赛事直播纠纷涌入法院。在此类纠纷中，非常重要的争议点便是体育赛事节目是否构成作品。是否为作品的判断核心在于独创性，作品的独创是指形式上的独创，而非思想或理论观点上的创新[1]。本案两审法院均认为，体育赛事节目在制作时的镜头切换、画面选择等步骤，已经让体育赛事节目具备了创作形式上的独创性。值得提及的是，在体育赛事转播权领域的第一案——"新浪诉凤凰网侵权案"中，再审法院推翻了二审法院判决，认定直播赛事画面构成类电作品，而不属于录像制品[2]。从类似案件的裁判走向来看，直播赛事画面属于作品的观点已经逐渐得到了理论与实务界的认可。正确认识体育赛事节目的作品属性，不仅能够提升对体育赛事节目的法律保护水平，还能够为这一产业的稳健发展助力。

d. 演唱会影像具有独创性——权信纵拓公司与星加乐公司侵害作品放映权案

案件名称：常州星加乐娱乐有限公司（以下简称"星加乐公司"）与青岛权信纵拓知识产权代理有限公司（以下简称"权信纵拓公司"）侵害作品放映权案

---

① 刘春田. 知识产权法. 5 版. 北京：中国人民大学出版社，2015.
② 参见北京市高级人民法院（2020）京民再 128 号民事判决。

基本信息：江苏省常州市中级人民法院（2022）苏 04 民终 4321 号，2022 年 9 月 20 日

主要案情：权信纵拓公司从喜欢（北京）音乐文化传播有限公司处获得 230 部音像节目的独占许可授权，内容包括授权作品之复制权、放映权、出租权，权信纵拓公司得以在线下卡拉 OK 经营领域独家行使相关实体权利并获得相应报酬。星加乐公司未经权信纵拓公司及相关权利人的许可，在其开设的线下 KTV 店中提供点播涉案音乐电视作品，权信纵拓公司将星加乐公司诉至江苏常州经开区人民法院，要求其承担侵权责任。一审法院认为，星加乐公司作为 KTV 的经营者，未经许可便以营利为目的，在其经营场所通过歌曲点播机放映涉案作品，属于通过技术设备公开再现涉案作品的行为，侵害了涉案作品的放映权，应当承担停止侵害、赔偿损失等民事责任。一审判决作出后，星加乐公司向常州市中级人民法院（以下简称"常州中院"）提起上诉，主张涉案作品未达到类电作品要求的创作高度等。常州中院判决驳回上诉，维持原判。

主要争点：演唱会影像是否具有独创性。

裁判理由：常州中院认为，涉案作品是摄制在一定介质上的、由一系列有伴音的画面组成、能够借助适当装置放映或者以其他方式传播的音乐电视，系由特定音乐、歌词、画面等组成的较为有机统一的视听整体，其中包含了制片者多方面的智力劳动，具有一定的独创性，故涉案作品构成视听作品，放映权系其权利内容之一。星加乐公司未经权利人许可，在其经营场所内提供涉案作品供消费者进行点播放映并收取费用，属于商业性经营行为，侵犯了涉案作品的放映权，应承担停止侵害、赔偿损失的民事责任。

评　　论：满足作品构成要件是获得著作权法保护的前提基础。在作品构成要件中，关于独创性的判断是最重要的，著作权法意义上的独创性主要指形式上的创新。该案中，待判断对象是在 KTV 中点唱后伴随音乐作品播放的视频，具体是对演唱会场景的拍摄形成的视频文件。涉案视频摄制在一定介质上由一系列有伴音的画面组成，并由特定音乐、歌词、画面等组成了统一的视听整体，对片段的截取、画面的选择以及字幕形式的选择等，已经体现出创作者在形式上的独创，因此，本案两审法院认定涉案作品具有独创性。

4.2.2 著作权的归属

a. 法人作品的认定——数字城堡公司作品信息网络传播权纠纷案

案件名称： 北京数字城堡知识产权服务有限公司（以下简称"数字城堡公司"）与北京京东叁佰陆拾度电子商务有限公司（以下简称"京东公司"）侵害作品信息网络传播权纠纷案

基本信息： 北京知识产权法院（2021）京73民终4496号，2022年10月28日

主要案情： 数字城堡公司从阿斯达公司处获得涉案摄影作品的著作权授权，授权内容包括复制权、发行权、信息网络传播权、改编权、摄制权等其他著作财产权，以专有使用权的方式授予被授权人在中国大陆行使。数字城堡公司起诉京东公司未经许可使用涉案作品，侵犯了其著作权。北京互联网法院作出（2021）京0191民初28377号民事判决，认定京东公司未经许可，在其运营的网站中使用了与涉案摄影作品相一致的图片作为文章配图，侵犯了数字城堡公司对涉案摄影作品享有的信息网络传播权，京东公司对此承担停止侵权、赔偿经济损失的法律责任。京东公司上诉称，涉案作品不可能是法人作品，请求撤销一审判决。北京知识产权法院经审理认为上诉理由成立，依法撤销一审判决，驳回数字城堡公司的全部诉讼请求。

主要争点： 涉案作品是否为法人作品。

裁判理由：《著作权法》第11条规定：由法人或者非法人组织主持，代表法人或者非法人组织意志创作，并由法人或者非法人组织承担责任的作品，法人或者非法人组织视为作者。根据前述规定，北京知识产权法院认为我国著作权法规定的法人作品，应当满足以下法律要件：（1）由法人或者非法人主持创作；（2）作品的创作思想和表达方式应当代表法人或者非法人组织的意志；（3）由法人或者非法人组织承担责任。除考虑上述构成要件，还应当考虑司法惯例和社会共识，根据作品的不同领域，确定是否属于法人作品。本案中，涉案作品系摄影作品，内容为俯视角度下的办公桌椅场景，其独创性在于办公桌椅及办公用品图案、色彩、线条、位置的选择和编排。前述摄影作品构成要素的选择和编排，一般来说出自然人创作完成，

且自然人对于摄影作品有较大的创作表达空间。数字城堡公司主张阿斯达公司授权的涉案作品为法人作品，但是其未举证证明对于涉案作品的创作，从创作的提出、人员和创作进程的安排、物质技术条件的提供等各个方面都由阿斯达公司主持，创作内容体现了阿斯达公司的法人意志。同时，阿斯达公司未提交自然人的身份证明、权属说明等材料，不能证明涉案作品登记为法人作品取得了实际创作者的同意。故涉案作品不属于法人作品，阿斯达公司不享有涉案作品的著作权。数字城堡公司作为被授权人，亦不享有涉案作品的著作权。

评　　论：法人作品规则是著作权法对著作权归属的例外规定，著作权原则上应当由自然人创作者所享有，但仍然存在法人作品、职务作品等特殊规定。本案的典型意义在于，司法实践中对法人作品这类特殊作品的认定除了应当考察法律规定的条件之外，还应当根据个案考虑作品类型、社会共识等其他因素，仅仅考虑法定条件很可能会得出与常理不相符的结论。就本案中涉及的摄影作品而言，认为其独创性来源于法人的意志显然与惯常认知不符，而数字城堡公司及阿斯达公司也没有提交足以证明涉案作品为法人作品的证据，因此北京知识产权法院推翻了一审判决。

b. 委托作品的认定——"大头儿子"等人物形象著作权权属案

案件名称：央视动漫集团有限公司（以下简称"央视公司"）与杭州大头儿子文化发展有限公司（以下简称"大头儿子公司"）著作权权属纠纷案

基本信息：最高人民法院（2022）最高法民再 45 号，2022 年 4 月 18 日

主要案情：1994 年，95 版动画《大头儿子和小头爸爸》（以下简称"95 版动画"）导演崔某委托刘某创作了"大头儿子""小头爸爸""围裙妈妈"三个人物形象正面图（以下简称"94 年草图"），二人并未就该作品的著作权形成任何书面协议。后来，动画工作团队在刘某创作的基础上形成了动画片标准造型的三个主要人物形象，即"大头儿子""小头爸爸""围裙妈妈"的标准设计图以及之后的转面图、比例图等。95 版动画播出后，在其片尾演职员列表中载明："人物设计：刘某"。2012 年，刘某将"大头儿子""小头爸爸""围裙妈妈"三件作品的著作权转让给洪某。2013 年 1 月 23 日，洪某向浙江省版权局申请登记作品登记，但登记内容为 95 版动画团队创作

的标准设计图。2014 年 3 月 10 日，洪某将涉案三幅美术作品的著作权全部转让给大头儿子公司。2013 年 8 月，央视公司与刘某通过协议确认，除人物造型的署名权以外，刘某不再享有动画片中相关造型的其他任何权利。大头儿子公司认为央视公司播放《新大头儿子与小头爸爸》的行为侵犯其著作权，向央视公司主张停止侵权，赔偿其 50 万元损失。浙江省杭州市滨江区人民法院作出（2014）杭滨知初字第 635 号民事判决，部分支持了大头儿子公司的诉讼请求。一审判决作出后，原被告均提起上诉。杭州中院二审作出（2015）浙杭知终字第 357 号民事判决，维持原判。央视公司提起再审申请。最高法院审理后认为一、二审判决事实认定和法律适用有误，驳回了大头儿子公司的全部诉讼请求。

主要争点：涉案作品是否为委托作品。

裁判理由：《著作权法》（2010 修正）第 11 条第 2 款规定：创作作品的公民是作者。第 4 款规定：如无相反证明，在作品上署名的公民、法人或者其他组织为作者。本案中，已有证据足以证明 94 年草图为刘某独立创作完成，刘某为 94 年草图的作者。《大头儿子和小头爸爸》美术设计和造型设计系央视公司委托上海科影厂创作，版权全部归央视公司所有。但现有证据不足以证明刘某创作 94 年草图是代表上海科影厂意志进行创作或者是为完成借调工作任务而创作，故 94 年草图不应当被认定为法人作品或者特殊职务作品，应当被认定为委托创作作品。就权属认定而言，刘某于不同时间分别与洪某、央视公司签订了多份涉及 94 年草图著作权归属的协议或者说明，对权属的处分多次反复。在 94 年草图基础上由央视公司和上海东方电视台联合摄制的《大头儿子和小头爸爸》动画片，1995 年即已经播出，在其片尾播放的演职人员列表中载明："人物设计：刘某"。刘某认识洪某并与其签订转让协议均在 2012 年以后，而在此前长达 18 年期间，刘某从未就其作品被使用向央视公司主张过权利或提出过异议。《著作权法》（2010 修正）第 17 条规定：受委托创作的作品，著作权的归属由委托人和受托人通过合同约定，合同未作明确约定或者没有订立合同的，著作权属于受托人。根据刘某与央视公司间的多份协议及声明，应当认定 94 年草图除署名权以外的著作权及其他知识产权属于央视公司所有，刘某无权就 94 年草图著作权再转让至洪某。因此，大头儿子文化公司不享有 94 年草图的著作权。

评　　论：本案的诉讼时间跨度非常之久，足见该案处理的难度之大。综合来看，本案涉及的首要问题是委托作品、法人作品以及特殊职务作品的区分与认定。若仅从法律规定的文义来理解，或许会得出这三类权属规定特殊的作品比较好区分的认识，但在实践中三者互相交错，如何准确识别并非易事。对此，有观点指出，该案作品权属的认定核心在于对证据的认定标准，对当年声明的真伪，法院应当以具有高度可能性的标准分析判断和认定其真实性①。除此之外，该案还涉及著作权的多重处分问题和权利状态稳定性的问题。就多重转让权利而言，囿于证据缺失及早年法制不健全的实际情况，该案的权属认定比较复杂。不过，著作权制度并无强制登记的要求，因此权属变动总体上以合同的签订为准。就该案涉及权利状态是否稳定的问题，在权属可能存在疑问的状态中，刘某长达 18 年之久未向央视公司主张任何权利，使得央视公司有足够的理由相信其享有涉案美术作品的著作权，尽管这一因素未被最高法院列入裁判理由，但也能从法理的角度证立央视公司开发利用涉案美术作品的行为正当。

4.2.3　著作权的行使

部分共有人授权的效力认定——沈某等与文旅公司等侵害作品改编权案

案件名称：沈某羽、沈某、樊某伟与绵阳文化旅游集团有限公司（以下简称"绵阳文旅公司"）、济南元耕文化传媒有限公司（以下简称"元耕公司"）、山东天麦文化传播有限公司（以下简称"天麦公司"）等侵害作品改编权纠纷案

基本信息：四川省高级人民法院（2022）川知民终 866 号，2022 年 10 月 26 日

主要案情：涉案作品《自有后来人》系沈某君和罗某仕共同创作。2004 年 4 月 21 日，天麦公司与沈某君、罗某仕签订版权转让协议，取得了涉案作品使用权，并改编拍摄了《红灯记》。沈某君与罗某仕先后去

---

①　从"大头儿子"的版权之争看委托创作作品的区分规则和待证事实的认定标准.（2023 - 04 - 25）［2023 - 05 - 26］. https：//mp. weixin. qq. com/s/GOMyqdQV-oJdk3tl7gHHAA.

世，其继承人分别为沈某等四人和鲁某、罗某。2018 年 1 月 10 日，天麦公司与元耕公司签订了《电视连续剧〈红灯记〉项目转让协议》。2018 年 8 月 23 日，鲁某、罗某与元耕公司签订了《〈自有后来人〉文学剧本著作权许可使用合同》，许可元耕公司将涉案作品改编成电视剧作品。因无法联系到沈某君的继承人沈某等四人，鲁某、罗某于 2020 年 5 月 14 日委托律师在《安徽日报》《中国商报》上刊登公告，告知将涉案作品的著作权许可给了元耕公司。2020 年 5 月 25 日，元耕公司再次与鲁某、罗某签订《〈自有后来人〉文学剧本著作权许可使用合同》，在沟通洽谈期间，双方也通过中间人与沈某等在微信上多次洽谈，但无结果。2019 年 8 月 1 日，电视剧《红灯记Ⅱ》进入拍摄。沈某等认为文旅公司、元耕公司、天麦公司的行为侵犯其著作权，诉至四川省绵阳市中级人民法院，请求判令绵阳文旅公司、元耕公司、天麦公司向其赔礼道歉。该院作出院（2021）川 07 民初 141 号民事判决，驳回了原告的全部诉讼请求。沈某等不服，提起上诉。四川省高级人民法院（以下简称"四川高院"）驳回上诉，维持原判。

主要争点： 绵阳文旅公司、天麦公司与元耕公司是否侵犯改编权。

裁判理由： 四川高院经审理认为，涉案作品属于不可分割的合作作品，著作权应由合作作者的继承人协商一致行使。天麦公司、元耕公司为拍摄《红灯记Ⅱ》，多次与沈某、沈某羽等著作权人协商著作权许可使用事宜未果。元耕公司在取得电视连续剧《红灯记Ⅱ》项目后，与鲁某、罗某协商，鲁某、罗某因无法与沈某君继承人沈某、沈某羽等取得联系，通过刊登公告告知拟将涉案作品许可转让的内容，上述行为可视为协商行为，并已尽到协商义务。因沈某、沈某羽等人未在约定期限内回复，鲁某、罗某与元耕公司签订《著作权许可使用合同》，许可其对涉案作品进行改编使用，并认可其之前对涉案作品的改编使用行为，不违反法律规定。沈某、沈某羽等人无正当理由不能阻止鲁某、罗某许可他人对涉案作品的正当使用。天麦公司、元耕公司在涉案作品的改编、使用过程中，依法取得合作作品部分著作权人的许可，并向著作权人支付了涉案作品的许可使用费，已尽到合理注意义务。因此，天麦公司、元耕公司、绵阳文旅公司对涉案作品的改编使用行为不构成侵权。

评　　论：本案所涉及的核心争点是共有人行使著作财产权时协商的认定。本案明确了在无法联系到全部著作权共有人的情况下，部分共有人需要满足何种情形以证明其尽到了协商的合理义务。著作权法除了具有保护著作权人利益的功能外，还肩负着激励作品创作的社会价值。在这个意义上，在已经能够确信部分共有人尽到了协商的合理义务下，应当认定被授权方取得的授权有效，这样也能推动产出更多的文化产品。

4.2.4　著作权的限制

合理使用的认定——重庆歌舞团舞剧《杜甫》著作权侵权案

案件名称：重庆歌舞团有限公司（以下简称"重庆歌舞团"）诉深圳市福田区梅林中学（以下简称"梅林中学"）、福诺斯文化传播有限公司（以下简称"福诺斯公司"）著作权权属及侵权纠纷案

基本信息：北京知识产权法院（2021）京 73 民终 1626 号，2022 年 6 月 24 日

主要案情：涉案作品系舞剧《杜甫》中的舞蹈片段，重庆歌舞团享有舞剧《杜甫》除署名权外的全部知识产权。2018 年期间，梅林中学在未获授权的情况下多次表演了涉案作品，福诺斯公司为梅林中学一次表演涉案作品时的赛事组织者。重庆歌舞团认为梅林中学侵犯了其著作权，福诺斯公司是共同侵权人。梅林中学认为其对涉案作品的表演未作修改，构成合理使用。北京市朝阳区人民法院作出（2019）京 0105 民初 66959 号民事判决，认定梅林中学使用舞蹈作品的行为不构成合理使用，福诺斯公司与梅林中学侵犯了重庆歌舞团的著作权。梅林中学提起上诉，主张其行为符合合理使用中"免费表演"和"课堂教学"的情形。北京知识产权法院二审认定上诉理由不能成立，驳回上诉，维持原判。

主要争点：梅林中学使用作品的行为是否构成合理使用。

裁判理由：北京知识产权法院认为，梅林中学被诉侵权行为若可构成合理使用，须满足以下三个构成要件：一是符合《著作权法》（2010 修正）第 22 条第 1 款第（6）项或第（9）项规定；二是指明作者姓名、作品名称；三是既未影响著作权人对作品的正常使用，亦没有不合理地损害著作权人的合法权利。第一，为了课堂教学进行

合理使用限于"供教学或者科研人员使用",本案中涉案演出面向的组织者及观众等已远超出教学人员的范畴；就限制的权项而言，该条文限定于复制权及翻译权，不包括本案中被诉侵权行为所指向的表演权；就使用方式而言，应为"少量"使用，但本案中梅林中学完整表演了涉案作品，并非少量使用。第二，该条文规定既不能向公众收取费用，也不能向表演者支付报酬。在案证据不足以证明被诉侵权行为中均未向公众收取费用，也未向表演者支付报酬。第三，在案证据不足以证明梅林中学被诉侵权行为中均已指明涉案作品名称及作者姓名。第四，梅林中学的被诉侵权行为与重庆歌舞团作为著作权人对作品的使用在同一领域构成了竞争关系，妨碍、排除了重庆歌舞团使用或授权许可他人使用涉案作品参与涉案比赛评选的机会，攫取了重庆歌舞团通过使用和许可使用的途径取得奖金等物质利益及奖项、声誉、巡演机会等无形利益的权利，不合理地损害了重庆歌舞团就涉案作品享有的合法权利。综上所述，梅林中学的行为不构成著作权法上的合理使用。

评　　论：合理使用制度是著作权法中最重要的权利限制制度，担负着平衡著作权人与社会公众之间利益状态的重任，对于著作权法的实施而言无比重要。该案的典型意义在于，当一行为看似是著作权法所列举的合理使用行为时，是否还要依据合理使用的底层原理对该行为展开司法审查。本案中，梅林中学作为教育机构使用重庆舞蹈团作品的行为，表面上看属于供教学科研人员使用作品的情形，但若将其行为置于著作权法规定的合理使用构成要件中逐一检视，就会发现该行为并不属于合理使用。无独有偶，早年北京市第一中级人民法院审结的"《受戒》案"① 与本案十分相似。该案中，北京电影学院出于教学目的，未经许可将他人享有著作权的文字作品改编为剧本、摄制为视听作品，可视作合理使用，但其后续又将视听作品送至电影节播放并获利，其行为已然脱离了合理使用的范围，审理法院也清楚地指出了这一点。

---

① 案件全称为"北影录音录像公司诉北京电影学院侵犯作品专有使用权纠纷案"，原文参见1996年第1期《最高人民法院公报》。

4.2.5　侵害著作权行为

4.2.5.1　侵害著作权的构成

a. 网络服务提供者注意义务的认定——荔支公司著作权案

案件名称： 深圳市腾讯计算机系统有限公司（以下简称"腾讯公司"）与广州荔支网络技术有限公司（以下简称"荔支公司"）著作权权属、侵权纠纷案

基本信息： 上海知识产权法院（2021）沪 73 民终 818 号，2022 年 8 月 31 日

主要案情： 腾讯公司根据与刘慈欣的独家合作协议，就文字作品《三体》的信息网络传播权在音频作品（指录音制品，下同）业务范围内获得独占性授权，有权就音频作品以任何形式使用，包括录制现场直播、复制、信息网络传播等。荔支公司运营的"荔枝 FM"应用程序是一款网络声音产品，为用户提供数据存储、管理、分享的信息存储空间服务和互联网直播服务等，"荔枝 FM"软件上存在大量用户上传的根据《三体》制作的音频。腾讯公司对荔支公司提起诉讼，上海市浦东新区人民法院作出（2019）沪 0115 民初 85544 号民事判决，认定荔支公司的行为分别构成直接侵权和间接侵权，应承担侵权责任。荔支公司不服一审判决，提起上诉。上海知识产权法院认为一审法院关于直接侵权的部分认定错误，不能仅凭网络经营者不能提供网络用户的真实身份信息就认定被控侵权音频由网络经营者提供，但荔支公司的行为依旧构成帮助侵权。

主要争点： 荔支公司被诉行为是否构成著作权侵权。

裁判理由： 上海知识产权法院认为，荔支公司明知或者应知其平台主播传播侵权音频，但未采取制止侵权的必要措施，构成帮助侵权。根据《侵权责任法》（已废止）第 36 条，网络用户、网络服务提供者利用网络侵害他人民事权益的，应当承担侵权责任；网络用户利用网络服务实施侵权行为的，被侵权人有权通知网络服务提供者采取删除、屏蔽、断开链接等必要措施；网络服务提供者接到通知后未及时采取必要措施的，对损害的扩大部分与该网络用户承担连带责任；网络服务提供者知道网络用户利用其网络服务侵害他人民事权益，未

采取必要措施的，与该网络用户承担连带责任。本案中，上海知识产权法院根据以下因素认定荔支公司对《三体》音频在其平台的传播具有较高的注意义务，包括：（1）《三体》在中国具有很高的知名度，商业价值高；（2）平台中的音频在标题中标有"三体""刘慈欣""黑暗森林""死神永生"等字样，容易识别；（3）传播《三体》音频的主播有的排名靠前，影响力大；（4）腾讯公司曾发送侵权通知。综上，荔支公司具有主观过错，构成帮助侵权。

评　　论：本案中，上海知识产权法院根据《侵权责任法》（已废止）第36条关于侵权责任的认定方式来判断网络服务提供者是否承担侵权责任，避风港规则不是唯一认定网络服务提供者主观过错的规则，而要综合多种要素，包括本案中上海知识产权法院所分析的作品知名度、侵权内容识别难度、侵权行为显著性、权利人的通知情况等因素，综合判断网络服务提供者是否构成应知、是否具有主观过错而承担侵权责任。在《信息网络传播权案件规定》出台以后，"注意义务"成为法院认定网络服务提供者帮助侵权责任的核心要素。《信息网络传播权案件规定》第8条第1款规定，"人民法院应当根据网络服务提供者的过错，确定其是否承担教唆、帮助侵权责任。网络服务提供者的过错包括对于网络用户侵害信息网络传播权行为的明知或者应知。"《信息网络传播权案件规定》第9条规定了判断网络服务提供者是否构成应知的因素，这种多因素综合判断的方法，在本案中得到了良好的体现。

b. 出版社注意义务的认定——Maurice Willems 著作权案

案件名称：Maurice Willems 与复旦大学出版社有限公司（以下简称"复旦出版社"）、上海阿凡提卡通艺术有限公司（以下简称"阿凡提公司"）、北京当当科文电子商务有限公司（以下简称"当当公司"）著作权权属、侵权纠纷案

基本信息：北京知识产权法院（2021）京73民终938号，2022年9月13日

主要案情：Maurice Willems 对《你头上有只鸟！》等三册图书享有著作权。阿凡提公司与复旦出版社签订合同出版《你头上有只鸟！》等三册图书（以下统称"被诉侵权图书"），署名"阿凡提公司编绘"，当当公司在当当网销售被诉侵权图书。一审法院北京市朝阳区人民法院通过比对认定被诉侵权图书与 Maurice Willems 享有著作权的图书

构成实质性相似，复旦出版社等行为构成著作权侵权。复旦出版社不服一审（2019）京 0105 民初 18153 号民事判决，向北京知识产权法院提起上诉。二审中，北京知识产权法院对于复旦出版社认为被诉侵权图书与涉案权利图书仅存在思想层面的相似性、并未构成实质性相似的上诉主张不予支持，维持原判。

主要争点： 复旦出版社是否尽到合理的注意义务。

裁判理由： 本案中，法院根据《最高人民法院关于审理著作权民事纠纷案件适用法律若干问题的解释》（2020 修正）（以下简称《著作权民事案件解释》）第 20 条的规定，在出版物侵害他人著作权情况下，对出版者的著作权侵权责任进行认定。对于出版者是否尽到合理注意义务，北京知识产权法院综合考虑了权利作品的知名度、被诉侵权出版物类型、二者的相似程度、被诉侵权内容在权利作品或者被诉侵权出版物中所占比例等因素。尤其是当被诉侵权出版物中有大量内容与先发表的具有较高知名度的权利作品相同时，应当认定出版者未尽到注意义务。

评　　论： 出版者著作权侵权责任的承担依旧以具有过错为要件，根据《著作权民事案件解释》第 19 条，出版者应当对其出版有合法授权承担举证责任。本案中复旦出版社虽提交了其与阿凡提公司的《图书出版合同》等证据，但北京知识产权法院认为，根据《著作权民事案件解释》第 20 条，综合考量涉案图书较高的知名度以及专业出版机构的审查能力，仅凭合同等证据并不能证明复旦出版社已经尽到了合理的注意义务。注意义务的认定不是僵化的，涉案作品的知名度、当事人的审查能力等都是判断注意义务的重要参考要素。

c. 过错责任——墨致公司著作权案

案件名称： 任某与北京墨致信息技术有限公司（以下简称"墨致公司"）侵害计算机软件作品信息网络传播权纠纷案

基本信息： 最高人民法院（2021）最高法知民终 1246 号，2022 年 6 月 21 日

主要案情： 计算机软件作品"图像分析与评估软件 V1.0"由墨致公司法定代表人肖某和任某共同开发，肖某负责功能要求和客户需求，任某负责软件编写，墨致公司为著作权登记证书载明的著作权人。任某在开源软件平台 https：//github.com 上（以下简称"GitHub 网站"）公布了涉案软件中自行编写的源代码部分，并在其个人网站 http：//

renwei. net 发布的文章"简易的深度学习标注、训练和测试平台"及评论中附上了可跳转的链接。墨致公司以任某侵害其作品信息网络传播权为由提起诉讼。北京知识产权法院作出（2018）京 73 民初 464 号民事判决，认定任某构成侵权。墨致公司和任某均不服判决，提起上诉。最高法院认为，任某对墨致公司并不构成侵权，故撤销原判，驳回墨致公司的全部诉讼请求。

主要争点：任某是否侵害了墨致公司计算机软件作品的信息网络传播权。

裁判理由：最高法院认为，任某的行为是否侵害了墨致公司的信息网络传播权，不仅要考察被诉侵权行为的具体表现形式是否符合相关规定，而且要结合任某实施被诉侵权行为的具体原因、过程考察其是否具有故意或重大过失。在软件开发过程中保存源代码的副本为软件开发行业的通常做法，据此可认定任某在涉案软件开发过程中将源代码上传至 GitHub 网站是出于开发工作需要。没有证据表明墨致公司内部对于软件源代码的保存设有规章制度，且墨致公司在整个软件开发过程中对于任某的行为没有提出异议，对其行为持默许态度，至少持放任态度，未尽到管理职责。诉讼发生后，任某在一审开庭审理前已经删除了 GitHub 网站上的源代码，及时制止了损害结果。因此，任某并无明显过失，更不存在故意或重大过失，对墨致公司并不构成侵权。由于任某在 GitHub 网站上传涉案软件源代码已经将源代码置于互联网中，处于可以为公众所获取的状态，不构成侵权，任某此后在个人网站标题为"简易的深度学习标注、训练和测试平台"的文章下方提供网页链接，可跳转至 GitHub 网站获取被诉侵权源代码的后续行为亦不构成侵权。

评　　论：知识产权的侵权认定采取过错责任原则，故需要考虑行为人的主观状态。只有当他人是因故意或过失侵害知识产权，给知识产权人造成损害的，才需要承担侵权责任，即金钱损害赔偿责任[1]。在判断行为人的主观状态时，需要结合相关行业惯例综合认定。本案中，任某将涉案软件源代码上传至开源网站 GitHub 上的行为，符合软件开发行业的惯例。因此，任某的行为并不构成对墨致公司信息网络传播权的侵害，无须承担损害赔偿责任。

---

[1]　李琛. 知识产权法关键词. 北京：法律出版社，2006.

d. 确认不侵权之诉的判定　　奥游公司确认不侵犯著作权案

案件名称：湖北奥游信息科技有限公司（以下简称"奥游公司"）与深圳娱美德传奇科技有限公司（以下简称"娱美德公司"）确认不侵犯计算机软件著作权纠纷案

基本信息：湖北省武汉市中级人民法院（2021）鄂 01 知民初 639 号，2022 年 2 月 17 日

主要案情：完成于 2000 年的网络游戏《Legend of Mir2》被引入中国后，先后以中文名《传奇》《热血传奇》营运，娱美德香港有限公司就《Legend of Mir2》的网络客户端游戏享有知识产权，授权娱美德公司在中国大陆地区基于《Legend of Mir2》游戏运营待定 BBS 网站和对第三方进行分许可。奥游公司开发并运营的网络游戏《传奇战记》，2016 年 3 月 22 日获得计算机软件著作权登记证书。娱美德公司曾多次向奥游公司发出侵权警示函，奥游公司为消除娱美德公司所制造的不确定性，及早定分止争，向湖北省武汉市中级人民法院（以下简称"武汉中院"）提起确定不侵害知识产权诉讼。武汉中院判决确认奥游公司的《传奇战记》游戏软件不侵害《Legend of Mir2》游戏软件的著作权。

主要争点：《传奇战记》是否侵犯《Legend of Mir2》的著作权。

裁判理由：本案系确认不侵权之诉。武汉中院认为，确认不侵权之诉作为知识产权纠纷领域特有的民事诉讼制度，本质上属于侵权之诉，应当根据最高法院《专利权案件解释》第 18 条的规定进行审查，故法院受理当事人提起的确认不侵权之诉，应以利害关系人受到警告，而权利人未在合理期限内依法启动纠纷解决程序为前提。本案符合这一要求，故武汉中院依法受理。本案中，双方当事人达成著作权争议解决协议，同意委托某司法鉴定所进行司法鉴定，并认可鉴定具有民事诉讼程序中的证据效力。根据鉴定结论，两游戏客户端文件目录结构存在较大差异，不存在相同文件，在游戏界面风格、角色设置、游戏玩法上存在明显差异，属于不同类型的游戏。据此，武汉中院支持了奥游公司关于确认《传奇战记》游戏不侵害《Legend of Mir2》游戏软件的著作权的诉讼请求。

评　　论：本案为确认不侵权之诉。有学者提出，确认不侵权之诉本质上属于对被控侵权者的救济，可以使知识产权权利人与被控侵权者之间是

否存在侵权的法律关系尽快地确定下来，减少侵权指控行为对被控侵权者的生产经营活动所带来的影响[①]。现实生活中，律师函、预警函、警告信的使用对于商业活动的正常开展造成了威胁，经营者可能无法确定自己经营的收益是否会被判定为侵权获利，侵权与否将影响到企业后续的经营计划，因此只有尽早将权属、侵权争议解决，后续的商业活动才能顺利展开。

4.2.5.2　侵害著作人身权

侵犯软件著作权署名权——米拓公司著作权案

案件名称： 长沙米拓信息技术有限公司（以下简称“米拓公司”）与合肥思位实验室设备有限公司（以下简称“思位公司”）、郑某波侵害计算机软件著作权纠纷案

基本信息： 最高人民法院（2022）最高法知民终 608 号，2022 年 6 月 23 日

主要案情： 米拓公司享有“MetInfo 企业网站管理系统”（以下简称“涉案软件”）的软件著作权，就思位公司使用了米拓公司的米拓系统建站，没有按照《最终用户授权许可协议》的要求保留米拓公司的版权标识提起诉讼，主张思位公司的行为侵犯其多项著作权。合肥中院作出（2021）皖 01 民初 1088 号民事判决，认定被诉侵权网站的软件与米拓系统软件构成实质性相似，思位公司侵害了米拓公司的复制权。思位公司不服一审判决，向最高法院提起上诉。最高法院驳回上诉，在纠正一审判决法律适用瑕疵的基础上维持原判。

主要争点： 思位公司是否侵害了涉案软件著作权。

裁判理由： 最高法院认为，根据查明的事实，被诉侵权网站代码中含有“MetInfo”和“米拓”字样，部分文件的路径、文件名、内容相同或基本相同，可以证明思位公司复制了涉案软件的部分内容，思位公司、郑某波未就此提出相反证据或作出合理解释，故合肥中院认定被诉侵权网站的软件与米拓系统软件构成实质性相似，并无不当。但根据米拓公司在《最终用户授权许可协议》中保留“版权标识”的要求，思位公司在其所建网站中去除涉案软件版权标识和网站链接信息的行为损害了米拓公司的身份权益，故原审法院认定思

[①] 张广良．确认不侵权之诉及其完善．人民司法，2008（11）．

位公司侵害了米拓公司的复制权存在不当，纠正为侵犯署名权。

评　　论：《计算机软件保护条例》第 23 条列举了侵犯软件著作权的行为，包括第 1 项"未经软件著作权人许可，发表或者登记其软件的"，以及本案涉及的第 4 项"在他人软件上署名或者更改他人软件上的署名的"。软件著作权同样包含著作人格权和著作财产权，最高法院根据当事人的诉求与软件《最终用户授权许可协议》中的条款，对软件著作权人的署名权予以保护，以维护本案当事人希望实现的其与作品间的联系。署名权内涵丰富，既包括是否在作品上署名的权利，也包括以何种方式署名的权利。对于本案中软件这样的商业产品，署名权的保护对于产品的广告宣传与商誉的积累也具有重要的作用，这也是本案中当事人在产品协议中强调"版权标识"必须予以保留的原因。最高法院认定被告的侵权行为侵犯署名权，实现了署名权在类似场景下的人格利益与商业利益的双重价值。

4.2.5.3　侵害著作财产权

a. 非法改编作品之后续利用的性质——菲狐公司著作权案

案件名称：上海菲狐网络科技有限公司（以下简称"菲狐公司"）与霍尔果斯侠之谷信息科技有限公司（以下简称"霍尔果斯侠之谷公司"）、深圳侠之谷科技有限公司（以下简称"深圳侠之谷公司"）、广州柏际网络科技有限公司（以下简称"柏际公司"）侵害作品改编权纠纷案

基本信息：广州知识产权法院（2021）粤 73 民终 1245 号，2022 年 5 月 30 日

主要案情：菲狐公司享有《昆仑墟》游戏软件著作权，深圳侠之谷公司享有《醉美人》游戏软件著作权。菲狐公司认为两部作品构成实质性相似，故以深圳侠之谷公司侵害其作品复制权和信息网络传播权为由提起诉讼。广州互联网法院作出（2019）粤 0192 民初 22710 号民事判决，认定霍尔果斯侠之谷公司、深圳侠之谷公司、柏际公司未侵犯菲狐公司的上述权利，但侵犯其改编权和署名权，故判决霍尔果斯侠之谷公司、深圳侠之谷公司停止发放运营和传播《醉美人》游戏，赔偿菲狐公司经济损失 150 万元。菲狐公司不服，提起上诉。广州知识产权法院认定侵权成立，维持停止侵权行为的判决，变更赔偿数额为 500 万元。

主要争点：霍尔果斯侠之谷公司、深圳侠之谷公司、柏际公司是否侵犯了菲狐公司作品的改编权。

裁判理由：广州知识产权法院认为，判断被诉侵权游戏《醉美人》是否侵害权利游戏《昆仑墟》的改编权的关键在于，被诉侵权游戏是否使用了《昆仑墟》游戏的相关独创性内容。首先，被诉侵权人对权利游戏独创性表达的整体画面采取换皮式抄袭使用。权利游戏整体画面属于类电作品，特定的玩法规则和故事情节使得游戏用户所感知的连续动态画面属于类电作品的最主要内容，应当依法予以保护。而被诉游戏仅仅实施了换皮式抄袭，故该行为落入改编权控制范围。其次，《青云灵剑诀》等五款被诉游戏（由被诉侵权游戏《醉美人》商业化改名而来）是对权利游戏中独创性表达的改编。被诉游戏作品与权利游戏作品在故事情节、人物形象、剧情文字、技能和场景名称上均存在不同，但仅仅是改变了权利游戏中独创性表达的存在形式，并未完全脱离权利游戏而成为新的表达，属于改编作品。最后，改编权控制被诉游戏的后续使用行为。被诉侵权游戏通过换皮式抄袭权利游戏，并将改编作品在互联网上宣传、推广和运营，分割权利游戏市场，抢占商业机会，争夺权利游戏所应当获取经济利益的市场份额，若对改编作品的后续使用行为不加以制止，则会导致权利游戏改编权的保护难以实现，作品的财产性权利最终不能通过保护改编权来实现，难以实现保护著作权财产权利的立法目的。

评　　论：对非法改编作品之后续利用行为的著作权定性问题，理论界和实务界存在一定争议。有学者主张，该类后续利用行为理应受改编权控制[1]；也有学者从立法文本、著作财产权划分逻辑等角度出发，将改编权的权利范围限定于改编行为[2]。部分法院认为原作者有权对改编作品进行限制，后续利用改编作品属于对改编权的侵犯[3]；亦有法院认为，利用改编作品的行为应由著作权项下其他权利控制[4]。

---

① 陈剑玲.美国版权法案例选评.北京：对外经济贸易大学出版社，2012.

② 傅钢，张玲娜.论改编权的权利边界：以改编合同中约定的"改编权"为视角.中国版权，2017（3）.

③ 参见毕某宇、人民文学出版社诉陈某、西苑出版社侵权案，北京市第二中级人民法院（2014）二中民终字第05328号民事判决。

④ 参见陈某诉余某、湖南经视文化传播有限公司、东阳欢娱影视文化有限公司、万达影视传媒有限公司、东阳星瑞影视文化传媒有限公司著作权侵权纠纷案，北京市第三中级人民法院（2014）三中民初字第07916号民事判决。

本案中，审理法院认为，改编权不仅能控制改编行为，还可用以规制改编作品的后续财产性利用行为，如复制、发行、信息网络传播等。换言之，对非法改编作品的后续利用属于改编权的控制范畴，不再予以单独评价。因此，未经游戏著作权人许可，对改编形成的游戏画面的后续财产性利用仍属侵害改编权。

b. 侵害表演权——龙乐世纪公司著作权案[①]

案件名称：北京龙乐世纪文化传媒有限公司（以下简称"龙乐世纪公司"）与曹某晶侵害作品表演权纠纷案

基本信息：北京互联网法院（2022）京 0491 民初 18781 号，2022 年 10 月 21 日

主要案情：涉案歌曲《相思》词作品作者将其表演权独家授予龙乐世纪公司，并授权其以自己名义或授权第三方对任何侵犯授权内容合法权利的行为采取维权手段。2021 年 10 月以来，龙乐世纪公司发现曹某晶擅自通过"抖音"平台传播含有涉案歌曲的直播片段短视频，涉案侵权视频是其在街头公共场所直播表演过程中形成，且已在各大视频网站、短视频平台、音乐平台、无线增值平台广泛传播。龙乐世纪公司以曹某晶侵害其作品表演权为由提起诉讼。北京互联网法院认定曹某晶的被诉行为构成侵权。

主要争点：曹某晶是否侵犯了龙乐世纪公司作品的表演权。

裁判理由：表演权，即公开表演作品，以及用各种手段公开播送作品的表演的权利。本案中，曹某晶未经许可，在公开场所表演涉案作品，并将其演唱的涉案歌曲音频片段上传至 QQ 音乐账号，构成对龙乐世纪公司涉案歌曲词作品表演权的侵害。由于涉案抖音账号中有直播经营活动，曹某晶辩称其属于合法使用且非公开进行表演的依据不足，不构成合理使用行为，应当承担相应的侵权责任。

评　　论：表演权中的"表演"是指以人的动作、声音、表情再现作品的行为[②]。表演权的适用对象包括文字作品，朗诵、演唱等行为都属于表演权的控制范畴。要构成免费表演合理使用的，必须满足不向公众收取费用和不向表演者支付报酬的条件。本案中，曹某晶未经授

———————————

①　本案被列入北京互联网法院 2022 年网络音乐著作权案件审理情况报告。

②　刘春田．知识产权法．6 版．北京：中国人民大学出版社，2022.

权，在街头公共场所表演涉案歌曲，并将含有涉案歌曲的直播片段视频上传至"抖音"等平台。该行为被北京互联网法院认定为具有营利性，构成对歌曲权利人表演权的侵害。对于直播翻唱他人音乐作品的行为究竟是侵害了表演权还是广播权，学界存在一定的争议，二者的区别主要在于传播源和受众是否在同一空间。

c. 侵害信息网络传播权的认定——萧明公司"听声识剧"案[①]

案件名称： 西安佳韵社数字娱乐发行股份有限公司（以下简称"佳韵社公司"）与上海萧明企业发展有限公司（以下简称"萧明公司"）侵害作品信息网络传播权纠纷案

基本信息： 北京市高级人民法院（2022）京民再 62 号，2022 年 11 月 16 日

主要案情： 佳韵社公司经授权对涉案作品《我的团长我的团》享有信息网络传播权。萧明公司通过"飞幕"App 播放的作品包括涉案作品《我的团长我的团》。萧明公司为实现其运营的"飞幕"App"听声识剧"的功能，需提前将相关作品下载到自身服务器中，并将影片按照 1 分钟长度剪辑并再次上传至服务器中。用户使用"听声识剧"功能时，"飞幕"App 使用自身的 AI 音源智能识别系统，识别对应影视片段声音，从存储的地方抓取对应的 1 分钟片段进行播放，并且可以供用户随意剪辑。北京互联网法院作出（2020）京 0491 民初 2769 号民事判决，判决萧明公司停止侵犯佳韵社公司就涉案作品享有信息网络传播权的行为。萧明公司不服，提起上诉。北京知识产权法院作出（2020）京 73 民终 1775 号民事判决，认为萧明公司的行为不能被认定侵害了佳韵社公司所享有的信息网络传播权，遂撤销了一审判决。佳韵社公司不服二审判决，申请再审。北京高院再审认为，萧明公司侵害了佳韵社公司就涉案作品所享有的信息网络传播权，二审判决在事实认定和法律适用方面存在错误，予以纠正和撤销。

主要争点： 萧明公司的使用行为是否侵害佳韵社公司享有的信息网络传播权。

裁判理由： 北京高院认为，首先，信息网络传播行为中的公众通过信息网络获得作品的可能性不应理解为公众实际获得作品或获得完整的作品。公众实际获得作品的情况因存在涉及信息网络的软、硬件设备或者

---

① 此案入选 2022 年中国法院 50 件典型知识产权案例。

公众个人选择等差异而不同，以公众获得作品的数量、内容，甚至公众实际获得的作品对涉案作品市场价值的影响等因素来判断信息网络传播权中"提供作品"的行为是不合理的。其次，公众获得作品的可能性与提供作品行为的片段化方式无关。再次，用户使用"听声识剧"功能获得涉案作品 1 分钟片段的情形属于萧明公司通过信息网络向公众提供涉案作品的行为。综上，萧明公司将涉案作品通过"飞幕"App 的"听声识剧"功能以时长 1 分钟的视频片段形式向公众提供，使公众能够在个人选定的时间和地点获得涉案作品，侵害了佳韵社公司就涉案作品享有的信息网络传播权。

评　　论：本案引起争议的事实来源于"飞幕"App 向用户传播的影视片段均事先被萧明公司剪辑为 1 分钟的时长，且通过"听声识剧"的方式进行传播。北京知识产权法院之所以认定萧明公司不侵犯信息网络传播权，在于其考虑了作品性质、长度、是否满足用户获取作品的需求以及碎片化的传播是否完整传递了作品的思想感情与艺术美感。北京高院对此予以纠正。

　　根据《信息网络传播权案件规定》第 3 条，通过上传到网络服务器等方式将作品置于能使公众在个人选定的时间和地点获得的信息网络中的行为，属于提供作品的行为。北京高院回归信息网络传播权本身，认为尽管本案中提供的作品是碎片化、片段化的，但并不影响信息网络传播权所控制行为的认定。著作权人依照著作权法所享有的排他权虽受到合理使用等制度的限制，但侵权行为的认定并不需要考虑利用作品的行为是否完整传递了作品的思想感情等。

d. 网站擅自使用他人作品的行为定性——人民网著作权案

案件名称：人民网股份有限公司（以下简称"人民网"）与神州瞭望（北京）文化传媒有限公司（以下简称"神州瞭望公司"）侵害作品信息网络传播权纠纷案

基本信息：北京知识产权法院（2022）京 73 民终 2295 号，2022 年 9 月 28 日

主要案情：人民网经授权享有涉案作品《"这样的深情厚谊终生难忘"（中外合作抗疫故事）》的信息网络传播权，对神州瞭望公司未经许可在其运营的"神州瞭望"网站上使用了涉案作品的行为提起诉讼。北京互联网法院作出（2022）京 0491 民初 12569 号民事判决，认定神州瞭望公司构成侵权。神州瞭望公司不服，提起上诉。北京知识产

权法院判决驳回上诉，维持原判。

主要争点： 神州瞭望公司的行为是否构成侵权。

裁判理由： 北京知识产权法院认为，神州瞭望公司未经许可在其运营的"神州瞭望"网站上擅自使用人民网享有著作权的涉案作品，使公众可以在其个人选定的时间和地点获得涉案作品，侵害了人民网对涉案作品享有的信息网络传播权，依法应承担停止侵权、赔偿损失的法律责任。神州瞭望公司关于涉案作品属于单纯事实消息以及其行为属于合理使用的上诉主张并不成立，故不予支持。

评　　论： 根据2020年修正的《著作权法》，单纯事实消息不受《著作权法》的保护，但时事新闻稿件只要能够构成著作权意义上的"作品"，仍应受《著作权法》的保护，体现了《著作权法》保护表达而非事实的精神。作者个性化、选择性的独创要素受到保护，并不意味着其获得新闻事实的垄断。这一判断标准厘清了新闻报道的保护界限，与国际上新闻稿件著作权保护实践相衔接，也与《伯尔尼公约》第二条第八项"本公约的保护不适用于日常新闻或纯属报刊消息性质的社会新闻"的内涵相契合①，回应了实践中所谓的"新闻搬运工"问题，也为"洗稿"等复杂情况提供了指引。

e. 演绎作品的侵权判断——《玛依拉变奏曲》著作权案②

案件名称： 王某成、王某、王某燕和高某鹤、上海宽娱数码科技有限公司（以下简称"宽娱公司"）侵害作品信息网络传播权纠纷案

基本信息： 天津市高级人民法院（2021）津民终246号，2022年4月7日

主要案情： 王洛宾曾记录整理哈萨克族民歌《玛依拉》，王某成、王某、王某燕依法继承了王洛宾的财产，认为其对歌曲《玛依拉》享有著作财产权。高某鹤在"湖南卫视声入人心"曾演唱《玛依拉变奏曲》，宽娱公司经营的哔哩哔哩网站上有用户上传的高某鹤演唱的《玛依拉变奏曲》的视频，王某成等人据此起诉高某鹤、宽娱公司侵犯其信息网络传播权。天津市第一中级人民法院作出（2020）津01民初581号民事判决，认定王洛宾对其记录配歌的王洛宾版《玛依拉》不享有著作权，高某鹤、宽娱公司不侵犯王某成等人主张的作

---

① 保护文学和艺术作品伯尔尼公约（1971年巴黎文本）指南. 北京：中国人民大学出版社，2002：21.

② 此案入选2022年中国法院50件典型知识产权案例。

品的信息网络传播权。王某成等人不服一审判决，向天津市高级人民法院（以下简称"天津高院"）提起上诉。天津高院认为，王洛宾版的《玛依拉》属于演绎作品，王某成等人通过继承享有王洛宾版《玛依拉》曲调部分的著作财产权，但高某鹤演唱的版本与王洛宾版《玛依拉》不构成实质性相似，高某鹤、宽娱公司不侵犯王洛宾版《玛依拉》作品的信息网络传播权。

主要争点： 高某鹤、宽娱公司的被诉行为是否侵害了王洛宾版《玛依拉》的作品信息网络传播权。

裁判理由： 天津高院认为，通过比较王洛宾版和同样为早期版本的刘烽版《玛依拉》，同时结合王洛宾对歌曲整理、改编的过程，以及民歌类民间文学艺术衍生作品的创作空间和创作规律等因素，可以认定王洛宾版《玛依拉》"记谱"的曲调能够体现其个性，形成了具有独创性的新表达，故属于著作权法意义上的演绎作品，但王洛宾对《玛依拉》歌词部分不享有著作权。根据《著作权法》对演绎作品的保护，以及根据知识产权司法实践中的比例原则，知识产权的保护强度应与其贡献程度相适应。具体到著作权领域，作品的保护范围应与其独创性程度相协调。对此，考虑涉案民歌类民间文学艺术衍生作品的独创性程度较低，因此在侵权认定时，不能把处于公有领域的素材纳入保护范围，该类作品的著作权人对他人利用民间文学艺术作品进行正常的再创作亦应予以适度容忍，以利于民间文学艺术的传承、发展和传播。本案中，对比王宾版《玛依拉》与高某鹤演唱的被诉侵权歌曲，两者对应部分在旋律与节奏上均存在一定区别，因此两者不构成实质性相似，故本案高某鹤、宽娱公司的行为并不侵犯王洛宾版本《玛依拉》作品的信息网络传播权。

评　　论： 演绎作品利用了原作的表达，具有独创性的贡献，同时凝结了原作者与演绎者共同的创造性劳动[①]。本案涉案作品系民间文学艺术演绎作品，对于这类作品，既要肯定作者的创造性贡献，但也要注意不能将属于公有领域的元素纳入著作权保护中来。本案中天津高院既肯定了著作权人对民间文学艺术演绎作品的著作权，也强调了对于这类作品著作权的保护要与其贡献程度相适应，因此在侵权比对

---

① 梁志文．论演绎权的保护范围．中国法学，2015（5）．

中需要注意将一些表达留在共有领域，而不能为演绎作品的著作权人所独占，平衡好此类作品的"公"与"私"，在保护著作权人利益的同时，兼顾民间文学艺术作品利用中公有利益的保护，促进传统文化的发扬与传播。

f. 侵害 NFT 数字作品的著作权——原与宙公司著作权案[①]

案件名称： 杭州原与宙科技有限公司（"原与宙公司"）与深圳奇策迭出文化创意有限公司（"奇策公司"）侵害作品信息网络传播权纠纷案

基本信息： 浙江省杭州市中级人民法院（2022）浙 01 民终 5272 号，2022 年 12 月 30 日

主要案情： 2021 年 3 月 16 日，马某里与奇策公司签订合同，将《我不是胖虎》系列美术作品的著作财产权和制止侵权等权利独占性授予奇策公司，涉案作品《胖虎打疫苗》为该系列作品之一。王某香以"anginin"为用户名，将《胖虎打疫苗》作品上传至原与宙公司的 Bigverse 平台，铸造为 NFT 数字作品。2021 年 12 月 4 日，账号"点点滴滴"通过支付宝向王某香支付 899 元，以购买作品《胖虎打疫苗》，后因"作品涉及搬运"被退款。奇策公司以原与宙公司侵害其作品信息网络传播权为由提起诉讼。杭州互联网法院作出（2022）浙 0192 民初 1008 号民事判决，认定 NFT 数字作品交易并不能适用权利用尽原则，原与宙公司构成侵权。原与宙公司不服，提起上诉。杭州中院二审认为，涉案 NFT 数字作品交易行为受到信息网络传播权而非发行权规制，且本案中相关作品并不具备合法来源，缺乏适用该原则的前提。因此，驳回上诉，维持原判。

主要争点： 涉案 NFT 数字作品交易行为是否受信息网络传播权规制。

裁判理由： 杭州中院认为，涉案 Bigverse 平台中 NFT 数字作品的交易流程为：网络用户（上传）"铸造"—上架发布—出售转让。在 NFT 数字作品的"铸造"阶段，网络用户将存储在终端设备中的数字化作品复制到 NFT 数字作品交易平台的中心化服务器上，产生了一个新的作品复制件；在 NFT 数字作品的上架发布阶段，NFT 数字作品的铸造者（发布者）通过将 NFT 数字作品在交易平台上架发布的形式，使公众可以在选定的时间和地点获得该作品，此种获得既可以

---

① 此案被誉为我国"NFT 侵权第一案"。

是不以受让为条件的在线浏览，也可以是在线受让之后的下载、浏览等方式；在 NFT 数字作品的出售转让阶段，交易双方完成 NFT 数字作品对价的支付和收取，区块链中与之对应的 NFT 作相应的变更记录。在上述转让交易过程中，NFT 数字作品始终存在于作为"铸造者"的网络用户最初上传所至的服务器中，未发生存储位置的变动。本案中，网络用户"anginin"将其铸造的涉案 NFT 数字作品在公开的互联网平台发布，使公众可以在其选定的时间和地点获得该作品，属于以有线或者无线方式向公众提供作品的信息网络传播行为，受信息网络传播权规制。此外，杭州中院认为，NFT 数字作品出售转让的结果是在不同的民事主体之间移转财产性权益，并非物权的移转，故其虽能产生类似于"交付"的后果，但不能落入发行权的规制范畴。

评　　论：擅自铸造且出售 NFT 数字作品行为的法律性质究竟为何，学界目前存在以下几种代表性观点：观点一认为，由于数字作品的出售能够实现与线下有形作品买售相同的法律效果[①]，且发行权穷竭原则的适用可以有效阻碍合法铸造的 NFT 作品的转售[②]，故应受发行权控制。观点二认为，由于 NFT 数字作品的交易不会导致有体物所有权的转移，而该行为能够使得公众在选定的时间地点获得该作品，故应受信息网络传播权规制[③]。观点三认为，NFT 数字作品的首次"出售"形成了购买者对"铸造者"的债权，后续"转售"应被定性为债权转让[④]。本案中，被告并非从合法途径获得作品，其行为未造成有体物所有权的移转，但使得公众可在个人选定的时间地点获得该作品，故杭州中院认定其构成对原告作品信息网络传播权的侵害。

g. 网络直播行为侵害广播权——齐鼓公司著作权案

案件名称：广州齐鼓文化传播有限公司（以下简称"齐鼓公司"）与舒某侵害作品广播权纠纷案

---

①　陶乾. 论数字作品非同质代币化交易的法律意涵. 东方法学，2022（2）.

②　张伟君，张林. 论数字作品非同质权益凭证交易的著作权法规制：以 NFT 作品侵权纠纷第一案为例. 中国出版，2022（14）.

③　参见杭州互联网法院（2022）浙 0192 民初 1008 号民事判决，浙江省杭州市中级人民法院（2022）浙 01 民终 5272 号民事判决。

④　王迁. 论 NFT 数字作品交易的法律定性. 东方法学，2023（1）.

基本信息：广州互联网法院（2022）粤0192民初449号，2022年7月4日

主要案情：齐鼓公司依法享有涉案歌曲《爱过你这件事》的著作权。主播舒某未经授权、许可，且未支付任何使用费，擅自在YY直播平台演唱了该歌曲，并与在线观看的粉丝实时互动；直播结束后，其将相应的直播回放视频上传至其主页，供所有用户点击、浏览、播放、分享。齐鼓公司以舒冰侵害其作品广播权、信息网络传播权为由提起诉讼。广州互联网法院作出（2022）粤0192民初449号民事判决，认定舒某构成侵权。

主要争点：舒某是否侵犯了齐鼓公司作品的广播权。

裁判理由：根据《著作权法》第10条第1款第（11）项规定，广播权是指以有线或者无线方式公开传播或者转播作品，以及通过扩音器或者其他传送符号、声音、图像的类似工具向公众传播广播的作品的权利，但不包括本款第（12）项规定的权利。舒某在未经授权情况下通过网络直播传播他人作品的行为构成侵犯广播权；将直播回放视频上传至其主播页面供用户在线浏览、播放的行为构成侵犯信息网络传播权。

评　　论：《著作权法》第三次修正之前，理论界和实务界对网络直播行为的著作权定性一直具有较大争议。有学者主张网络直播行为构成对信息网络传播权的侵害；有学者认为网络直播行为不属于交互式传播，且彼时的广播权无法覆盖初始传播为有线广播的传播行为，故构成对"应当由著作权人享有的其他权利"的侵害[1]。2020年《著作权法》对广播权进行了修改，增加了"以有线方式公开传播或者转播作品"的具体传播方式，由此，以远距离传送和非交互式传播为特点的网络直播行为被纳入了广播权的控制范畴。

h. 网络盗播侵害广播组织权——未来电视公司著作权案[2]

案件名称：未来电视有限公司（以下简称"未来电视公司"）与北京家视通科技有限公司（以下简称"家视通公司"）、杭州当贝网络科技有限公司（以下简称"当贝公司"）侵害广播组织权纠纷案

基本信息：天津市第三中级人民法院（2021）津03民初3484号，2022年9月

---

[1] 刘佳. 论网络表演直播的著作权法适用与完善. 南京社会科学, 2019（9）.

[2] 此案入选2022年度AIPPI中国分会版权十大热点案件。

20 日

主要案情：2009 年 4 月 20 日，中央电视台将通过信息网络向公众传播、广播、提供其全部电视频道的权利授予了央视国际网络有限公司，并授权该公司作为上述权利在全世界范围内进行交易的独家代理。2016 年 4 月 29 日，央视国际网络有限公司将前述权利及相关维权权利以普通许可的形式授予未来电视公司。2019 至 2021 年间，未来电视公司发现家视通公司未经授权在其运营的"电视家 3.0""电视家 2.0""电视家尝鲜版"等软件上向公众提供"CCTV－1 综合"等多个频道的播放服务；当贝公司在未经授权的情况下，通过其开发运营的"当贝市场"应用商店，向公众提供上述软件的下载等服务。未来电视公司以家视通公司和当贝公司的行为构成对其电视频道节目信号的侵权行为为由，提起诉讼。天津市第三中级人民法院（以下简称"天津三中院"）作出判决，认为涉案频道及其节目属于广播组织权客体，家视通公司将截取的涉案频道信号通过互联网向公众播放的行为，构成侵权；当贝公司作为平台经营者未尽到必要审查义务，且获得利益分成，主观过错明显，情节较为严重。因此，家视通公司和当贝公司侵害了未来电视公司享有的广播组织权。

主要争点：家视通公司和当贝公司是否侵害了未来电视公司享有的广播组织权。

裁判理由：天津三中院认为，本案频道中播放的电视节目系为公众可以接收并收听收看的视听内容，涉案频道是通过广电系统与互联网向公众传播的电视信号与内容的结合，没有内容的信号缺乏传播的实际意义，没有信号的内容也不能被公众所接收和收听收看，因此电视信号是电视节目的载体，两者的结合方为广播组织权的客体。据此，法院认定，涉案频道及其节目属于未来电视公司主张的广播组织权的客体。家视通公司未经许可，通过"电视家 3.0""电视家 2.0""电视家尝鲜版"软件，将截取的涉案频道的信号通过互联网向公众播放，以极其低廉的成本同步向公众传播中央广播电视总台精心制作的电视节目，极大地损害了权利人的核心利益。家视通公司侵权恶意非常明显。根据公证书显示，家视通公司通过"电视家 3.0""电视家 2.0""电视家尝鲜版"软件，提供中央广播电视总台其他频道大量内容，且持续时间较长，侵权情节严重。同时，当贝公司在应用市场为家视通公司"电视家 3.0""电视家 2.0""电视家尝鲜版"软件提供下载服务,作为平台经营者,其对提供中央广播电视总台全频道电视直播的软件运营主体资质及其内容未尽到必要审查义务,且与家视通公司共同推广上述软件又约定利益分成,主观过错明显,且情节较为严重。综上,家视通公司与当贝公司均未获得许可,通过互联网实时向公众持续提供"CCTV-1"频道,侵害了未来电视公司享有的广播组织权。

评　　论：学界在是否为广播组织增设信息网络传播权的问题上,一直存有较大争议。部分学者主张广播组织权的客体为信号,基于信号的流动性特征,不宜设置以信号中的节目为保护客体的信息网络传播权等专有权利[①]。也有学者认为,广播组织权的客体是广播节目,赋予广播组织以网络传播控制权,于法律体系逻辑上并无问题[②]。《著作权法》第三次修正后,广播组织禁止他人"以有线或者无线方式"转播其播放的广播、电视的权利范围也扩张到了网络转播行为[③]。本案是著作权法为广播组织增设信息网络传播权后,法院认定网络盗播行为构成侵害广播组织权的典型案例。

4.2.5.4　侵害著作权的抗辩

合法持有者的展览行为——小城公司侵害著作权案

案件名称：杨某与陕西小城文旅产业发展有限公司(以下简称"小城公司")侵害著作权纠纷案

基本信息：西安市雁塔区人民法院(2022)陕 0113 知民初 19 号,2022 年 7 月 4 日

主要案情：小城公司委托杨某创作十张内容为柿饼的摄影作品,双方事先未就摄影作品的著作权归属作出约定。杨某根据小城公司提供的素材,拍摄了一组柿饼图片,并向小城公司交付了该十张图片。后因双方未能就拍摄后图片的修图等问题达成共识,发生纠纷。小城公司在未向杨某支付拍摄费用的情况下,展览了该十张摄影作品的电子版原件。杨某以侵害著作权为由向西安市雁塔区人民法院(以下简称

---

① 王迁.广播组织权的客体：兼析"以信号为基础的方法".法学研究,2017(1).
② 刘文杰.互联网时代广播组织权制度的完善.环球法律评论,2017(3).
③ 张伟君.论著作权法第三次修改后"转播权"内涵的变化.知识产权,2021(3).

"雁塔区法院"）提起民事诉讼，雁塔区法院认定小城公司的使用行为不构成对涉案摄影作品著作权的侵害。

主要争点： 小城公司展览涉案摄影作品的行为是否侵害原告著作权。

裁判理由： 原告杨某与被告小城公司之间虽未签订书面的委托创作合同，但在事实上形成了委托创作合同关系。根据《著作权法》第19条的规定，受委托创作的作品，著作权的归属由委托人和受托人通过合同约定。合同未作明确约定或者没有订立合同的，著作权属于受托人。本案中，原被告双方就拍摄的十张柿饼图片未约定著作权归属，故原告作为受托人，依法享有十张柿饼图片的著作权。根据《著作权法》第20条的规定，作者将未发表的美术、摄影作品的原件所有权转让给他人，受让人展览该原件不构成对作者发表权的侵犯。本案中，被告未向原告支付委托拍摄摄影作品的费用，应依法承担违约责任，并向原告支付2 000元照片拍摄费用。在认定被告应承担违约责任的情况下，应视为被告通过支付对等价款的方式取得了十张电子版柿饼图片的原件所有权，故其对涉案摄影作品的展览不构成对原告著作权的侵犯。

评　　论： 2020年立法机关在修改《著作权法》时，在美术作品之外，规定摄影作品原件的展览权由原件所有人享有。摄影作品原件的合法持有者的展览行为，不构成对著作权人发表权等的侵犯。在委托创作作品的情形中，若被委托人诉请法院判定委托人承担违约责任，并请求委托人向被委托人支付因创作而产生的相关费用，且被委托人已向委托人交付了作品原件，应视为委托作品的原件所有权发生了转移，委托人无需再就其展览作品原件的行为向被委托人承担著作权侵权责任。本案适用了最新规定，且对如何处理委托创作情形中违约责任与侵权责任的关系进行了细化，对于摄影作品展览权等问题的审判具有参考意义。

4.2.6　权利救济

4.2.6.1　民事救济

a. 与冬奥会体育赛事节目有关的诉前行为保全——创嗨新公司侵害著作权案

案件名称： 央视国际网络有限公司（以下简称"央视国际公司"）与珠海创嗨

新网络科技有限公司（以下简称"创嗨新公司"）、上海二三四五网络科技有限公司（以下简称"二三四五公司"）侵害著作权纠纷案

基本信息：上海市浦东新区人民法院（2022）沪 0115 行保 1 号，2022 年 2 月 13 日

主要案情：央视国际公司拥有北京冬奥会赛事节目的独家授权。在北京冬奥会赛事举办期间，创嗨新公司未经授权在其运营的手机直播软件上播送相关赛事节目，二三四五公司在其运营的手机软件上提供创嗨新公司所运营的手机直播软件的下载服务。央视国际公司以创嗨新公司、二三四五公司侵害著作权及构成不正当竞争为由，向上海市浦东新区人民法院（以下简称"浦东新区法院"）提起诉前行为保全申请。浦东新区法院裁定被申请人立即停止侵权。

主要争点：创嗨新公司是否应当立即停止涉嫌侵权行为。

裁判理由：2022 年北京冬奥会体育赛事节目是受著作权法保护的具有独创性的视听作品。央视国际公司经国际奥林匹克委员会的合法授权，独占性地享有通过信息网络向公众传播相关作品的权利，并有权进行分许可，具备稳定的权利基础。冬奥会体育赛事节目属于时效性较强的热播节目，具有较高的商业价值，创嗨新公司未经授权在其运营的手机软件上对其进行传播，给申请人造成负面影响，若不及时制止该行为，可能对申请人的合法权利造成难以弥补的损害。申请人的请求内容明确，范围适当，且已提供法律所要求的担保，不会给被申请人造成不合理的损失，亦不会损害社会公共利益。故申请人的行为保全请求具备事实与法律依据。

评　　论：与普通民事侵权行为相比，知识产权侵权行为所造成的损失往往难以被精确地计算。因此，如果一概通过事后诉讼的方式对权利人加以救济，可能无法为权利人提供充分的保护。在此情况下，诉前行为保全制度在现状维持、避免损害扩大，甚至是避免损害发生等方面的优势得以彰显[①]。冬奥会赛事节目具有较大的传播力与影响力，在赛事举办期间尤其受到社会各界的广泛关注，具有极高的商业价值。面对不法侵害人的擅自播送行为，权利人及时向法院申请诉前行为保全，要求侵害人立即停止侵权，能够有效地维护自身的竞争

[①]　张海燕，苏捷．功能主义视角下知识产权诉前行为保全制度的激活．中国应用法学，2020（6）．

优势及经济利益。本案裁定作出于冬奥会举办期间，不仅能够有力维护赛事的传播秩序，对于后续有可能出现的盗播行为也起到了遏制作用。

b. 与平台推荐有关的侵权责任——快手公司著作权侵权案

案件名称： 北京爱奇艺科技有限公司（以下简称"爱奇艺公司"）与北京快手科技有限公司（以下简称"快手公司"）、北京达佳互联信息技术有限公司（以下简称"达佳公司"）、中国联合网络通信有限公司无锡分公司（以下简称"联通公司"）侵害著作权纠纷案

基本信息： 江苏省无锡市中级人民法院（2022）苏 02 民终 4040 号，2022 年 8 月 18 日

主要案情： 爱奇艺公司独占性地享有电视剧《老九门》的信息网络传播权。快手公司擅自在自营平台上设置"老九门"话题板块，并配有剧照、剧情简介、演职人员等内容，话题下包括大量涉案视频；同时，快手公司还按照视频内容划分相应板块，其中"剧集"板块中的"悬疑剧"板块中列有电视剧《老九门》，点击该剧会跳转到"老九门"搜索页面并有相关的推荐视频。爱奇艺公司以快手公司、达佳公司、联通公司侵害作品信息网络传播权为由向无锡市滨湖区人民法院提起民事诉讼。该法院作出（2021）苏 0211 民初 8222 号民事判决，认定快手公司构成侵权。爱奇艺公司、快手公司向无锡市中级人民法院（以下简称"无锡中院"）提起上诉。无锡中院驳回上诉，维持原判。

主要争点： 快手公司是否构成帮助侵权。

裁判理由： 无锡中院认为，《信息网络传播权案件规定》第 10 条规定，网络服务提供者在提供网络服务时，对热播影视作品等以设置榜单、目录、索引、描述性段落、内容简介等方式进行推荐，且公众可以在其网页上直接以下载、浏览或者其他方式获得的，法院可以认定其应知网络用户侵害信息网络传播权。本案中，快手公司将各类热播影视作品按照主题、内容主动进行选择整理、分类推荐，并通过设置视频分类、智能索引、话题编辑等方式推荐涉案侵权视频，应当认定属于上述司法解释规定的推荐行为。《老九门》在纠纷发生时仍属于热播影视作品，快手公司对涉案视频应负有更高的注意义务，应当知道其运营的平台上存在涉案侵权视频。另外，《信息网

络传播权案件规定》第 13 条规定，网络服务提供者接到权利人以书信、传真、电子邮件等方式提交的通知及构成侵权的初步证据，未及时根据初步证据和服务类型采取必要措施的，法院应当认定其明知相关侵害信息网络传播权行为。本案中，爱奇艺公司曾多次通知快手公司，要求其采取有效措施停止提供涉案侵权内容，快手公司在接到通知后并未采取有效措施制止侵权，应当认定快手公司明知其运营的平台存在涉案侵权视频，构成帮助侵权。

评　　论：随着平台推荐技术在视频行业的应用日益深入，平台就其所展示的内容向用户进行智能推荐，以满足用户的个性化需求，已经成为短视频等内容提供平台的常态化经营方式。在平台上存在侵犯他人著作权的内容的情形之下，平台对侵权内容的智能推送行为实质上对侵权影响及损害后果的扩大起到了推动作用。由于平台能够基于智能推荐行为获益，享受到其所带来的竞争优势，故也应当承担相应的侵权注意义务，即对平台上的侵权现象进行主动治理，而非被动地等待权利人通知后再采取措施。作为全国首例与平台智能推荐相关的著作权侵权纠纷，本案对短视频平台的注意义务，以及对基础网络接入、自动传输、自动存储等网络服务提供者的侵权责任进行的认定，对相关案件的审理具有参考意义。

c. 著作权集体管理组织的损害赔偿数额计算——神话会所侵害著作权案

案件名称：中国音像著作权集体管理协会（以下简称"中国音集协"）与台儿庄神话会所 KTV 娱乐店（以下简称"神话会所"）侵害著作权纠纷案

基本信息：山东省高级人民法院（2022）鲁民终 355 号，2022 年 5 月 9 日

主要案情：中国音集协通过合同依法对滚石国际音乐股份有限公司享有著作权的部分音像节目的放映权、复制权、广播权进行信托管理，并有权以自己的名义提起诉讼。神话会所未经授权，以营利为目的，在其营业场所通过点歌系统向消费者播放涉案音乐电视歌曲 159 首，涉案包间数量为 16 间。中国音集协以侵害作品放映权为由，向山东省枣庄市中级人民法院（以下简称"枣庄中院"）提起民事诉讼，枣庄中院作出（2021）鲁 04 民初 438 号民事判决，认定神话会所构成侵权，酌情确定神话会所应赔偿音集协经济损失及维权合理开

支 29 200 元。中国音集协向山东高院提起上诉。山东高院认定神话会所构成侵权，但一审赔偿数额不当，故予以改判，应赔偿音集协经济损失 38 800 元及维权合理开支 5 000 元。

主要争点：本案损害赔偿数额的计算是否应当适用法定赔偿。

裁判理由：山东高院认为，根据《著作权法》第 54 条的规定，在确定赔偿损失时，应该按照权利人损失、侵权人违法所得、参照许可使用费、法定赔偿的顺位选择计算方式，在前面计算方式能够确定赔偿数额的情况下，不应适用法定赔偿方式确定赔偿数额。本案中涉及的作品系 KTV 音乐电视作品，收取作品许可使用费是著作权人在 KTV 经营领域实现作品价值的主要方式。在此类诉讼中，音集协提起诉讼是因为作品使用人并未支付其所管理作品的许可使用费，许可使用费可以被认定为权利人的实际损失。因此，本案可以音集协的实际损失确定赔偿数额。一审法院在音集协因侵权受到的损失能够确定的情况下适用法定赔偿方式确定赔偿数额不当，应予纠正。许可使用费由国家版权局公告的包间收费标准、音集协公告的收费价格、神话会所实际使用作品的时间以及包间数量等因素综合决定。本案中，神话会所场所内的包间数量为 16 间，使用时间为 485 天。根据国家版权局 2006 年发布的《卡拉 OK 经营行业版权使用费标准》及山东省调整后的收费标准，酌情确定收费标准为 5 元/包间/天。综合以上数据，神话会所应当支付的许可使用费为 5 元×16 包间×485 天＝38 800 元。

评　论：作为民事一般法，著作权法在侵权损害赔偿中整体上应适用填平原则。为此，著作权法对于损害赔偿计算方式的适用顺位作出了明确的规定，在实际损失无法计算的情况下才可考虑适用后续计算方法。由于著作权集体管理组织主要通过使用许可费的方式收取费用，故其应当收取的使用许可费实际上就是法律所规定的"实际损失"。基于著作权集体管理组织的特性，国家版权局公布有相应的使用费收费标准，各省市版权局可在国家版权局所规定的收费标准的基础上进行调整，各个著作权集体组织通常也公布有收费标准，为著作权集体管理组织所涉著作权纠纷中使用许可费的计算提供了较为明晰的计算基数，使得在此类案件中，作为"实际损失"的许可使用费的计算具备了可行性，因而不应适用法定赔偿制度。本案明确了著作权集体管理背景下"使用许可费"的法律性质，对于KTV类著作权侵权及相关案件具有重要的参考意义。

4.2.6.2　刑事救济

侵犯著作权刑事救济——仿冒"乐高"案

案件名称： 李某涉侵犯著作权案

基本信息： 上海市高级人民法院（2021）沪刑终42号，2022年3月4日

主要案情： "Great Wall of China"拼装玩具等47个系列663款产品系乐高公司（LEGO A/S）创作的美术作品，乐高公司根据该作品制作、生产了系列拼装玩具并在市场上销售。2015年至2019年4月间，同案犯李某鹏雇佣杜某豪等多人（均已判决）在未经乐高公司许可的情况下，采用拆分组装乐高公司销售的上述47个系列拼装积木，并通过电脑建模、复制图纸、委托他人开制模具等方式，在广东省某某厂生产、复制上述47个系列663种货号的拼装积木玩具产品，并冠以"乐拼"品牌通过线上、线下等方式销售。2017年9月至2019年4月，被告人李某在明知李某鹏未经乐高公司授权的情况下，仍以李某、吴某、擎天柱的名义从李某鹏处定制、购进大量侵犯乐高公司著作权的乐拼产品对外销售。经中国某某中心版权鉴定委员会鉴定，"乐拼"品牌玩具、图册与乐高公司的玩具、图册均基本相同，构成复制关系。经一审司法会计鉴定，李某从李某鹏处购买侵权产品1 731 219盒，涉及579种产品型号，金额共计人民币102 356 739.60元。上海市第三中级人民法院经审理作出（2020）沪03刑初184号刑事判决，认定被告人李某的行为已构成侵犯著作权罪，判处有期徒刑四年，并处罚金1 000万元；违法所得予以追缴，供犯罪所用的本人财物等予以没收。李某提起上诉，理由之一为原判定性不准确且量刑过重。上海高院二审审理后认为原判对于犯罪金额认定有误，但定性准确，认定上诉人李某构成侵犯著作权罪，判处有期徒刑三年七个月，并处罚金人民币880万元。

主要争点： 被告人李某是否构成以侵犯著作权罪。

裁判理由： 上海高院认为：第一，侵犯著作权罪中的"复制发行"，包括复制、发行或者既复制又发行的行为。本案中，李某虽不直接参与侵权产品的研发、设计和实际生产，但其在明知涉案乐拼玩具系仿冒乐高

玩具的情况下，仍以营利为目的，作为经销商大量批发、销售侵权乐拼玩具，其行为属于侵犯著作权罪中的发行行为。第二，李某作为经销商，拥有大量且稳定的客户渠道和销售渠道，上述渠道信息独立于李某鹏以及其他经销商，由李某自行控制，其行为不同于仅负责推销、零售的销售人员。第三，李某除大量批发、销售涉案乐拼玩具外，还通过微信群积极参与李某鹏及其下属员工关于侵权产品定价、下单布产、产品包装等生产经营活动的商议，对李某鹏等人生产、经营侵权乐高产品起到了积极帮助作用，与李某鹏构成共犯。综上，李某的上述行为在主观故意和客观行为上均具有明确的连续性，应进行整体评判，其行为符合侵犯著作权罪的构成要件，应以侵犯著作权罪定罪处罚。

评　　论：本案是一起因复制发行拼装积木玩具而引发的侵犯著作权刑事案件，涉案人数众多，侵权款式多样，犯罪数额特别巨大，覆盖设计—生产—销售各环节。本案的审理，既为今后类案的审理提供了借鉴，也对维护我国知识产权国际声誉具有重要意义。侵犯著作权罪是我国《刑法》第 217 条规定的罪名。本案件属于该条第 1 款所规定的未经著作权人许可复制发行美术作品，其中"复制发行"不仅是侵犯著作权罪的核心构成要件，也是区分侵犯著作权罪与销售侵权复制品罪的关键。本案中所涉及的是复制发行中的发行行为，发行的本质是使公众具有接触作品（包括作品的原件和复制件）的可能性①。李某在明知涉案乐拼玩具系仿冒乐高玩具的情况下，仍以营利为目的，大量批发、销售侵权玩具，其行为符合该款中的发行行为。

4.3　动　态

4.3.1　立法动态

《马拉喀什条约》在我国生效

2022 年 5 月 5 日，《马拉喀什条约》在我国生效，我国是该条约第 85 个缔

---

① 贾学胜. 著作权刑法保护视阈下"复制发行"的法教义学解读. 知识产权，2019（6）.

约方。

2021 年 10 月 23 日，十三届全国人大常委会第三十一次会议表决通过了全国人大常委会关于批准《马拉喀什条约》的决定。2022 年 2 月 5 日，我国向世界知识产权组织交存了《马拉喀什条约》批准书。5 月 5 日，《马拉喀什条约》对中国生效。国家版权局随后于 8 月 1 日印发了《以无障碍方式向阅读障碍者提供作品暂行规定》，推动条约有效实施。

4.3.2　其他动态

a. 国家"区块链＋版权"创新应用试点工作启动

2022 年 1 月，中央网信办、中央宣传部等十六部门联合公布国家区块链创新应用试点名单，12 家单位入选"区块链＋版权"特色领域国家区块链创新应用试点。该试点工作是为了落实国家关于推动产业数字化转型的重要部署，指导试点单位依托区块链技术，为版权登记、授权管理、版权交易、版权运营及版权保护等版权产业链相关业务提供解决方案。

b. 长短视频平台合作解决版权问题

2022 年，长短视频平台通过尝试开展版权合作，积极解决版权侵权问题。3 月 17 日，抖音与搜狐视频达成合作；6 月 30 日，快手宣布与乐视视频达成合作；7 月 19 日，抖音宣布与爱奇艺达成合作。短视频平台作为数字版权领域的新兴产业，加强与长视频平台的版权合作，获得更多长视频版权授权，将成为解决短视频平台版权侵权问题的重要方式，对行业版权治理和共赢发展具有积极意义[①]。

c. 全国著作权质权登记信息实现统一查询

2022 年 9 月，按照《国务院关于开展营商环境创新试点工作的意见》（国发〔2021〕24 号）关于在北京、上海、重庆、杭州、广州、深圳等 6 个城市试点"便利开展机动车、船舶、知识产权等动产和权利担保融资"的要求，国家版权局联合中国人民银行，指导中国版权保护中心与中国人民银行征信中心实现全国著作权质权登记信息统一查询，促进版权运营和价值转化。

d. 版权链-天平链协同治理平台启动

2022 年 9 月 5 日，由北京互联网法院与北京版权保护中心共同搭建的版权链-

---

① 中国版权协会. 2022 年中国版权十件大事.（2023 - 02 - 28）[2023 - 03 - 10]. https：//www.ncac. gov.cn/chinacopyright/contents/12227/357345.shtml.

天平链协同治理平台正式启动。该平台是依托北京版权保护中心与北京互联网法院各自的区块链平台"版权链""天平链"，搭建形成的行政司法协同、多方参与、技术支撑、机制创新、诉源共治的区块链版权治理工作模式，创立了全国首个版权领域行政司法协同治理机制。

e. 民间文艺版权保护与促进试点工作启动

2022 年 11 月 10 日，中央宣传部在内蒙古、江苏、四川、贵州 4 个省级试点地区的基础上，启动了山西晋城、黑龙江佳木斯、江苏扬州、安徽黄山、江西抚州、山东潍坊、广东潮州、贵州毕节等 8 个市级试点地区的民间文艺版权保护与促进试点工作，进一步发挥当地民间文艺资源的独特优势，探索创新民间文艺领域版权工作业态、模式、机制。

第五章　竞争法[①]

5.1　法律法规、司法解释、重要案例及其他文件

5.1.1　法律法规

a. 反垄断法（2022 修正）

基本信息：全国人大常委会　中华人民共和国主席令第 116 号　2022 年 6 月 24 日公布　2022 年 8 月 1 日施行

主要内容：根据 2022 年 6 月 24 日第十三届全国人民代表大会常务委员会第三十五次会议《关于修改〈中华人民共和国反垄断法〉的决定》，《反垄断法》作出如下修改：

1. 增加了以下内容：

（1）"反垄断工作坚持中国共产党的领导""国家坚持市场化、法治化原则，强化竞争政策基础地位"（第 4 条）。

（2）"国家建立健全公平竞争审查制度。行政机关和法律、法规授权的具有管理公共事务职能的组织在制定涉及市场主体经济活动的规定时，应当进行公平竞争审查"（第 5 条）。

（3）"经营者不得利用数据和算法、技术、资本优势以及平台规则等从事本法禁止的垄断行为"（第 9 条）。

---

① 本节包括商业秘密相关内容。

（4）"国家健全完善反垄断规则制度，强化反垄断监管力量，提高监管能力和监管体系现代化水平，加强反垄断执法司法，依法公正高效审理垄断案件，健全行政执法和司法衔接机制，维护公平竞争秩序"（第11条）。

（5）"对前款第一项和第二项规定的协议，经营者能够证明其不具有排除、限制竞争效果的，不予禁止""经营者能够证明其在相关市场的市场份额低于国务院反垄断执法机构规定的标准，并符合国务院反垄断执法机构规定的其他条件的，不予禁止"（第18条第2款、第3款）。

（6）"经营者不得组织其他经营者达成垄断协议或者为其他经营者达成垄断协议提供实质性帮助"（第19条）。

（7）"具有市场支配地位的经营者不得利用数据和算法、技术以及平台规则等从事前款规定的滥用市场支配地位的行为"（第22条第2款）。

（8）"经营者集中未达到国务院规定的申报标准，但有证据证明该经营者集中具有或者可能具有排除、限制竞争效果的，国务院反垄断执法机构可以要求经营者申报""经营者未依照前两款规定进行申报的，国务院反垄断执法机构应当依法进行调查"（第26条第2款、第3款）。

（9）"有下列情形之一的，国务院反垄断执法机构可以决定中止计算经营者集中的审查期限，并书面通知经营者：（一）经营者未按照规定提交文件、资料，导致审查工作无法进行；（二）出现对经营者集中审查具有重大影响的新情况、新事实，不经核实将导致审查工作无法进行；（三）需要对经营者集中附加的限制性条件进一步评估，且经营者提出中止请求""自中止计算审查期限的情形消除之日起，审查期限继续计算，国务院反垄断执法机构应当书面通知经营者"（第32条）。

（10）"国务院反垄断执法机构应当健全经营者集中分类分级审查制度，依法加强对涉及国计民生等重要领域的经营者集中的审查，提高审查质量和效率"（第37条）。

（11）"行政机关和法律、法规授权的具有管理公共事务职能的组织不得滥用行政权力，通过与经营者签订合作协议、备忘录等方式，妨碍其他经营者进入相关市场或者对其他经营者实行不平等待遇，排除、限制竞争"（第 40 条）。

（12）"反垄断执法机构依法对涉嫌滥用行政权力排除、限制竞争的行为进行调查，有关单位或者个人应当配合"（第 54 条）。

（13）"经营者、行政机关和法律、法规授权的具有管理公共事务职能的组织，涉嫌违反本法规定的，反垄断执法机构可以对其法定代表人或者负责人进行约谈，要求其提出改进措施"（第 55 条）。

（14）"违反本法规定，情节特别严重、影响特别恶劣、造成特别严重后果的，国务院反垄断执法机构可以在本法第五十六条、第五十七条、第五十八条、第六十二条规定的罚款数额的二倍以上五倍以下确定具体罚款数额"（第 63 条）。

（15）"经营者因违反本法规定受到行政处罚的，按照国家有关规定记入信用记录，并向社会公示"（第 64 条）。

（16）"经营者实施垄断行为，损害社会公共利益的，设区的市级以上人民检察院可以依法向人民法院提起民事公益诉讼"（第 60 条第 2 款）。

（17）"行政机关和法律、法规授权的具有管理公共事务职能的组织应当将有关改正情况书面报告上级机关和反垄断执法机构"（第 61 条第 1 款最后增加）。

（18）"违反本法规定，构成犯罪的，依法追究刑事责任"（第 67 条）。

2. 修改了以下内容：

（1）第 13 条（原第 10 条）第 1 款修改为："国务院反垄断执法机构负责反垄断统一执法工作。"

（2）第 56 条（原第 46 条）第 1 款修改为："经营者违反本法规定，达成并实施垄断协议的，由反垄断执法机构责令停止违法行为，没收违法所得，并处上一年度销售额百分之一以上百分之十以下的罚款，上一年度没有销售额的，处五百万元以下的罚款；尚未实施所达成的垄断协议的，可以处三百万元以下的罚款。经营者的法定代表人、主要负责人和直接责任人员对达成垄断协议负有个人责任的，可以处一百万元以下的罚款。"

增加一款，作为第 2 款："经营者组织其他经营者达成垄断协议或者为其他经营者达成垄断协议提供实质性帮助的，适用前款规定。"

将第 3 款改为第 4 款，其中的"反垄断执法机构可以处五十万元以下的罚款"修改为"由反垄断执法机构责令改正，可以处三百万元以下的罚款"。

（3）第 58 条（原第 48 条）修改为："经营者违反本法规定实施集中，且具有或者可能具有排除、限制竞争效果的，由国务院反垄断执法机构责令停止实施集中、限期处分股份或者资产、限期转让营业以及采取其他必要措施恢复到集中前的状态，处上一年度销售额百分之十以下的罚款；不具有排除、限制竞争效果的，处五百万元以下的罚款。"

（4）第 62 条（原第 52 条）中的"对个人可以处二万元以下的罚款，对单位可以处二十万元以下的罚款；情节严重的，对个人处二万元以上十万元以下的罚款，对单位处二十万元以上一百万元以下的罚款；构成犯罪的，依法追究刑事责任"修改为"对单位处上一年度销售额百分之一以下的罚款，上一年度没有销售额或者销售额难以计算的，处五百万元以下的罚款；对个人处五十万元以下的罚款"。

（5）第 66 条（原第 54 条）修改为："反垄断执法机构工作人员滥用职权、玩忽职守、徇私舞弊或者泄露执法过程中知悉的商业秘密、个人隐私和个人信息的，依法给予处分。"

（6）部分条文作以下修改：①在第 1 条中的"保护市场公平竞争"后增加"鼓励创新"。②将第 11 条改为第 14 条，在"引导本行业的经营者依法竞争"后增加"合规经营"。③将第 12 条改为第 15 条，第 1 款中的"其他组织"修改为"非法人组织"。④将第 15 条改为第 20 条，其中的"不适用本法第十三条、第十四条"修改为"不适用本法第十七条、第十八条第一款、第十九条"。⑤将第 34 条改为第 42 条，其中的"排斥或者限制外地经营者参加本地的招标投标活动"修改为"排斥或者限制经营者参加招标投标以及其他经营活动"。⑥将第 35 条改为第 43 条，其中的"排斥或者限制外地经营者在本地投资或者设立分支机构"修改为"排斥、限制、强制或者变相强制外地经营者在本地投资或者设立分支机构"。⑦

将第 36 条改为第 44 条，其中的"强制经营者从事本法规定的垄断行为"修改为"强制或者变相强制经营者从事本法规定的垄断行为"。⑧将第 37 条改为第 45 条，在"行政机关"后增加"和法律、法规授权的具有管理公共事务职能的组织"。⑨将第 41 条改为第 49 条，在"商业秘密"后增加"个人隐私和个人信息"，将"负有保密义务"修改为"依法负有保密义务"。⑩将第 49 条改为第 59 条，其中的"性质、程度和持续的时间"修改为"性质、程度、持续时间和消除违法行为后果的情况"。

b. 禁止滥用市场支配地位行为暂行规定（2022 修改）①

基本信息：国家市场监督管理总局 国家市场监督管理总局令第 55 号 2022 年 3 月 24 日公布 2022 年 5 月 1 日—2023 年 4 月 14 日期间施行

主要内容：依据《国家市场监督管理总局关于修改和废止部分规章的决定》（2022），《禁止滥用市场支配地位行为暂行规定》第 38 条中引用的《市场监督管理行政处罚程序暂行规定》修改为《市场监督管理行政处罚程序规定》，将《市场监督管理行政处罚听证暂行办法》修改为《市场监督管理行政处罚听证办法》。

c. 经营者集中审查暂行规定（2022 修改）②

基本信息：国家市场监督管理总局 国家市场监督管理总局令第 55 号 2022 年 3 月 24 日公布 2022 年 5 月 1 日—2023 年 4 月 15 日期间施行

主要内容：依据《国家市场监督管理总局关于修改和废止部分规章的决定》（2022），《经营者集中审查暂行规定》第 63 条、第 64 条中引用的《市场监督管理行政处罚程序暂行规定》修改为《市场监督管理行政处罚程序规定》，将《市场监督管理行政处罚听证暂行办法》修改为《市场监督管理行政处罚听证办法》。

d. 禁止垄断协议暂行规定（2022 修改）③

基本信息：国家市场监督管理总局 国家市场监督管理总局令第 55 号 2022 年 3 月 24 日公布 2022 年 5 月 1 日—2023 年 4 月 15 日期间施行

主要内容：根据《国家市场监督管理总局关于修改和废止部分规章的决定》

---

① 《禁止滥用市场支配地位行为规定》2023 年 4 月 15 日起施行，本规定同时废止。

② 《经营者集中审查规定》2023 年 4 月 15 日起施行，本规定同时废止。

③ 《禁止垄断协议规定》2023 年 4 月 15 日起施行，本规定同时废止。

（2022），《禁止垄断协议暂行规定》第 35 条中引用的《市场监督管理行政处罚程序暂行规定》修改为《市场监督管理行政处罚程序规定》，将《市场监督管理行政处罚听证暂行办法》修改为《市场监督管理行政处罚听证办法》。

5.1.2　司法解释

最高人民法院关于适用《中华人民共和国反不正当竞争法》若干问题的解释

基本信息：最高人民法院　法释〔2022〕9 号　2022 年 3 月 16 日公布　2022 年 3 月 20 日施行

主要内容：本解释对仿冒混淆、商业诋毁、网络不正当竞争等社会关注的不正当竞争行为作了进一步明确和细化，便于妥善处理发展和安全、效率和公平、活力和秩序的关系。本解释首先就《反不正当竞争法》一般条款的适用作出规定：经营者扰乱市场竞争秩序，损害其他经营者或者消费者合法权益，且属于违反《反不正当竞争法》第二章及专利法、商标法、著作权法等规定之外情形的，人民法院可以适用《反不正当竞争法》第 2 条予以认定①。

本解释明确"其他经营者"为与经营者在生产经营活动中存在可能的争夺交易机会、损害竞争优势等关系的市场主体（第 2 条）；"商业道德"为特定商业领域普遍遵循和认可的行为规范，法院应结合案件具体情况，综合考虑行业规则或者商业惯例、经营者的主观状态、交易相对人的选择意愿、对消费者权益、市场竞争秩序、社会公共利益的影响等因素判断经营者是否违反商业道德。

本解释用 10 多个条文对《反不正当竞争法》第 6 条关于混淆行为的规定进行了细化，明确有一定影响的（第 4 条），不具有区别商品来源的显著特征的情形（第 5 条），正当使用（第 6 条），属于商标法禁用禁注范围的标志（第 7 条），装潢（第 8 条），企业名称（第 9 条），使用（第 10 条），擅自使用与他人有一定影响的企

---

① 本条规定厘清了一般条款与具体行为条款、知识产权专门法规定之间的适用关系，也明确了一般条款对反不正当竞争法及商标法等其他知识产权专门法的兜底适用地位。参见最高法民三庭负责人就反不正当竞争法司法解释答记者问。

业名称、社会组织名称、姓名、域名主体部分、网站名称、网页等近似的标识（第 11 条），相同或近似（第 12 条），足以引人误认为是他人商品或者与他人存在特定联系（第 13 条），销售带有违反《反不正当竞争法》第 6 条规定的标识的商品（第 14 条）的含义或判断方法。本解释还用若干条分别对提供便利条件（第 15 条）、虚假或者引人误解的商业宣传（第 16～18 条）、商业诋毁（第 19、20条）等作出具体规定。

本解释细化了以下网络不正当竞争行为的适用条件：插入链接、强制进行目标跳转（第 21 条），误导、欺骗、强迫用户修改、关闭、卸载其他经营者合法提供的网络产品或者服务（第 22 条）。本解释还明确反不正当竞争案由一事不再理的适用情形（第 24条）。

因为《最高人民法院关于审理侵犯商业秘密民事案件适用法律若干问题的规定》已自 2020 年 9 月 12 日起施行，本解释中不再包含商业秘密的规定。这也是新旧解释之间的一大不同。

本解释施行之日，《最高人民法院关于审理不正当竞争民事案件应用法律若干问题的解释》（法释〔2007〕2 号）同时废止。

5.1.3　重要案例

最高人民法院发布二十起人民法院反垄断和反不正当竞争典型案例

基本信息：最高人民法院 2022 年 11 月 17 日公布

主要内容：反垄断典型案例及其典型意义如下：（1）"驾校联营"横向垄断协议纠纷案[①]：涉横向垄断协议的合同效力认定，明确了认定涉横向垄断协议的民事行为无效的原则、考量因素与价值目标。（2）"无励磁开关专利侵权和解协议"横向垄断协议纠纷案[②]：涉滥用知识产权行为的反垄断审查，明确了涉及专利权许可的横向垄断协议的分析判断标准，就审查专利侵权案件当事人达成的调解或和解协议

---

① 台州市路桥吉利机动车驾驶培训有限公司、台州市路桥区承融驾驶员培训有限公司诉台州市路桥区东港汽车驾驶培训学校等、台州市路桥区浙东驾驶员培训服务有限公司横向垄断协议纠纷案，最高人民法院（2021）最高法知民终 1722 号。

② 上海华明电力设备制造有限公司诉武汉泰普变压器开关有限公司垄断协议纠纷案，最高人民法院（2021）最高法知民终 1298 号。

是否违反反垄断法作出了指引。（3）"幼儿园"横向垄断协议纠纷案[①]：涉横向垄断协议实施者违约赔偿请求权的认定，阐明了反垄断法的立法目的在于为垄断行为的受害人提供法律救济，而不为实施垄断行为的经营者提供不当获利的机会。（4）"涉沙格列汀片剂药品专利反向支付协议"发明专利侵权纠纷案[②]：是目前中国法院首起对"药品专利反向支付协议"作出反垄断审查的案件，明确了在非垄断案由案件审理中对当事人据以提出主张的协议适时适度进行反垄断审查的必要性，以及对涉及"药品专利反向支付协议"的审查限度和基本路径。（5）"延安混凝土企业"合同纠纷及横向垄断协议纠纷案[③]：涉横向垄断协议的损害赔偿计算，反垄断民事诉讼是垄断行为受害人获得损害赔偿的基本途径。（6）"涉中超联赛图片"滥用市场支配地位纠纷案[④]：涉体育赛事商业权利独家授权中的反垄断审查，明确了排他性民事权利的不正当行使才可能成为反垄断法预防和制止的对象。（7）"威海水务集团"滥用市场支配地位纠纷案[⑤]：涉公用企业限定交易行为的认定及损害赔偿计算，明确了反垄断法上的限定交易行为可以是明示的、直接的，也可以是隐含的、间接的，阐明了认定限定交易行为的重点在于考察经营者是否实质上限制了交易相对人的自由选择权。（8）"海南消防检测企业横向垄断协议"反垄断行政处罚案[⑥]：涉对于反垄断罚款基数"上一年度销售额"的理解，该案二审判决从反垄断法预防和制止垄断行为的立法目的出发，对其含义作出了原则性阐释，并根据过罚相当原则明确了确定罚款数额时应考虑的主要因素。（9）"茂

---

① 进贤县温圳镇艺术幼儿园诉进贤县温圳镇六佳一幼儿园、万某、进贤县温圳镇艾乐幼儿园、进贤县温圳镇金贝贝幼儿园、进贤县温圳镇才艺幼儿园横向垄断协议纠纷案，最高人民法院（2021）最高法知民终 2253 号。

② 阿斯利康有限公司诉江苏奥赛康药业有限公司侵害发明专利权纠纷案，最高人民法院（2021）最高法知民终 388 号。

③ 延安市嘉诚混凝土有限公司与福建三建工程有限公司合同纠纷及横向垄断协议纠纷案，陕西省西安市中级人民法院（2020）陕 01 知民初 509 号。

④ 体娱（北京）文化传媒股份有限公司诉中超联赛有限责任公司、上海映脉文化传播有限公司滥用市场支配地位纠纷案，最高人民法院（2021）最高法知民终 1790 号。

⑤ 威海宏福置业有限公司诉威海市水务集团有限公司滥用市场支配地位纠纷案，最高人民法院（2022）最高法知民终 395 号。

⑥ 海南盛华建设股份有限公司诉海南省市场监督管理局反垄断行政处罚案，最高人民法院（2021）最高法知行终 880 号。

名混凝土企业横向垄断协议"反垄断行政处罚案①：涉"其他协同行为"的认定，明确了分层认定方式，即一致性市场行为和信息交流两个因素可以证明存在"其他协同行为"，然后应由经营者对其行为一致性作出合理解释。（10）"惠州市机动车检测行业协会横向垄断协议"反垄断行政处罚案②：涉行业协会行为的反垄断审查，分析了被诉行业协会通过集体决策实施垄断行为的本质。

反不正当竞争典型案例及其典型意义如下：（1）"陪伴式"直播不正当竞争纠纷案③：涉直播不正当竞争行为的认定，为直播行业等网络新业态、新模式的发展提供行为指引。（2）"不粘锅"商业诋毁纠纷案④：涉商业诋毁行为的认定，商业诋毁行为的传播渠道既包括传统媒体，也包括微博、直播等网络途径。（3）"喜剧之王"不正当竞争纠纷案⑤：涉作品名称权益的保护，判断涉案电影作品名称知名度的考量因素包括票房收入、宣传力度、线上播放量、光盘销售量、媒体持续关注等因素。（4）"App唤醒策略"不正当竞争纠纷案⑥：涉网络不正当竞争行为的认定，依法认定非法干扰他人软件运行的被诉行为构成不正当竞争。（5）"微信抽奖"有奖销售行政处罚案⑦：涉违法有奖销售行为的认定，认定以截取流量、获取竞争优势为目的的微信抽奖活动属于有奖销售。（6）"刷单炒信"不正当竞争纠纷案⑧：涉"刷单炒信"行为的认定，应制止利用"刷单炒信"行为帮助其他经营者进行虚假宣传等不正当

---

① 茂名市电白区建科混凝土有限公司诉广东省市场监督管理局反垄断行政处罚案，最高人民法院（2022）最高法知行终29号。

② 惠州市机动车检测行业协会诉广东省市场监督管理局反垄断行政处罚案，广州知识产权法院（2020）粤73行初12号。

③ 央视国际网络有限公司诉新传在线（北京）信息技术有限公司、盛力世家（上海）体育文化发展有限公司不正当竞争纠纷案，北京市东城区人民法院（2016）京0101民初22016号。

④ 浙江苏泊尔股份有限公司诉浙江巴赫厨具有限公司、浙江中康厨具有限公司商业诋毁纠纷案，浙江省高级人民法院（2021）浙民终250号。

⑤ 星辉海外有限公司诉广州正凯文化传播有限公司、李某持不正当竞争纠纷案，广州知识产权法院（2020）粤73民终2289号。

⑥ 支付宝（中国）网络技术有限公司诉江苏斑马软件技术有限公司不正当竞争纠纷案，上海市浦东新区人民法院（2020）沪0115民初87715号。

⑦ 苏州优幼文化传播有限公司诉苏州市吴江区市场监督管理局行政处罚案，江苏省苏州市吴江区人民法院（2021）苏0509行初44号。

⑧ 上海汉涛信息咨询有限公司诉四川金口碑网络科技有限公司不正当竞争纠纷案，四川省成都市中级人民法院（2021）川01民初913号。

竞争行为。（7）"张百年"仿冒混淆纠纷案①：认定被诉侵权行为构成仿冒混淆的不正当竞争行为，对统一类案裁判标准具有积极意义；（8）工程图片虚假宣传纠纷案②：涉虚假宣传行为的认定，应制止虚假宣传不正当竞争行为。（9）"胍基乙酸"侵害技术秘密纠纷案③：涉被许可人保密义务的认定，明确技术秘密许可合同约定的保密期间届满后，被许可人的约定保密义务终止，但其仍需承担不得侵害他人合法权益的不作为义务和基于诚实信用原则的附随保密义务。（10）"芯片量产测试系统"侵害技术秘密行为保全措施案④：涉侵害技术秘密案件中行为保全措施的适用，系人民法院首次在案件发回重审的同时裁定采取行为保全措施的典型案例，有效降低了涉案技术信息再次被非法披露、使用的风险，为商业秘密权利人提供了强有力的保护。

5.1.4 其他文件

a. 中共中央 国务院关于加快建设全国统一大市场的意见

基本信息：中共中央 国务院 2022 年 3 月 25 日发布

主要内容：本意见要求加快建设高效规范、公平竞争、充分开放的全国统一大市场。其中与知识产权相关具体要求如下：推动知识产权诉讼制度创新，完善知识产权法院跨区域管辖制度，畅通知识产权诉讼与仲裁、调解的对接机制；健全反垄断法律规则体系，加快推动修改《反垄断法》《反不正当竞争法》，完善公平竞争审查制度；加强标准必要专利国际化建设，积极参与并推动国际知识产权规则形成；强化统一市场监管执法，推进维护统一市场综合执法能力建设，加强知识产权保护、反垄断、反不正当竞争执法力量。

　　本意见要求加强和改进反垄断、反不正当竞争执法司法，进一

---

① 郑州张百年医药有限公司诉徐某强、金牛区博鳌保健用品批发部、成都市济世博澳医药科技有限公司侵害商标权及不正当竞争纠纷案，最高人民法院（2022）最高法民再 4 号。

② 南京德尔森电气有限公司诉美弗勒智能设备有限公司侵害商标权及不正当竞争纠纷案，最高人民法院（2022）最高法民再 1 号。

③ 北京君德同创生物技术股份有限公司诉石家庄泽兴氨基酸有限公司、河北大晓生物科技有限公司侵害技术秘密纠纷案，最高人民法院（2020）最高法知民终 621 号。

④ 炬芯科技股份有限公司诉彭某、珠海泰芯半导体有限公司侵害技术秘密纠纷案，最高人民法院（2020）最高法知民终 1646 号。

步降低市场交易成本。相关具体要求如下：

1. 着力强化反垄断。完善垄断行为认定法律规则，健全经营者集中分类分级反垄断审查制度。破除平台企业数据垄断等问题，防止利用数据、算法、技术手段等方式排除、限制竞争。加强对金融、传媒、科技、民生等领域和涉及初创企业、新业态、劳动密集型行业经营者的集中审查，提高审查质量和效率，强化垄断风险识别、预警、防范。稳步推进自然垄断行业改革，加强对电网、油气管网等网络型自然垄断环节的监管。加强对创新型中小企业原始创新和知识产权的保护。

2. 依法查处不正当竞争行为。对市场主体、消费者反映强烈的重点行业和领域，加强全链条竞争监管执法，以公正监管保障公平竞争。加强对平台经济、共享经济等新业态领域不正当竞争行为的规制，整治网络黑灰产业链条，治理新型网络不正当竞争行为。健全跨部门跨行政区域的反不正当竞争执法信息共享、协作联动机制，提高执法的统一性、权威性、协调性。构建跨行政区域的反不正当竞争案件移送、执法协助、联合执法机制，针对新型、疑难、典型案件畅通会商渠道、互通裁量标准。此外，还就破除地方保护和区域壁垒、清理废除妨碍依法平等准入和退出的规定做法，持续清理招标采购领域违反统一市场建设的规定和做法等作出明确要求。

b. 国务院办公厅关于进一步优化营商环境降低市场主体制度性交易成本的意见

基本信息：国务院办公厅　国办发〔2022〕30 号　2022 年 9 月 7 日发布

主要内容：本意见要求切实保障市场主体公平竞争，具体包括：全面落实公平竞争审查制度，2022 年 10 月底前，组织开展制止滥用行政权力排除、限制竞争执法专项行动；细化垄断行为和不正当竞争行为认定标准，加强和改进反垄断与反不正当竞争执法，依法查处恶意补贴、低价倾销、设置不合理交易条件等行为，严厉打击"搭便车""蹭流量"等仿冒混淆行为，严格规范滞压占用经营者保证金、交易款等行为（第 1 条第 19 项）。

本意见还要求持续加强知识产权保护，具体包括：严格知识产权管理，依法规范非正常专利申请行为，及时查处违法使用商标和恶意注册申请商标等行为；完善集体商标、证明商标管理制度，规范地理标志集体商标注册及使用，坚决遏制恶意诉讼或变相收取"会员费""加盟费"等行为，切实保护小微商户合法权益；健全大数据、人工智能、基因技术等新领域、新业态知识产权保护制度；加强对企业海外知识产权纠纷应对的指导，2022 年底前，发布海外重点国家商标维权指南（第 1 条第 20 项）。

5.2　案　例

5.2.1　反不正当竞争

5.2.1.1　"一般条款""互联网专条"的适用

a. 反不正当竞争法一般条款的适用问题——学而思公司不正当竞争案

案件名称：亿度慧达教育科技（北京）有限公司（以下简称"亿度公司"）、广州爱拼信息科技有限公司、深圳爱拼信息科技有限公司（以下统称"爱拼公司"）等与北京市海淀区学而思培训学校等（以下简称"学而思公司"）不正当竞争纠纷案[①]

基本信息：北京知识产权法院（2020）京 73 民终 3422 号，2022 年 1 月 24 日

主要案情：学而思公司在其经营的高考派网、高考派 App、高考帮 App、"好未来高考派"微信公众号中使用并售卖爱拼公司收集、加工的"662 所高校学生毕业十年就业薪酬和就业行业分布"数据。爱拼公司以学而思公司使用涉案数据构成不正当竞争为由，向北京市海淀区人民法院起诉。该院作出（2017）京 0108 民初 51904 号判决，认定学而思公司行为构成不正当竞争。爱拼公司与学而思公司均不服一审结果，向北京知识产权法院提起上诉。该院判决驳回上诉，维持原判。

主要争点：学而思公司使用涉案数据的行为是否构成不正当竞争。

裁判理由：北京知识产权法院认为，爱拼公司通过智力劳动深度分析涉案数据

---

① 此案入选北京知识产权法院涉数据反不正当竞争十大典型案例。

并与系统整合形成大数据产品。该在相关领域已经具有一定的知名度和影响力，并通过涉案数据提升了竞争优势，其合法权益应受1993年《反不正当竞争法》（涉案行为于2017年停止）保护。学而思公司与爱拼公司存在竞争关系，在未经许可或支付对价情况下利用爱拼公司研发的数据为自身产品获取竞争优势，具有明显主观恶意。该行为具有不正当性与可责性，违反1993年《反不正当竞争法》第2条规定，构成不正当竞争。同时，一审法院对赔偿金额计算并无不当，应予以确认。

评　　论：本案对《反不正当竞争法》的一般条款"诚实信用原则"的适用与解释，可为范例。一审法院指出了一般条款适用的三个条件：其一，法律未对该类竞争行为作出特别规定；其二，其他经营者的合法权益因该行为受到实际损害；其三，该行为因确属违反诚信原则和公认商业道德具有不正当性或可责性。二审法院进一步从"不正当性或可责性"分析，认定涉案行为构成不正当竞争。诚信原则被认为是"帝王条款"，但因民事诉讼活动中对该原则的滥用导致判决向一般条款逃逸而受到诟病。2010年，最高法院在"马某庆案"[①]中确立"商业道德"之内涵，并指出"商业道德"是"诚实信用"原则在反不正当竞争法中的体现，应当以"经济人的伦理标准"来衡量"商业道德"。本案再次为一般条款的适用提供了明确思路：应优先穷尽《反不正当竞争法》中规定的类型化不正当行为，再从利益平衡、公认商业道德、社会合意、市场长远发展等角度综合分析，以确定能否援引一般条款判决。

b. 以反不正当竞争法规制恶意注册并滥用商标权行为——"古北水镇"案[②]

案件名称：北京古北水镇旅游有限公司（以下简称"古北水镇公司"）与北京小壕科技有限公司（以下简称"小壕公司"）不正当竞争纠纷案

基本信息：北京知识产权法院（2021）京73民终4553号，2022年7月15日

主要案情：2010年7月16日，古北水镇公司在北京市密云区注册成立，经营

---

① 山东省食品进出口公司、山东山孚日水有限公司、山东山孚集团有限公司诉青岛圣克达诚贸易有限公司、马某庆不正当竞争纠纷申请再审案，最高人民法院（2009）民申字第1065号民事裁定。此案入选2011年第10期《最高人民法院公报》。

② 此案入选2022年中国法院50件典型知识产权案例、北京法院2022年度知识产权司法保护10大案例。

范围包括餐饮服务、景区管理等。2014 年 2 月 12 日，小壕公司在北京市密云区注册成立，经营范围包括商标转让与代理服务等。小壕公司在第 33 类酒类商品、第 25 类服装等商品上申请注册第14073131 号、第 14073132 号"古北水镇"商标（以下统称"涉案商标"），并向古北水镇公司发送侵权警告函，提起商标侵权工商投诉。古北水镇公司认为小壕公司涉案行为构成不正当竞争，诉至法院。北京东城区人民法院作出（2020）京 0101 民初 6263 号民事判决，认定小壕公司违反了诚实信用原则，违反《反不正当竞争法》第 2 条的规定，构成不正当竞争。小壕公司不服，提起上诉。北京知识产权法院驳回上诉，维持原判。

主要争点：小壕公司被诉行为是否构成不正当竞争。

裁判理由：北京知识产权法院认为，首先，涉案商标的申请注册具有不正当性。作为同处于北京市密云区且在后成立的经营者，小壕公司理应对古北水镇公司就"古北水镇"在先字号权益等予以尊重并合理避让；作为具备专业知识的商标代理机构，小壕公司亦不得利用业务上的优势以扰乱商标注册秩序的方式对他人的经营活动产生不当干扰。但事实上，小壕公司在成立仅半个月的时间内就在其代理服务之外的商品上申请注册了与古北水镇公司享有权利的"古北水镇"基本相同的涉案商标，其申请注册涉案商标明显具有不正当性。在先生效判决已认定小壕公司申请注册的两涉案商标或属于侵害他人在先权利、以不正当手段抢注他人已经使用并有一定影响的商标，或属于法律禁止特定行为人申请注册的商标，已先后被予以无效宣告。

其次，小壕公司申请注册涉案商标并进行发函、投诉具有主观恶意并会造成损害后果。小壕公司在知晓其获准注册的涉案商标权利基础存在重大瑕疵的情况下向古北水镇公司发送侵权警告函、提起工商投诉，以攫取不正当商业利益、损害他人合法权益为主要目的行使该商标权。小壕公司主观上具有明显的恶意，客观上会使相关公众将小壕公司与"古北水镇"建立特定联系，从而扰乱正常的市场竞争秩序。小壕公司实施的涉案行为严重违反诚实信用原则，构成滥用商标权的不正当竞争行为。

评　论：本案系对恶意注册商标并滥用商标权行为予以规制的典型案例。本案的意义在于若商标注册违反了商标法的相关规定，除注册商标依法被宣告无效外，商标注册人应对其商标注册的不法行为以及滥用商标权行为承担相应的民事责任。例如，本案涉案第 14073131 号商标的注册违反《商标法》第 32 条关于申请商标注册"不得损害他人现有的在先权利，也不得以不正当手段抢先注册他人已经使用并有一定影响的商标"的规定，故商标注册人的行为构成不正当竞争，应承担相应责任。同理，假如商标注册行为侵犯了他人在先权利如著作权，则商标注册人将承担侵犯著作权的法律责任。这是从本案裁判理由中能够得出的启示。

二审法院在判决中将恶意注册并滥用商标权的行为称为商标专用权的"异化"，故严重背离了商标法的立法目标和制度目的，严重违反诚实信用原则，扰乱商标注册和保护秩序，损害社会经济和竞争秩序，是对此种行为的准确定性，为此类案件的处理提供了指引。本案对规范商标注册及使用行为、提升全社会正确的商标注册及使用意识，促进诚信品牌建设，助力营造良好的营商环境具有积极意义[1]。

c. 仿冒网站的不正当竞争问题——硕力公司不正当竞争案

案件名称： 上海硕力机械有限公司（以下简称"硕力公司"）与上海佩纳沙士吉打机械有限公司（以下简称"佩纳公司"）其他不正当竞争纠纷案

基本信息： 上海知识产权法院（2021）沪 73 民终 240 号，2022 年 2 月 24 日

主要案情： 佩纳公司与硕力公司均从事机械抓斗行业，佩纳公司在该行业具有较高知名度。硕力公司晚于佩纳公司成立，其网站与佩纳公司网站首页版式设计近似，包括网页背景颜色、图案、抓斗图片近似，公司商标、企业名称的排列顺序、组合方式等多个页面版式模块亦近似。佩纳公司以硕力公司模仿其公司网站行为构成不正当竞争为由，向上海市普陀区人民法院起诉。该院作出（2020）沪 0107 民初 3624 号民事判决，认定硕力公司行为构成不正当竞争。硕力公司不服该判决，向上海知识产权法院提起上诉。该院判决驳回上诉，维持原判。

---

[1]　北京法院 2022 年度知识产权司法保护十大案例．微信公众号"京法网事"，2023 - 04 - 25.

主要争点：硕力公司模仿佩纳公司网站的行为是否构成不正当竞争，一审判决适用法律是否正确。

裁判理由：上海知识产权法院认为，根据《反不正当竞争法》第6条第3项规定，经营者不得擅自使用他人有一定影响的域名主体部分、网站名称、网页等，引人误认为是他人商品或者与他人存在特定联系。本案中，佩纳公司网站在其行业具有较高知名度，经过长期使用已为公众知悉，可以发挥来源辨识作用，符合"有一定影响的网页"规定。关于是否构成引人误认"存在特定联系"，可以参照商标相同或者近似的判断原则，即隔离比对方式。对比发现，两者在网页布局、配色、栏目设置等方面近似，部分文案相同，售后服务联系方式亦同，符合《反不正当竞争法》第6条第3项规定的要件。一审法院事实认定清楚、结果正确，但适用《反不正当竞争法》第2条一般原则有误，予以纠正。

评　　论：本案中，二审法院的判决思路有两点值得关注：其一，正确借鉴商标法的商标近似判断原则，以判断涉案网站是否构成近似；其二，纠正一审法院判决不当适用《反不正当竞争法》一般条款的问题，防止判决向一般条款逃逸。商标法脱胎于反不正当竞争法，意在规制商业领域的欺诈、仿冒行为。以此为参照，可相互启发，在司法审判中灵活、正确运用侵权判断的原理。同时，反不正当竞争法中的诚实信用原则具有统领效力，亦应注意滥用与条款逃逸问题。审判者在找法的过程中，应竭力寻找已经被类型化的不正当竞争行为。本案二审法院正确适用《反不正当竞争法》第6条的类型化规定，以规制涉案不正当竞争行为，值得赞同。

d. "互联网专条"具体条款的适用问题——政凯公司插件跳转链接案

案件名称：上海政凯信息科技有限公司（以下简称"政凯公司"）与北京百度网讯科技有限公司（以下简称"百度公司"）不正当竞争纠纷案

基本信息：北京知识产权法院（2021）京73民终4575号，2022年12月22日

主要案情：百度公司以政凯公司在百度网站通过涉案插件跳转链接构成不正当竞争为由，向北京市海淀区人民法院起诉。该院作出（2020）京0108民初24338号民事判决，认定政凯公司构成不正当竞争。政凯公司不服该判决，向北京知识产权法院提起上诉。该院驳回上诉，维持原判。

主要争点：政凯公司在百度公司网站插入链接，吸引用户跳转至自营网站的行为是否构成不正当竞争。

裁判理由：北京知识产权法院认为，本案须结合《最高人民法院关于适用〈中华人民共和国反不正当竞争法〉若干问题的解释》（以下简称《反不正当竞争法适用解释》）第21条第2款的规定评价由用户触发链接的被诉行为。首先，插入链接的方式干扰了用户对百度网搜索功能的正常使用，影响用户的选择与利益；其次，政凯公司的行为意在谋取不正当经营利益，不具备合理理由，主观恶意明显；最后，链接跳转将攫取百度网的交易机会，降低用户对其的信任与评价，损害百度公司经营利益。综上，政凯公司的行为有违公平、诚信原则，扰乱市场竞争秩序，损害百度公司的合法权益，构成不正当竞争行为，应当承担赔偿损失等法律责任。一审法院认定正确，予以维持。

评　　论：本案一审与二审法院审判思路清晰。一审法院明确《反不正当竞争法》第2条与第12条第2款中各项的关系：第12条第2款前三项以列举形式规定利用技术手段实施不正当竞争的具体行为，第四项概括条款的适用前提是穷尽前三项的适用；若涉案行为不具备第12条的具体特征，应使用第2条一般条款进行评价。二审法院进一步将《反不正当竞争法》第12条第2款第1项与《反不正当竞争法适用解释》第21条第2款进行联系，从插入链接方式与正当性、用户利益与经营者利益等方面进行多维度评价，认定政凯公司行为构成不正当竞争。

e. 干扰搜索引擎——"万词霸屏"案

案件名称：北京百度网讯科技有限公司（以下简称"百度公司"）与苏州闪速推网络科技有限公司（以下简称"闪速推公司"）不正当竞争纠纷案①

基本信息：江苏省苏州市中级人民法院（2021）苏05民初1480号，2022年3月1日

主要案情：闪速推公司通过租赁高权重网站二级目录，以技术手段生成大量与客户所在行业常用搜索关键词相关的广告页面，并挂接于二级目录

---

① 此案入选2022年中国法院十大知识产权案件。

中。当用户于百度等搜索引擎搜索此类关键词时，被推广公司的广告网页将占据结果首页一条或多条，实现"万词霸屏"效果。百度公司以闪速推公司提供"万词霸屏"服务构成不正当竞争为由，向江苏省苏州市中级人民法院起诉（以下简称"苏州中院"）。被告辩称其技术运营方式并未干扰、破坏百度引擎规则，仅是发现并适用引擎规则特点，且双方不存在竞争关系，因此不构成不正当竞争。苏州中院认定闪速推公司构成不正当竞争。

主要争点： 闪速推公司提供的"万词霸屏"服务是否构成不正当竞争。

裁判理由： 苏州中院认为，对闪速推公司行为的评价，应从是否存在竞争关系、是否利用网络技术手段实施违背其他经营者意愿并导致其他合法提供的网络产品或服务无法正常运行、是否有悖诚实信用原则和商业道德、是否扰乱市场竞争秩序并损害消费者的合法权益、是否缺乏合理理由等构成要件进行认定。第一，闪速推公司与百度公司存在竞争关系。第二，闪速推公司利用网络技术手段违背百度公司意愿，并导致其网络服务无法正常运行，造成百度搜索引擎算法失准、服务器资源浪费，影响用户体验。第三，闪速推公司的行为有悖诚实信用原则与商业道德，扰乱市场竞争秩序并损害消费者合法权益。综上，闪速推公司行为构成不正当竞争，应停止侵权、消除影响并承担损害赔偿责任。

评　　论： 本案作为"万词霸屏"干扰互联网搜索引擎第一案，具有现实意义。正如最高法院将本案评为2022年中国法院十大知识产权案件时所述："本案判决有效遏制了利用技术手段干扰、操纵搜索引擎自然搜索结果排名的行为，有利于保障网络用户的合法权益，维护健康有序的搜索生态和公平竞争的互联网秩序，彰显了人民法院营造风清气朗网络空间的力度与决心。"在信息爆炸时代，搜索引擎是网民获取信息的重要途径。通过算法漏洞实现"万词霸屏"效果，挤压原有搜索结果的位次空间，违背商业道德，不具有正当性。苏州中院引入技术进步、公共服务，以及市场效率等综合评价因素，细化"互联网专条"中第4项概括条款的适用要件，对新型互联网不正当竞争行为予以严惩，具有积极效果。

f. 不当获取平台用户数据的认定——抓取抖音数据案

案件名称： 北京微播视界科技有限公司（以下简称"微播公司"）与上海六界

信息技术有限公司（以下简称"六界公司"）、厦门市扒块腹肌网络科技有限公司、浙江淘宝网络有限公司不正当竞争纠纷案①

基本信息： 浙江省杭州市中级人民法院（2022）浙 01 民终 1203 号，2022 年 7 月 29 日

主要案情： 微播公司系抖音 App 开发者，六界公司经营的小葫芦官网提供"直播红人榜""礼物星光榜""土豪排行榜"等服务，可查询抖音平台主播头像、昵称、礼物收入金额、送礼人数、直播记录等多项数据。六界公司在小葫芦官网提供不同售价会员，购买后可拥有不同权限的数据查询功能。微播公司以六界公司未经许可，长期采取不正当技术手段非法抓取抖音平台用户直播打赏记录、主播打赏收益等数据，并以付费方式提供给网站用户，构成不正当竞争为由，向杭州市余杭区人民法院（以下简称"余杭区法院"）提起诉讼。六界公司辩称其通过 OCR 识别技术正当获取平台数据，经过整合加工形成数据包，不构成不正当竞争。余杭区法院作出（2021）浙0110 民初 2914 号民事判决，认定六界公司利用技术手段非法获取抖音平台的非公开数据，自行整理计算后予以公开的行为不具有正当性，构成不正当竞争行为。六界公司不服一审判决，向杭州中院提起上诉。该院判决驳回上诉，维持原判。

主要争点： 六界公司的被诉行为是否构成不正当竞争。

裁判理由： 余杭区法院审理认为，六界公司利用技术手段非法获取"抖音"平台上直播打赏记录（具体到每位用户每一笔打赏时间、打赏对象及金额）及主播打赏收益相关数据（包括主播单场收入、日收入、月收入、年收入）等非公开的数据，并通过自行整理计算后予以公开展示的行为具有不正当性，侵害微播公司、抖音主播及打赏用户的合法权益，扰乱了市场竞争秩序。根据《反不正当竞争法》第 12 条第 2 款第 4 项规定，构成不正当竞争行为。杭州中院认为，抖音平台的主播收益和用户打赏等具体金额的相关数据均属非公开信息，从抖音直播间前端页面无法获取完整的打赏数据。六界公司辩称其系通过 OCR 技术识别并整理直播间截图信息获取相关数据，但其无法给出相较微播公司自身技术手段具有更高数据处理精度的

---

① 此案入选 2022 年中国法院 50 件典型知识产权案例、2022 年度浙江法院十大知识产权案件。

合理解释，也未提供有效证据证明其调用了百度的 OCR 技术。六界公司利用不正当技术手段获取抖音平台上非公开的数据信息，并在小葫芦平台进行展示销售，危及微播公司的数据安全环境，侵害抖音产品和服务接受者的隐私，影响了抖音及相关附属产品和服务的商业策略的实现，严重影响抖音产品和服务接受者对抖音平台的信任，导致用户流失与商誉损害，其行为构成不正当竞争。一审判决事实认定清楚，适用法律正确，因此驳回上诉、维持原判。

评　　论：正如浙江高院将其评选为 2022 年度浙江法院十大知识产权案件时指出："本案判决是在数据成为第五大生产要素、数据保护立法尚不完备的背景下，法院以竞争法为路径对数据权益保护所做的一次有益探索，厘清了以技术手段获取及使用数据行为的正当性边界，回应了涉数据案件中对个人信息保护的关切，对大数据时代加强数据权益保护、维护数据竞争秩序、规范数字经济发展，具有重要意义。"本案同时涉及"数据权益""个人信息""直播平台"等热点要素，涉及行为禁令的审查、数据获取方式的举证责任分配、竞争行为不正当性判断、个人信息保护等难点问题，其中的诉中行为禁令被业界称为"首例涉直播平台数据行为禁令"，得到《人民法院报》等重要媒体关注报道。在数据保护的相关立法尚未完善，理论与实务界对此类问题仍处于热烈讨论的情境下，本案一审、二审法院作出表率，确立了对平台涉用户数据的保护模式，意义重大。

g. "互联网专条"兜底条款的适用——抢红包软件案[①]

案件名称：深圳市腾讯计算机系统有限公司（以下简称"腾讯计算机公司"）、腾讯科技（深圳）有限公司（以下简称"腾讯科技公司"）与杭州百豪科技有限公司（以下简称"百豪公司"）、杭州古馨文化艺术有限公司（以下简称"古馨公司"）不正当竞争纠纷案

基本信息：浙江省高级人民法院（2022）浙民申 5195 号，2022 年 12 月 19 日

主要案情：腾讯计算机公司、腾讯科技公司系 QQ 软件及产品的开发和运营主体，QQ 软件提供手动抢红包功能。百豪公司是"某某抢红包"和"某某猎手"软件的开发和运营主体，通过多个安卓客户端的手机应用市场以及其运营的网站提供上述两款软件的下载服务，该软件

---

① 此案入选 2022 年中国法院 50 件典型知识产权案例。

在免费试用次数结束后转为提供会员收费服务，百豪公司为收款主体。古馨公司是"某某抢红包"软件在华为应用市场、豌豆荚平台的服务提供者。上述软件在各大应用市场的下载量巨大。腾讯计算机公司与腾讯科技公司认为百豪公司、古馨公司构成不正当竞争，故诉至法院。杭州铁路运输法院作出（2020）浙 8601 民初 1644 号民事判决，认为百豪公司与古馨公司的行为构成不正当竞争。百豪公司提起上诉，杭州中院作出（2021）浙 01 民终 10310 号民事判决，驳回上诉，维持原判。百豪公司提起再审申请，浙江高院裁定驳回。

主要争点：百豪公司的被诉行为是否构成不正当竞争。

裁判理由：浙江高院认为，首先，虽然双方当事人不存在直接竞争关系，但在生产经营活动中存在可能的损害竞争优势的关系，故百豪公司系不正当竞争纠纷案件的适格被告。其次，腾讯计算机公司、腾讯科技公司提供的 QQ 抢红包程序及相关服务在正常运行的情况下需要用户主动关注红包信息并手动点击获取红包，被诉软件通过技术手段在无需人工操作的情况下就能实时获取红包信息并自动抢红包，改变了真实社交状态下用户获取 QQ 红包的方式，进而导致用户黏性的降低。通过被诉软件自动抢红包本身是一种公平游戏规则下的作弊行为，对于未安装被诉软件的用户而言，其丧失了公平参与抢红包的机会和抢红包的乐趣，参与抢红包的积极性也会随之降低，这显然损害了腾讯计算机公司、腾讯科技公司的竞争性利益。百豪公司开发的软件破坏了腾讯计算机公司、腾讯科技公司合法提供的网络服务的正常运行，违反商业道德和诚实信用原则，损害互联网公平竞争机制，其行为构成不正当竞争行为。

评　　论：社交平台上的"抢红包"功能发挥了较大的娱乐、社交作用。近年来，通过平台算法自动抢红包的软件层出不穷，理论与实务界需要认真对待。本案中，被诉侵权软件通过技术手段以自动抢红包替代手动抢红包，系"寄生"于他人合法商业模式下恶意行为，一、二审法院认定百豪公司的行为违反《反不正当竞争法》第 12 条第 2 款第 4 项规定①，构成不正当竞争。从法院的说理看，适用此条款

---

① 此项规定为"其他妨碍、破坏其他经营者合法提供的网络产品或者服务正常运行的行为"。在学理上，此项规定被称为"互联网专条兜底条款"。

时应从如下几个方面对被诉行为进行评价：首先，行为人是否利用网络技术手段实施被诉行为；其次，被诉行为是否有悖诚实信用原则和商业道德；再次，被诉行为是否违背其他经营者意愿，并导致其合法提供的网络产品或服务无法正常运行；最后，被诉行为是否扰乱市场竞争秩序并损害消费者的合法权益。

h. "一般条款"与"互联网专条"的适用——模仿"微信""QQ"案[①]

案件名称：深圳市腾讯计算机系统有限公司（以下简称"腾讯公司"）与郴州七啸网络科技有限公司（以下简称"七啸公司"）、长沙市岳麓区智恩商品信息咨询服务部（以下简称"智恩服务部"）、北京神奇工场科技有限公司（以下简称"神奇公司"）不正当竞争纠纷案

基本信息：北京市海淀区人民法院（2020）京 0108 民初 8661 号，2021 年 5 月 24 日

主要案情：由腾讯公司开发运营的"微信""QQ"等软件拥有极高的知名度和影响力。七啸公司开发运营的"微商截图王"（现更名为"微商星球"）、"火星美化"两款软件（以下简称"被诉软件"），模仿"微信""QQ"软件的界面设计，提供与"微信""QQ"软件的界面、图标、表情等完全一致的素材和模板，生成与"微信""QQ"软件界面相同的对话、红包、转账、钱包等虚假截图供用户下载和使用。智恩服务部与神奇公司分别为被诉软件提供收款与网络服务。腾讯公司认为七啸公司的上述行为攀附和利用腾讯公司的"微信""QQ"软件的影响力，为自身谋取不正当利益，严重扰乱"微信""QQ"软件的正常运营秩序，七啸公司等主体的行为构成不正当竞争，据此提起诉讼。海淀法院作出（2020）京 0108 民初 8661 号民事判决，认为七啸公司等被告的被诉行为违背了诚信原则和商业道德，损害了腾讯公司的合法权益和消费者利益，扰乱了健康、有序的市场竞争秩序，依据《反不正当竞争法》第 2 条，构成不正当竞争。

主要争点：七啸公司等被告的行为是否构成不正当竞争。

裁判理由：海淀法院认为，本案的争议焦点主要在于七啸公司、智恩服务部的行为应当如何定性。《反不正当竞争法》第 12 条第 2 款对网络领

---

① 此案入选 2022 年中国法院十大知识产权案件。

域特有的、经营者利用技术手段实施的不正当竞争行为进行了规制。本案中，无证据证明七啸公司和智恩服务部采用了相关技术手段使得微信、QQ产品和服务无法正常运行，故二被告实施的被诉行为不属于第12条第2款第4项规制的不正当竞争行为。但是，腾讯公司在其构建的产品生态中，通过收取服务费用和持续的流量变现等方式获得经济收益，应当受到反不正当竞争法的保护，而七啸公司与智恩服务部的被诉行为不仅损害了腾讯公司的合法利益，还侵害了消费者权益。因此，被诉行为违背了诚信原则和商业道德，损害了腾讯公司的合法权益和消费者利益，扰乱了健康、有序的市场竞争秩序，依据《反不正当竞争法》第2条（理论上称之为"一般条款"）构成不正当竞争。

评　　论：《反不正当竞争法》第12条通常被学界称为"互联网专条"，这是立法机关应对发生在互联网领域不正当竞争行为的具体举措，本条对发生在互联网领域的不正当竞争行为作了类型化处理。需要明确的是，并非任何与互联网有关的不正当竞争行为都能够适用该条，应当根据具体行为的特征进行判断。本案中，七啸公司的被诉行为看似应由互联网专条来规制，但海淀法院在细致分析后得出了否定的结论，转而以《反不正当竞争法》一般条款作为评判被诉不正当竞争行为的法律依据。本案的启示意义在于，既要明确互联网专条作为具体条款在法律适用方面的优先性，也要避免将任何与互联网有关的行为均纳入互联网专条当中来规制。

i. 将他人商业标识设置为关键词构成不正当竞争——荣怀教育集团不正当竞争案

案件名称：海亮教育管理集团有限公司、海亮集团有限公司、海亮小学、海亮初级中学、海亮高级中学、海亮实验中学、海亮外国语学校、海亮艺术中学、诸暨市海亮外语中学有限公司（以下统称"海亮教育集团"）与浙江荣怀教育集团有限公司、诸暨荣怀学校（以下统称"荣怀教育集团"）侵害商标权及不正当竞争纠纷案[①]

基本信息：最高人民法院（2022）最高法民再131号，2022年11月28日

---

① 此案入选2022年中国法院50件典型知识产权案例。

主要案情： 海亮教育集团是"海亮""海亮教育"商标的权利人，起诉主张荣怀教育集团在 360 引擎搜索中设置"海亮""海亮教育"等关键词进行教育推广服务的行为构成侵害商标专用权和不正当竞争。浙江省绍兴市中级人民法院作出（2019）浙 06 民初 579 号民事判决，认定荣怀教育集团构成不正当竞争，应承担停止侵害和 300 万元的赔偿责任。荣怀教育集团上诉至浙江高院。浙江高院作出（2020）浙民终 463 号民事判决，认定荣怀教育集团构成商标侵权，但将"海亮"设置为搜索关键词的"隐形使用"不构成不正当竞争，并将赔偿数额降低到 50 万元。当事人双方均申请再审，最高法院认为荣怀教育集团既构成商标权侵权，又构成不正当竞争，判决荣怀教育集团停止侵权并公开发表声明，同时将赔偿数额确定为 260 万元。

主要争点： 荣怀教育集团将他人商业标识设置为关键词"隐性使用"是否构成不正当竞争行为。

裁判理由： 最高法院首先确认了荣怀教育集团设置搜索引擎后台关键词"海亮"的行为，与通过前台输入"海亮"搜索词即能得到荣怀教育集团推广链接结果之间具有相当程度的因果关系。"海亮"关键词虽未直接体现在搜索结果中，但相关网站均为荣怀教育集团的招生信息，已构成对"海亮"关键词的"隐性使用"。这涉及搜索引擎商业推广模式即竞价排名问题，多个主体购买同一关键词时，出价高者在搜索结果中的排名靠前，从而获得更好的广告效应。本案中，海亮教育集团经长时间使用"海亮"商标，已形成较高知名度，荣怀教育集团作为同一地域范围的同业竞争者，在竞价排名中将"海亮"设置为关键词的行为属于故意攀附"海亮"商誉以吸引消费者注意力，即利用"海亮"的知名度达到推广、宣传自身网站的目的。这种行为将原属于"海亮"的流量吸引至自身网站以获取竞争优势，违反了诚实信用原则，损害了海亮教育集团的竞争利益，同时增加了用户的搜索成本，对互联网竞争秩序和消费者权益均会造成损害。

评　　论： 在竞价排名中将他人商标设置为关键词的"隐性使用"行为是否构成不正当竞争，需考量保护消费者获取额外信息的利益与保护商标初始功能之间的平衡，以及保护自由竞争与保护商标权人交易机会之间的平衡①。在个案中，应考察使用者将他人商标设置为关键词的主观意图，关注其对关键词的使用是否产生了实际损害，即是否损害了商标权人的竞争利益以及是否扰乱了市场经济秩序，从私人视角和公众视角审视该行为对权利人和社会公众带来的负面影响。

5.2.1.2 商业外观

a. 使用在先的标识或企业名称的认定——"文海"标识案

案件名称：西咸新区沣西新城文海印刷厂（以下简称"文海印刷厂"）、西安市新城区玲利文化用品经营部（以下简称"玲利经营部"）等侵害商标权及不正当竞争纠纷案

基本信息：最高人民法院（2021）最高法民申 3170 号，2022 年 3 月 23 日

主要案情：文海印刷厂是第 3173384 号"万海 WANHAI＋图形"商标的商标权人，核定使用商品为第 16 类小册子、笔记本或绘图本、写字纸、稿纸等商品。文海印刷厂在实际经营中，还使用过"文海"文字及拼音标识（见图 5 - 1）。玲利经营部的经营者沈某利，是第 18505995 号"精品文海"文字及拼音商标的商标权人，该商标的核定使用范围同样为第 16 类。玲利经营部在其生产和销售的作业本上使用了带有"精品文海"字样的标识，与其注册商标不一致。相比于"万海"组合商标，该标识左侧多出"精品"二字，但"精品"的字体较小，整体上突出使用了"文海"，整个标识的构图、文字、拼音字母的字体以及相互之间的连接方式均与"万海"组合商标十分相似（见图 5 - 2）。文海印刷厂以玲利经营部等侵犯商标专用权、构成不正当竞争为由，诉至法院。陕西省西安市中级人民法院在（2019）陕 01 知民初 818 号判决中认定，玲利经营部的行为侵害了文海印刷厂的注册商标专用权，但不构成对文海印刷厂先使用的"文海"标识或企业名称的不正当竞争行为。文海印刷厂提起上诉。陕西高院驳回上诉，维持原判。文海印刷厂申请再审。最高法院驳回再审申请。

主要争点：玲利经营部的行为是否构成不正当竞争。

---

① 陶乾. 隐性使用竞争者商标作为付费搜索广告关键词的正当性分析. 知识产权，2017（1）.

图 5－1　文海印刷厂的注册商标（左）与经营中使用过的标识（右）

图 5－2　玲利经营部使用的标识

裁判理由：首先，使用他人"使用在先的标识或企业名称"，须该标识或名称
　　　　　有一定的社会影响力，且达到引人误认为是他人商品或者与他人存
　　　　　在特定联系的程度，才能构成不正当竞争行为。本案中，"文海"
　　　　　标识并非注册商标，不享有法定排他使用的专用权。文海印刷厂提
　　　　　供的在案证据也并不足以证明"文海"商品名称和字号具有广泛影
　　　　　响力和知名度，并与文海印刷厂形成了排他的一一对应关系。因
　　　　　此，玲利经营部对带有"文海"字样标识的使用不构成不正当竞争
　　　　　行为。其次，判决已认定玲利经营部的行为构成侵害商标权，在此
　　　　　前提下，原审法院就同一事实行为认定不构成不正当竞争并无
　　　　　不当。

评　　论：本案对于"有一定社会影响力"和反不正当竞争法作为权利法的补
　　　　　充定位作出了说明。一方面，根据《反不正当竞争法》第 6 条之规
　　　　　定，使用他人使用在先的标识或企业名称，如果该标识或名称不具
　　　　　有一定的社会影响力，则不会构成不正当竞争行为。因此，对于市
　　　　　场经营者而言，若想取得对一定标识或名称的排他使用权，须尽快
　　　　　尽早进行商标注册以获得周延保护，否则就需要证明该标识通过宣
　　　　　传和使用获得了一定的社会影响力。另一方面，本案判决指出，在
　　　　　同一事实行为已经成立侵害商标权的情况下，无须再次认定其构成
　　　　　不正当竞争行为，进一步明确了反不正当竞争法是作为知识产权保
　　　　　护的兜底性存在，保证知识产权法与反不正当竞争法在调整功能、
　　　　　调整范围上的互动与协调。

b. 对有一定影响的商品包装、装潢的混淆行为认定——小罐茶案

案件名称：小笋（上海）实业有限公司（以下简称"小笋公司"）、雷某华、北京小罐茶业有限公司（以下简称"小罐茶公司"）等不正当竞争纠纷案

基本信息：上海市高级人民法院（2021）沪民申 3415 号，2022 年 1 月 26 日

主要案情：小罐茶公司自面世以来使用的"一罐一泡"小罐包装方式，突破了茶叶的传统包装，在市场上取得了较高知名度和一定的影响力。小笋公司也是茶叶行业的经营者，其生产、销售的"小茶匠"茶叶产品也使用了小罐包装。涉案"小茶匠"产品与小罐公司的"小罐茶"产品相比，除了罐体的高度、直径、颜色、罐底与罐体的连接方式略有细小差异，同种茶叶对应的密封铝膜颜色略有差异，密封铝膜上标注的标识、信息不同外，其余元素均基本相同。小罐茶公司以此为由向法院提起诉讼。

上海市浦东新区人民法院在（2018）沪 0115 民初 95079 号民事判决中认为，"小罐茶"包装、装潢属于受反不正当竞争法保护的"有一定影响的包装、装潢"。涉案"小茶匠"产品的包装、装潢并未形成自己的区别性特征，与"小罐茶"产品包装、装潢在视觉上达到了非常近似的程度，易使相关公众产生混淆或误认为二者存在某种联系。小笋公司以不正当手段提高其自身市场竞争力，构成擅自使用有一定影响的包装、装潢的不正当竞争。小笋公司不服一审判决，提起上诉。上海知识产权法院作出（2020）沪 73 民终 565 号判决，驳回上诉，维持原判。小笋公司申请再审，上海高院驳回再审申请。

主要争点："小罐茶"产品包装、装潢是否属于"有一定影响的包装、装潢"，小笋公司行为是否构成不正当竞争。

裁判理由：上海高院认同一审、二审法院对本案基本事实的认定和说理。首先，小罐茶公司为宣传"小罐茶"产品支出了巨额广告费，通过邀请明星推广、与知名影视剧推出联名款、参加国际活动等方式引发了大量关注。小罐茶公司率先将小罐包装茶叶的方式推向市场，突破了茶叶以往的售卖方式，加之该司对罐体的材质、颜色及外观进行了精心设计，使得"小罐茶"包装、装潢与产品建立起明确、稳固的联系，成为消费者区别小罐茶公司产品与其他同类产品的重要

依据，从而将产品来源指向小罐茶公司。故而，"小罐茶"产品包装、装潢构成区别于其他同类产品的、能识别商品来源的、具有一定影响的包装、装潢。

其次，根据"小茶匠"金色小罐产品的包装、装潢与"小罐茶"金色小罐产品的对比，两者外包装小罐的形状、密封铝膜上半圆形的小凸起、罐口的凹槽设计、产品信息的标注位置等均相同；小罐的高度、直径、罐体颜色、手感、罐底与罐体的连接方式差异细微；密封铝膜均采用与罐内茶叶品种相关的颜色，其相同或相似之处已经覆盖了两者的几乎全部细节。基于"小罐茶"产品的知名度，极易使相关消费者对两者的来源产生混淆或误认为二者存在某种联系，故两者的包装、装潢构成近似。

最后，价格并不是认定产品混淆的标准，对产品是否会造成混淆的判断主要考虑产品的品牌、包装、装潢、产品的功能、销售渠道、消费群体等，且不正当竞争中对商品来源的混淆不要求必然造成实际混淆，只要存在混淆的可能性即可。因此，即便"小罐茶"与"小茶匠"在定价上存在差异，小笋公司未经许可，擅自使用与小罐茶公司产品相近似的包装、装潢，致使消费者产生混淆或误认，是以不正当手段提高市场竞争力的行为，构成擅自使用有一定影响的包装、装潢的不正当竞争。

评 论："小罐茶"的设计并非由商品自身的性质、功能而产生的唯一设计，其造型看似简单，但暗藏商家匠心。再加上小罐茶公司的大力宣传推广，"小罐茶"产品包装、装潢与产品建立起了明确、稳固的联系，甚至比产品上的商标具有更直观、更显著的视觉印象，成为消费者进行区分的重要依据。本案不仅强调了认定混淆行为时应遵循相关公众的一般注意力标准、隔离对比、整体对比与主要部分对比相结合的原则，还倡导商业竞争应遵守诚实信用原则和公认的商业道德。在市场经营活动中，对成功的商业案例进行效仿、跟风无可厚非，但并非长久之计。企业若想在市场上真正占有一席之地，还应深耕开发，致力于创新，打造属于自己的知识产权和核心竞争力。

c. 商品包装装潢近似的认定——"经典七星"月饼装潢案

案件名称：广州市大嵘华食品有限公司（以下简称"大嵘华公司"）、周某敏、

广州酒家集团股份有限公司（以下简称"广州酒家"）等不正当竞争纠纷案

基本信息：广州知识产权法院（2022）粤 73 民终 3397 号，2022 年 9 月 7 日

主要案情：广州酒家是我国食品工业届的老字号企业，2009 年为"七星伴月"月饼产品设计了一款包装装潢，该款月饼销售数量高、售卖范围广，在市场上享有较高知名度。"七星伴月"月饼装潢整体以红色背景加黄色圆月为基调，由黄色的圆月、红色盛开的木棉花、圆底祥云加红色竖向矩形图案、竖向"广州酒家"文字、突出向右上方倾斜的"月"字等主要构成元素所组成（见图 5-3）。大嵊华公司作为同业竞争者，生产、销售有"经典七星"款月饼，所使用商品装潢同样以红色背景加黄色圆月为基调，有黄色的圆月、红色盛开的木棉花、圆底加红色竖向矩形图案等构成元素（见图 5-4）。广东省广州市越秀区人民法院作出（2021）粤 0104 民初 44287 号民事判决，认定两者整体设计风格、多个构成元素高度近似，总体视觉效果极为接近。在隔离比对的情况下，由于两者同为"七星"款的月饼商品，消费者或相关公众容易对商品的来源产生误认或认为两者存在特定联系，构成混淆。大嵊华公司在同款商品上使用与广州酒家高度近似的装潢，构成不正当竞争。大嵊华公司提起上诉。广州知识产权法院认为一审判决认定不当，"经典七星"月饼装潢与广州酒家的"七星伴月"月饼装潢不构成近似，大嵊华公司的行为不构成反不正当竞争法规定的"擅自使用与他人有一定影响的商品装潢相同或者近似的标识"的行为，遂撤销一审判决。

图 5-3　广州酒家"七星伴月"月饼包装装潢

图5-4 大嵊华公司"经典七星"月饼包装装潢

主要争点：大嵊华公司的"经典七星"月饼装潢是否与广州酒家商品装潢近似，是否构成不正当竞争。

裁判理由：广州知识产权法院认为，虽然"经典七星"月饼装潢采用了与广州酒家商品装潢相同或者近似的红底和中心黄色圆月、木棉花、红底竖向矩形图案等元素，但红底和黄色圆月、木棉花等均属于公有领域的范畴，不能仅以二者采用了相同或者近似的元素即认定构成近似，而需要在考虑二者对上述元素的具体使用方式，以及二者的相同点、不同点对装潢整体视觉效果的影响等因素后，综合判断是否构成相同或者近似。本案两装潢中木棉花的位置、数量和形态均不相同，红底竖向矩形图案的位置、颜色、底纹、大小及中间的字样亦不相同。广州酒家商品装潢中对视觉效果影响较大的左下角黑色的"月"字、底部横向排列的广州市标志性景观、建筑图案等设计，"经典七星"月饼装潢均未采用。此外，"经典七星"月饼右上角已经显著标明了"大嵊华月饼"字样，与广州酒家商品装潢在该位置使用的具有较高显著性和知名度的"广州酒家"商标标识亦完全不相同。因此，大嵊华公司的"经典七星"月饼装潢与广州酒家"七星伴月"月饼装潢不构成近似，大嵊华公司的行为不构成不正当竞争。

评　　论：对商品装潢的设计，不同经营者之间可以相互学习、借鉴，并在此基础上进行创新，形成各自商品的有明显区别的装潢，这是市场经营和竞争的必然要求。对于商品装潢中的不同构成元素，必须对其进行适当的区分，明确保护与不保护的界限。对于公有领域的通用元素，一方使用并不意味着其可以垄断并禁止其他人在同类商品上继续使用，故不宜以多个构成元素高度近似为由认定二者装潢构成近似。对通用元素进行精心安排、设计、组合所形成的具有识别商品来源作用的商品装潢，才是《反不正当竞争法》要特别予以保护的对象。

d. 仿冒混淆行为的不正当竞争问题——"张百年"仿冒混淆纠纷案

案件名称： 郑州张百年医药有限公司（以下简称"张百年公司"）与徐某强、金牛区博鳌保健用品批发部（以下简称"博鳌批发部"）、成都市济世博澳医药科技有限公司（以下简称"济世公司"）侵害商标权及不正当竞争纠纷案①

基本信息： 最高人民法院（2022）最高法民再 4 号，2022 年 3 月 31 日

主要案情： 张百年公司享有"张百年"、"虎镖"注册商标专用权（见图 5-5 至图 5-7），济世公司销售了"张百年牌虎镖痛可贴"系列产品。张百年公司以济世公司销售假冒商品行为构成侵害商标权与不正当竞争为由，向安徽省阜阳市中级人民法院起诉。该院作出（2020）皖 12 民初 141 号民事判决，认定济世公司侵害张百年公司第 12164897 号注册商标专用权。张百年公司不服该判决，向安徽省高级人民法院提起上诉，请求法院认定济世公司同时侵害其三枚注册商标专用权，并构成不正当竞争。该院作出（2020）皖民终 1324 号民事判决，驳回上诉，维持原判。张百年公司不服二审判决，申请再审。最高法院再审认定济世公司行为同时侵害张百年公司三枚注册商标专用权，并构成不正当竞争，责令其停止侵权并承担损害赔偿责任。一审、二审判决相关认定存在错误，应予纠正并撤销原判决。

图 5-5　第 12164897 号商标

图 5-6　第 12016972 号商标

---

①　此案入选最高人民法院发布的 2022 年十起反不正当竞争典型案例。

虎镖

图 5－7　第 29616900 号商标

主要争点： 济世公司是否侵害涉案商标的注册商标专用权，是否构成不正当竞争。

裁判理由： 最高法院认为，被诉侵权商品"张百年牌虎镖痛可贴"突出标注"张百年"标识，与张百年公司第 12164897 号注册商标相同；突出使用"虎镖"标识，与张百年公司第 12016972 号注册商标、第 29616900 号注册商标完全相同，容易造成相关公众对商品来源产生混淆误认，被诉侵权行为同时侵害上述注册商标专用权。同时，依《反不正当竞争法》第 6 条对混淆行为的规定，被诉侵权行为分属第 1、2、4 项规定之情形，构成不正当竞争。二审判决认定存在错误，最高法院予以纠正。综上，再审请求成立，最高法院对部分请求予以支持，撤销一二审判决，责令济世公司承担侵权责任。

评　　论： 本案再审过程中，最高法院重新梳理、认定案件事实，纠正一审、二审法院判决中的事实认定不清与法律适用不当问题。本案一审被告济世公司仿冒商标与攀附商誉，不正当竞争行为显著，最高法院对此行为进行严惩，维护了正义。正如最高法院将本案评为 2022 年度反不正当竞争典型案例时所称："本案是严惩仿冒混淆行为、净化市场环境的典型案例。再审判决依法认定被诉侵权行为构成仿冒混淆的不正当竞争行为，明确销售被诉侵权产品应当承担的法律责任，并根据侵权具体情节对赔偿数额作了相应调整，对统一类案裁判标准具有积极意义。"对此类恶意仿冒、混淆行为，坚持商标法原理进行判决，可彰显知识产权保护的理念。

e. 擅自使用防疫产品商标、企业字号的不正当竞争问题——苏州稳健公司案

案件名称： 稳健医疗用品股份有限公司（以下统称"稳健医疗公司"）诉苏州

稳健医疗用品有限公司、苏州航伟包装有限公司、滑某（以下统称"苏州稳健公司"）侵害商标权及不正当竞争纠纷案①

基本信息：江苏省高级人民法院（2022）苏民终 842 号，2023 年 4 月 3 日

主要案情：稳健医疗公司成立于 2000 年，业务覆盖医用敷料、医院卫生材料领域，在口罩等商品上注册有"winner""稳健""稳健医疗"等商标。苏州稳健公司成立于 2020 年，在其销售的口罩产品图片、包装袋、经营环境、公众号、网站等多处使用"品牌：苏稳、品牌：稳健、品牌：Winner/稳健""稳健医疗、SW 苏稳、WJ 稳健医疗、苏州稳健医疗"等字样。稳健医疗公司以苏州稳健公司使用近似商标、擅自注册并使用"稳健"字号及企业名称构成侵害商标权与不正当竞争为由，向苏州中院起诉。该院作出（2021）苏 05 民初 1725 号判决，认定苏州稳健公司侵害商标权、构成不正当竞争。苏州稳健公司不服该判决，提起上诉。江苏省高级人民法院（以下简称"江苏高院"）判决驳回上诉，维持原判。

主要争点：苏州稳健公司是否侵害涉案商标的注册商标专用权、构成不正当竞争。

裁判理由：稳健医疗公司在口罩等多个商品上标注有"winner""稳健""稳健医疗"等商标，其在业内具有极高知名度与影响力。苏州稳健公司在其口罩产品、网站等处使用"WJ 稳健医疗"标识，同时在其淘宝店铺的产品介绍、宝贝详情及产品宣传图片，其微信公众号发布的文章和视频，以及航伟公司官网中均涉及"稳健公司""稳健医疗"的内容。上述行为已属于商标性使用，侵害了稳健医疗的注册商标专用权。同时，就苏州稳健公司对企业名称的使用方式来看，其在多处将"苏州稳健医疗用品有限公司"与"稳健医疗""winner/稳健""稳健"等标识混同使用，主观上具有让人产生误认的故意，客观上也很容易使人误认为其公司与稳健医疗公司存在特定联系，属于《反不正当竞争法》第 6 条第 2 项规定的不正当竞争行为。苏州稳健公司实施故意侵权行为，侵权情节严重，符合惩罚性赔偿适用条件，考虑到本案发生于新冠疫情期间，确定适用四倍惩

---

① 此案入选 2022 年江苏法院知识产权司法保护十大典型案例、江苏法院反不正当竞争十大典型案例（2019—2022）。

罚性赔偿。一审法院认定侵权责任适当，应予以维持。

评　　论：本案作为江苏高院发布的反不正当竞争十大案例，发生于疫情时期，具有重大意义。正如江苏高院所称：行为人故意以侵权字号注册企业，生产销售口罩产品，有组织、有分工地实施严重的商标侵权及不正当竞争行为。以四倍惩罚性赔偿加大赔偿力度、严厉惩治，可维护公众生命健康安全与防控物资市场稳定。面对此类存在威胁公共健康安全、侵权故意、情节严重的案件，高额惩罚性赔偿可严正威慑侵权人，贯彻知识产权保护理念。

f. 姓名与肖像的不正当竞争法保护——袁米公司不正当竞争案

案件名称：袁米农业科技有限公司（以下简称"袁米公司"）与袁隆平高科技股份有限公司（以下简称"隆平高科公司"）不正当竞争纠纷案

基本信息：湖南省高级人民法院（2021）湘知民终 525 号，2022 年 3 月 11 日

主要案情：隆平高科公司拥有注册文字商标"袁隆平"（第 6440904 号），并与袁隆平院士签署《袁隆平品牌权许可使用协议》，获得在经营过程中独占许可使用袁隆平的姓名权及肖像权的权利。袁米公司在其微信公众号"袁米生活"发布的三篇文章中多次使用"袁隆平""袁隆平院士"等文字信息及相关肖像、图片，用于大米宣传，且其中一篇文章使用姓名、肖像后，结尾展示了公司产品的淘宝店铺。隆平高科公司以袁米公司使用袁隆平院士姓名及肖像行为，侵犯了其对袁隆平姓名和肖像享有的独占商业使用权益，将袁米公司产品与袁院士进行关联，构成不正当竞争为由，向湖南省长沙市中级人民法院起诉。该院作出（2020）湘 01 民初 1384 号判决，认定袁米公司行为构成不正当竞争。袁米公司不服该判决，提起上诉。湖南省高级人民法院（以下简称"湖南高院"）驳回上诉，维持原判。

主要争点：袁米公司涉案使用袁隆平院士姓名及肖像的行为是否构成不正当竞争。

裁判理由：湖南高院认为，隆平高科已于 2014 年与袁隆平院士签署独占许可协议，以在经营活动中行使其姓名权与肖像权。袁米公司未经许可，在其宣传推广袁米海水稻等公司产品的相关文章中使用袁隆平姓名及肖像，侵害了隆平高科取得的对袁隆平姓名及肖像的商业独占许可使用权益，有违诚实信用原则和公认的商业道德，容易造成相关公众的混淆误认，属于以不正当手段进行市场经营活动，构成

不正当竞争，一审法院的相关认定并无不当。具体理由如下：第一，袁米公司具有攀附袁隆平院士知名度的主观故意。第二，袁米公司涉案使用袁隆平姓名及肖像的行为有违诚实信用原则，违反了公认的商业道德。第三，袁米公司涉案使用袁隆平姓名及肖像的行为容易导致相关公众混淆误认。依据《反不正当竞争法》第2条、第6条第4项，袁米公司的涉案商业宣传推广行为侵害了隆平高科的在先合法商业权益，扰乱了市场竞争秩序。一审法院认定正确，应予以维持。

关于一审法院适用《反不正当竞争法》第6条第4项而非第2项[①]，湖南高院认为，隆平高科仅享有对于袁隆平院士姓名及肖像的商业独占许可使用权利，本案主张权利的并非袁隆平院士本人，而袁米公司涉案擅自使用行为也的确导致相关公众混淆误认，因此一审法院适用《反不正当竞争法》第6条第4项对于隆平高科的相应商业权益依法予以保护，亦符合本案实际。

评　　论：袁隆平院士享有广泛声誉，正如湖南高院所述：其姓名、肖像深入人心，具有极高知名度……各类社会主体（包括商业主体）均应当审慎、规范使用。对于袁隆平姓名及肖像的使用，既涉及袁隆平院士的人身利益，也涉及社会公共利益和相关商业利益，在隆平高科享有对袁隆平院士姓名和肖像的独占商业使用权益的前提下，其他主体无授权不得使用，否则将构成不正当竞争，甚至侵害袁隆平院士人身权益。本案中，一审二审法院结合《反不正当竞争法》第2条（一般条款）与第6条第4项（不正当竞争行为概括条款），正确维护袁隆平院士的人身利益、社会公共利益与相关商业利益。

与本案相关，袁米公司提起过"确认不侵害商标权之诉"[②]。该案一审法院认为，袁米公司在微信公众号中对"袁隆平"文字的使用不用于识别商品或服务来源，并非商标性使用，不侵害商标权。二审法院判决驳回隆平高科公司上诉、维持原判。商标使用与不正当竞争行为分属商标财产权利与竞争利益，此处略作提及，供读者参阅检索。

---

① 《反不正当竞争法》第6条规定："经营者不得实施下列混淆行为，引人误认为是他人商品或者与他人存在特定联系：……（二）擅自使用他人有一定影响的企业名称（包括简称、字号等）、社会组织名称（包括简称等）、姓名（包括笔名、艺名、译名等）；……（四）其他足以引人误认为是他人商品或者与他人存在特定联系的混淆行为。"

② 参见袁米农业科技有限公司诉袁隆平高科技股份有限公司确认不侵害商标权纠纷案，湖南省长沙市中级人民法院（2020）湘01民初2695号民事判决、湖南省高级人民法院（2022）湘知民终54号民事判决。

5.2.1.3 误　导

a. 虚假宣传行为的认定——美弗勒公司借用工程图片案

案件名称： 南京德尔森电气有限公司（以下简称"德尔森公司"）与美弗勒智能设备有限公司（以下简称"美弗勒公司"）侵害商标权及不正当竞争纠纷案

基本信息： 最高人民法院（2022）最高法民再1号，2022年5月9日

主要案情： 德尔森公司与美弗勒公司之间具有同业竞争关系，两公司经营范围都包括智能化变电站恒温恒湿系统及设备的销售。美弗勒公司在经营过程中，擅自将德尔森公司的8个工程图片中的德尔森公司商标换成自己公司的商标，并将工程图片当作自己的工程成功案例印制在产品宣传册上进行宣传，同时声称"目前已申请多个专利对产品进行保护"。一审法院银川市中级人民法院和二审法院宁夏回族自治区高级人民法院认为，美弗勒公司将德尔森公司产品图片替换商标后使用，不会使消费者误认为产品与德尔森公司存在特定联系，不构成混淆行为；在德尔森公司未举证证明宣传内容足以造成相关公众误解并对其造成直接损害后果的情况下，美弗勒公司亦不构成虚假宣传的不正当竞争行为。再审中，最高法院对此予以纠正，认定美弗勒公司存在虚假宣传的不正当竞争行为，并判决撤销（2020）宁民终515号民事判决及（2020）宁01民初103号民事判决。

主要争点： 美弗勒公司的行为是否构成虚假宣传的不正当竞争行为。

裁判理由： 最高法院认为，美弗勒公司将德尔森公司的8个工程图片中的德尔森公司商标换成美弗勒公司的商标，将工程图片当作自己的工程成功案例印制在产品宣传册上进行宣传，其行为足以使消费者误认为此8个工程案例系由美弗勒公司所承建，欺骗、误导了消费者，由此易使美弗勒公司获取市场竞争优势和市场交易机会，损害与其作为同业竞争关系的德尔森公司的利益，扰乱了市场竞争秩序。美弗勒公司对其产品的虚假宣传，易使消费者发生误认误购，亦损害了消费者利益。因此，美弗勒公司的行为属于《反不正当竞争法》第8条规定的虚假宣传。

评　　论： 本案是制止虚假宣传不正当竞争行为的典型案例，肯定了虚假宣传

行为不仅包括无中生有的虚构（如虚构或夸大产品性能、质量、成分、有效期限、曾获荣誉等），还包括对他人产品图片、宣传资料进行张冠李戴式地挪用或变造使用。本案二审法院认为"不足以造成相关公众误解并对其造成直接损害后果的情况下"，不构成虚假宣传的不正当竞争，最高法院的逻辑则是"正是美弗勒公司对其产品的虚假宣传，易使消费者发生误认误购"。本案判决有助于形成对"虚假宣传"条款适用情形的认识，对统一虚假宣传行为的认定标准具有示范意义，进一步彰显了引导经营者进行良性竞争的司法导向。

b. 公开宣传的认定——必拓公司标书虚假宣传案

案件名称： 湖北必拓必环境科技有限公司（以下简称"必拓必公司"）诉武汉必拓环境科技有限公司（以下简称"必拓公司"）等不正当竞争纠纷案

基本信息： 湖北省武汉市中级人民法院（2021）鄂 01 知民初 12009 号，2022 年 5 月 9 日

主要案情： 必拓必公司与必拓公司之间具有同业竞争关系。为竞争垃圾分类服务项目，必拓公司在投标文件中大量使用必拓必公司提供运营服务的小区宣传报道与领导检查视察照片，让招标单位和评标委员会误认为所涉小区均由必拓公司提供垃圾分类服务。对此，必拓公司辩称，其仅在投标文件中使用必拓必公司服务项目的照片，并未构成公开宣传，因此不产生虚假宣传效果。武汉中院认定必拓公司的行为构成虚假宣传。

主要争点： 必拓公司的行为是否属于公开宣传，继而构成虚假宣传。

裁判理由： 必拓公司在针对不同项目的不同标书中，多次使用针对必拓必公司服务项目的相关报道与照片。根据《招标投标法》第 36 条的规定，标书开标时，应由工作人员当众拆封并宣读主要内容。据此可以认定，标书内容已构成公开，标书因不符合保密性要求、秘密性要求不构成商业秘密，必拓公司的多次投标行为属于公开宣传。在此基础上，由于必拓必公司提供的服务项目得到了政府机关和社会公众的广泛认可，使招标单位和评标委员会误认为必拓公司具有丰富的项目经验与可靠的服务质量，一定程度上为其最终中标获取经济利益提供了保证，客观上减损了必拓必公司作为同业竞争者的竞争优

势与交易机会，给必拓必公司造成了经济损害，故必拓公司的上述
行为构成虚假宣传。

评　　论：本案在认定涉案标书不构成商业秘密的基础上，对虚假宣传行为需
要具备的"公开性"进行了论述，并明确了招标投标过程中认定虚
假宣传行为的审理思路。以标书在投标至开标期间在公司外部处于
保密状态为由，主张在标书中使用他人材料不构成公开宣传，并不
成立。在投标招标过程中，张冠李戴式地挪用同业竞争者所获社会
评价并引人误解的，损害了平等、公平、诚信的市场竞争秩序，理
应构成虚假宣传行为。本案中虚假宣传行为发生的场景不同于以往
的经营活动，对将来类似案件的裁判具有借鉴意义。

　　c. 擅自借用权威美食指南声誉宣传构成不正当竞争——食叁味公司虚假
宣传案①

案件名称：米其林集团总公司（以下简称"米其林公司"）诉浙江食叁味餐饮
管理有限公司（以下简称"食叁味公司"）等侵害商标权及不正当
竞争纠纷案

基本信息：江苏省高级人民法院（2022）苏民终 128 号，2022 年 11 月 29 日

主要案情：米其林公司出版发行的《米其林指南》是目前最权威的美食评选手
册，在餐饮、酒店业具有极高的市场知名度与影响力，其推荐评定
的餐厅、酒店受到业内广泛认可。食叁味公司是餐饮行业经营者，
其公司下属品牌"三不牛腩"在店铺招牌、装潢、宣传海报、菜单
等多处显著位置使用"一份吃得起的米其林牛腩""小品牌坚持大
理想、立志做米其林牛腩"的宣传标语。食叁味公司表示，相关宣
传仅是为了表达企业愿景，宣示企业经营的发展方向和追求的目
标。南京市中级人民法院在（2019）苏 01 民初 4188 号判决中认
定，食叁味公司的宣传属于引人误解的宣传行为，构成不正当竞
争。食叁味公司不服，提起上诉。江苏高院驳回上诉，维持原判。

主要争点：食叁味公司被诉行为是否属于引人误解的商业宣传行为，并构成不
正当竞争。

裁判理由：首先，食叁味公司作为餐饮行业经营者，明知《米其林指南》和米
其林美食评级所代表的权威性及美誉度，却仍不正当地借用《米其

---

① 本案入选江苏省反不正当竞争十大典型案例（2019—2022）。

林指南》的声誉，在其官网及实体店招牌上使用涉及"米其林"的宣传标语，容易导致消费者对其提供的牛腩商品产生不准确或者不全面的错误认识，误解该商品具有其不存在的"米其林"星级品质或其他特点，误认为食叁味公司获得"米其林"认证或者与米其林公司存在合作关系，食叁味公司亦由此获得相应的利益或竞争优势，该行为损害其他经营者及消费者的合法权益，扰乱公平竞争的社会经济秩序，属于引人误解的宣传。其次，食叁味公司的宣传在影响消费者消费决策的同时，亦影响了"米其林美食星级"的评价标准，使其面临被贬低的危险，给米其林公司的权益造成了损害。综上而言，应认定食叁味公司构成不正当竞争行为。

评　　论：本案判决再次明确，反不正当竞争法对市场竞争秩序的维护，不仅包括禁止具有直接竞争关系的经营者之间以不正当的方式获取竞争优势或者破坏他人的竞争优势，还包括禁止经营者通过不正当的手段抢夺消费者，争取比其他正当经营者更多的交易机会。法院在认定不正当竞争行为时，不应局限于当事人双方的经营范围。

5.2.1.4　商业诋毁

a. 发送警告函构成商业诋毁的认定——江苏星徽公司商业诋毁案

案件名称：江苏星徽精密科技有限公司（以下简称"江苏星徽公司"）、无锡晶美精密滑轨有限公司（以下简称"晶美公司"）等商业诋毁纠纷案

基本信息：江苏省高级人民法院（2021）苏民终919号，2022年2月16日

主要案情：晶美公司与江苏星徽公司均生产、销售冰箱滑轨相关产品，均与海尔公司、美的公司等著名冰箱厂商有合作，在市场上存在竞争关系。江苏星徽公司是CN100438803C发明专利的排他性被许可人，其认为晶美公司涉嫌专利侵权，遂委托第三方机构作出侵权比对分析，并委托其他代理机构向松下公司、美的公司、海信公司、海尔公司发送《专利侵权警示函》，声称晶美公司涉嫌构成专利侵权，要求上述四大公司立即停止生产、销售、许诺销售晶美公司生产的侵权产品。晶美公司以江苏星徽公司的行为构成不正当竞争为由提起诉讼。江苏省泰州市中级人民法院作出（2020）苏12民初166号民事判决，认定江苏星徽公司未经有权机关认定专利侵权事实，仅凭第三方检索报告就向晶美公司的多家合作商发送侵权警示函，

构成商业诋毁。江苏星徽公司不服，提起上诉。江苏高院驳回上诉，维持原判。

主要争点：被诉发函行为是否构成商业诋毁的不正当竞争行为。

裁判理由：江苏高院认为，发送专利侵权警示函属于正当专利维权行为还是构成商业诋毁的不正当竞争行为，需要根据权利人的权利状况、侵权警告的具体内容、发送对象及方式等多种因素，综合判断权利人在发送侵权警告时是否尽到必要的谨慎注意义务，其依据的涉嫌侵权事实是否具有较高程度的确定性。如果发送侵权警告时未善尽谨慎注意义务，以编造、传播虚假或误导性信息的方式损害竞争对手的商誉，则构成商业诋毁行为。基于以下因素的考量，江苏高院认为江苏星徽公司向晶美公司的客户发送专利侵权警示函的行为构成商业诋毁。首先，江苏星徽公司与晶美公司在冰箱滑轨市场上存在着非此即彼的激烈竞争关系。其次，江苏星徽公司发送专利侵权警示函时未尽到谨慎注意义务。江苏星徽公司并非专利权人，在不熟知专利状况、对涉嫌侵权事实的判断并不具有较高程度确定性的情况下，贸然向晶美公司的核心客户发送专利侵权警示函，已超出合理维权的范围，属于在竞争市场上传播虚假信息或者误导性信息，目的为诋毁、贬低晶美公司的商品声誉，削弱晶美公司的市场竞争力。最后，江苏星徽公司发函的行为客观上对晶美公司的商誉造成了损害。警示函以肯定语气明确专利侵权结论，且发函对象是在冰箱滑轨市场举足轻重的四大冰箱企业，涉及地域范围较广，足以对该市场产生一定影响，构成对警示函相关信息的"传播"。综上而言，江苏星徽公司发送专利侵权警示函的行为未尽到谨慎注意义务，具有谋求市场竞争优势的主观意愿，造成晶美公司商品声誉及商业信誉的受损，构成商业诋毁。

评　　论：发送侵权警告函系权利人针对侵权行为进行自我救济的一种方式，具有维权成本低、效率高、节约司法资源等独特优势。权利人发送警告函应当秉持慎重态度，尽到谨慎注意义务，充分评估警告函内容的真实性与正确性，不得滥用侵权警告实现不正当竞争目的。本案明确了不当发送侵权警告函可能构成商业诋毁并承担法律责任，对发函方注意义务、发函对象、发函内容等因素进行了详细说理，推进了对商业诋毁新情形的探索，有利于打击、规范实务中的新型不正当竞争行为，具有积极的社会效应。

b. 发布司法未决言论构成商业诋毁——王胖子麻辣鱼佐料案

案件名称： 重庆胖子天骄融兴食品有限责任公司（以下简称"天骄公司"）与重庆五沣黎红食品有限公司（以下简称"黎红公司"）不正当竞争纠纷案

基本信息： 重庆市第一中级人民法院（2021）渝 01 民终 8874 号，2022 年 2 月10 日

主要案情： 天骄公司与黎红公司同为调味品生产、销售的经营者，其产品功能及消费者群体存在重叠。天骄公司生产的胖子麻辣鱼、胖子麻辣作料在重庆地区较为知名。2019 年，天骄公司召开胖子调料侵权案新闻通气会，在仿冒品展示区域摆放了黎红公司塑料袋装、桶装"王胖子麻辣鱼佐料"产品。现场多家新闻媒体拍摄了含有黎红公司产品为仿冒品展示区域的照片。随后，天骄公司在其公司官方网站中发表《重庆仿冒专业户终于栽了 侵权二十年："真胖子"告倒"假胖子"》的新闻，文中含有黎红公司产品为仿冒品的照片。黎红公司诉至法院，主张天骄公司构成商业诋毁。重庆自由贸易试验区人民法院作出（2019）渝 0192 民初 18074 号判决，认定黎红公司"王胖子麻辣鱼佐料"产品为仿冒品内容真实，符合实际情况，天骄公司没有编造、传播虚假信息或者误导性信息，不构成商业诋毁。黎红公司与天骄公司均提起上诉。重庆市第一中级人民法院（以下简称"重庆一中院"）作出二审判决，认定天骄公司构成商业诋毁，对一审判决中相应内容依法改判。

主要争点： 天骄公司的被诉行为是否构成商业诋毁。

裁判理由： 重庆一中院认为，首先，本案发生在经营者与竞争对手之间，符合商业诋毁行为的主体要件。其次，天骄公司的行为具有可责性。天骄公司对外发布涉案言论时并无生效判决认定黎红公司实施了仿冒侵权行为，其言论内容在"特定时间"无法确定真实性，应属"虚假信息"。天骄公司不应将未决事实作为已决事实发布，发布司法未决言论也不属于可以免责的私力救济行为。再次，商业诋毁和仿冒侵权的认定不存在矛盾和冲突，黎红公司实施仿冒侵权行为与天骄公司构成商业诋毁行为是由不同的事实依据与法律基础得出的，二者并行不悖。最后，根据已查明事实可以推定，天骄公司缺乏正

当性的商业言论会对黎红公司的交易机会造成损害或者存在损害之虞。综上而言，天骄公司的行为构成商业诋毁。

评　　论：正当竞争边界的模糊性与商业言论边界的不确定性，决定了不正当竞争规制与商业言论自由之间存在模糊难决的空间，社会情势的复杂多样继续加大了为商业言论划定清晰边界的难度，但司法裁判不能对模糊地带置之不理。本案二审判决明确指出：应准许同业经营者发布适当的商业言论，发挥同行间的市场监督作用，但不得在未有生效判决认定侵权前发表夸大其词的主观性商业评价，即便后续判决认定他人侵权行为成立，也不得补正其先前言论的正当性。本案判决明晰了发表商业言论、澄清市场差别、维护商誉行为的边界，兼顾了消费者利益保护、言论自由维护、市场秩序维护之间的利益平衡，对于企业将来的宣传行为产生了指导作用。

c. 商业诋毁行为的认定与损害赔偿——中隧桥公司不正当竞争案

案件名称：中交大建（西安）桥梁科技有限公司（以下简称"中交大建公司"）与浙江中隧桥波形钢腹板有限公司（以下简称"中隧桥公司"）、周某不正当竞争纠纷案①

基本信息：河南省高级人民法院（2021）豫知民终 665 号，2022 年 5 月 27 日

主要案情：周某系原河南大建桥梁钢构股份有限公司（以下简称"河南大建公司"，系中交大建公司控股股东）项目经理，离职后以其他公司身份参与工程项目招标，后该项目拟推荐中交大建公司为中标单位。中隧桥公司提交《紧急调查投诉函》《行业调查报告》称：中交大建公司为新成立皮包公司，主要股东河南大建公司能力不足、严重失信、资不抵债，且侵犯中隧桥公司专利权、商标权，存在不正当竞争已被起诉。项目部因多次收到举报材料，决定对此前招标作流标处理。中交大建公司以中隧桥公司恶意投诉、编造事实等诱导行为构成不正当竞争为由，向郑州市中级人民法院（以下简称"郑州中院"）提起诉讼，该院作出（2021）豫 01 知民初 418 号民事判决，认定中隧桥公司构成不正当竞争。中隧桥公司不服该判决，提起上诉。河南高院驳回上诉，维持原判。

主要争点：中隧桥公司被诉行为是否构成商业诋毁的不正当竞争。

---

① 此案入选 2022 年中国法院 50 件典型知识产权案例、2022 年度河南法院知识产权司法保护十大典型案例。

裁判理由：一审法院认为，依《反不正当竞争法》第 11 条规定，商业诋毁的不正当竞争构成要件包括：（1）行为主体是经营者；（2）经营者客观上实施了编造、传播虚假信息或者误导性信息的不正当手段；（3）经营者主观上存在诋毁故意；（4）诋毁行为对竞争对手的商业信誉和商品声誉受到了损害。本案中，中隧桥公司为经营者，且与中交大建公司构成同业竞争关系。作为同行业经营者，中隧桥公司提交投诉函、调查报告，宣称中交大建公司为皮包公司、侵犯其专利权，其所指称的内容及否定性评价存在夸大扭曲、以偏概全的情况，属于虚假信息或误导性信息。此类商业言论旨在对中交大建公司作出贬低与否定性评价，削弱其市场竞争能力，具有不正当性；且多次实名举报，发送人员多、传播范围广，足见其主观恶意之深；相关公众必然因此言论怀疑中交大建公司的产品服务质量与诚信经营能力。综上，中隧桥公司构成商业诋毁的不正当竞争。

河南高院认为，一审判决事实认定清楚，适用法律虽有瑕疵[①]，但裁判结果正确，驳回上诉并维持原判。

评　　论：本案中，一审法院围绕《反不正当竞争法》第 11 条有关商业诋毁的规定，以构成要件方式进行逐步分析，作出了逻辑思路清晰的认定与判决。尤其值得赞同是，在诉讼是否超过正当理由、是否借用司法资源滥用诉权的问题上，一审法院并未贸然认定中隧桥公司的 12 起诉讼行为过当，否则易将起诉权与胜诉权混为一谈，导致权利人畏惧维权，可谓思虑周全。正如河南高院将本案评选为 2022 年度知识产权司法保护十大典型案例时所称，本案是投标人滥用诉权、恶意举报竞争对手进行商业诋毁的典型案例。法院在分析商业诋毁行为构成要件中，深度解析虚假信息和误导性信息的认定标准，明确阐释确定商业信誉和商品声誉损害结果的考量因素。通过司法裁判弘扬诚信的社会主义核心价值观，对于规制不正当竞争行为，以法治思维和法治方法引导社会价值，优化营商环境起到了良好的指引作用。

---

① 一审判决时，《民法典》已经生效，一审法院适用《侵权责任法》（已废止）确定侵权人民事责任不当，二审法院予以纠正。鉴于《民法典》与《侵权责任法》有关本案适用民事责任方式的相关规定一致，法律适用问题不影响判决结果。

5.2.1.5　商业秘密

育种材料的商业秘密保护——亲本"W68"商业秘密保护案①

案件名称：河北华穗种业有限公司（以下简称"华穗公司"）与武威市搏盛种
业有限责任公司（以下简称"搏盛公司"）侵害技术秘密纠纷案

基本信息：最高人民法院（2022）最高法知民终 147 号，2022 年 11 月 2 日

主要案情：玉米植物新品种"万糯 2000"的品种权人华穗公司向兰州市中级人
民法院（以下简称"兰州中院"）起诉称，搏盛公司侵害其"W68"
亲本种子技术秘密。华穗公司制定有保密制度，明确公司的技术资
料、育种样本、育种亲本、繁殖材料等属于公司秘密，不得泄露，
并未对外公开"W68"，也未允许任何第三方使用。华穗公司在发
现搏盛公司可能存在不正当获取"W68"的行为后，向法院申请诉
前证据保全，请求对搏盛公司繁育的玉米进行取样。鉴定结果显
示，华穗公司与搏盛公司的品种极近似或相同。兰州中院经审理认
为搏盛公司系通过不正当手段获取"W68"，判令搏盛公司停止侵
权并赔偿损失。搏盛公司不服一审判决，向最高法院提起上诉。最
高法院驳回上诉，维持原判。

主要争点："万糯 2000"亲本"W68"是否符合商业秘密的保护条件。

裁判理由：最高法院认为，作物育种过程中形成的育种中间材料、自交系亲本
等，承载有育种者对自然界的植物材料选择驯化或对已有品种的性
状进行选择而形成的特定遗传基因，该育种材料具有技术信息和载
体实物兼而有之的特点，且二者不可分离。通过育种创新活动获得
的具有商业价值的育种材料，在具备不为公众所知悉并采取相应保
密措施等条件下，可以作为商业秘密依法获得法律保护。本案
"W68"作为"万糯 2000"亲本的事实已经证明，在其符合上述条
件时，属于商业秘密保护的客体。此外，由于育种创新的成果体现
在植物材料的特定基因中，无法将其与承载创新成果的植物材料相
分离，在该作物材料未脱离育种者控制的情况下，相关公众无法实
际知悉、获得、利用该代号所指育种材料的遗传信息。因此，公开
代号的行为并不会导致其所指育种材料承载的遗传信息的公开，

---

① 此案入选最高人民法院 2022 年知识产权法庭典型案例、第三批人民法院种业知识产权司法保护典型案例。

"W68"在被诉侵权行为发生时不为公众所知悉，且公司对该材料采取了相应保密措施，具有秘密性，符合反不正当竞争法中商业秘密的保护条件。

博盛公司作为被诉侵权方，既未能举出有效证据证明"W68"不符合商业秘密的保护条件，也未能证明其是通过对"W68"的育种来源合法繁育或自主繁育获得的与"W68"相同的被诉侵权种子。因此，"W68"符合商业秘密的构成要件，依法应当受到反不正当竞争法的保护。博盛公司构成侵害商业秘密的行为。

评　　论：本案是最高法院审理的第一起涉及育种材料的商业秘密案件。判决明确了杂交玉米植物新品种的亲本作为商业秘密的保护条件和保护路径，是最高法院综合运用植物新品种、专利、商业秘密等多种知识产权保护手段保护育种成果的积极探索，有利于激励育种原始创新、持续创新，构建多元化、立体式的育种成果综合法律保护体系[1]。与经营信息类的商业秘密相比，技术秘密因涉及专业领域技术信息，在司法实践中往往具有争议。最高法院在判决中明确提出，"通过育种创新活动获得的具有商业价值的育种材料，在具备不为公众所知悉并采取相应保密措施等条件下，可以作为商业秘密依法获得法律保护"，从而为如何理解《最高人民法院关于审理侵犯商业秘密民事案件适用法律若干问题的规定》（以下简称《商业秘密规定》）第1条中的"与技术有关的……等信息"，在作物育种领域做了补充说明[2]。通过本案的审理，最高法院在厘清育种创新成果秘密保护的关键问题的基础上，结合育种成果的特殊性，为我国未来育种创新成果秘密保护案件审理提供了指引。

通过该案的审理，最高法院还明确：将未获得植物新品种保护的育种创新成果在符合商业秘密的条件下给予制止不正当竞争的保护时，适用商业秘密保护的举证责任，即在商业秘密权利人提供初步证据证明其已经对所主张的商业秘密采取保密措施，且合理表明其商业秘密被侵犯时，被诉侵权人关于权利人所主张的商业秘密不

---

① 最高法发布第三批人民法院种业知识产权司法保护典型案例．（2023-04-01）．https：//www.court.gov.cn/zixun-xiangqing-395172.html.

② 李菊丹．论育种创新成果的商业秘密保护：兼评最高人民法院审理的首例亲本商业秘密保护案．法学杂志，2023（1）．

能构成且自身未侵犯商业秘密的主张均负有举证责任。本案中，华穗公司已完成初步举证责任，搏盛公司作为被诉侵权方，既未能举出有效证据证明"W68"不符合商业秘密的构成条件，也未能举证反驳华穗公司关于其构成侵权的指控，故应承担不利后果。

5.2.1.6 不正当竞争行为的法律责任

a. 停止侵害的适用及损害赔偿数额的确定——迷你玩公司著作权及不正当竞争案

案件名称：广州网易计算机系统有限公司（以下简称"网易公司"）等与深圳市迷你玩科技有限公司（以下简称"迷你玩公司"）著作权侵权及不正当竞争纠纷上诉案

基本信息：广东省高级人民法院（2021）粤民终 1035 号，2022 年 11 月 22 日

主要案情：《我的世界》（《Minecraft》中国版）为国外游戏企业研发的"生存—建造"沙盒类游戏，网易公司于 2016 年 5 月与游戏版权方签订协议获得代理权。迷你玩公司于 2016 年 5 月上线《迷你世界》游戏 Android 版。网易公司主张，《迷你世界》和《我的世界》游戏基础核心元素相似，在实际运行过程中所产生的动态画面相似，迷你玩公司侵害了《我的世界》游戏作为类电作品的改编权和信息网络传播权，并构成不正当竞争。深圳中院作出（2019）粤 03 民初 2157 号民事判决，认定两款游戏的 267 个基础核心元素构成实质性相似，支持网易公司有关著作权保护的主张，判令迷你玩公司赔偿网易公司经济损失 2 000 余万元。双方当事人均不服一审判决，提起上诉。广东高院认定，两款游戏整体画面不构成实质性相似，迷你玩公司未侵犯网易公司对《我的世界》游戏整体画面享有的著作权；消费者群体能够识别出两款游戏源自两个不同主体，故也不构成《反不正当竞争法》第 6 条第 4 项规定的其他混淆行为；但迷你玩公司实施了"搭便车"竞争行为，模仿行为超过合理限度且会造成实质性替代后果，有悖于诚信原则和商业道德，构成《反不正当竞争法》第 2 条规定的不正当竞争行为。二审法院撤销原判，判决迷你玩公司删除《迷你世界》游戏中 230 个游戏资源/元素，并赔偿网易公司经济损失及合理开支共计 5 000 万元。

主要争点：迷你玩公司就其不正当竞争行为应当承担的民事责任。

裁判理由： 关于停止侵害，广东高院认为，民事责任的承担应当与损害后果相适应，停止侵害的具体方式以阻止侵权行为持续、防止损害进一步扩大为限，如果简单判令迷你玩公司停止运营《迷你世界》，可能造成当事人之间重大利益失衡或者消费者群体利益损害。因此，确定停止侵害责任的具体方式，需要根据案件具体情况综合分析，既要为受损方提供充分救济，又要兼顾平衡侵害方的合法利益以及玩家群体利益。在本案审理中，广东高院考虑了以下因素：（1）游戏类型特点。涉案游戏为"生存-建造"沙盒类游戏，以游戏元素为玩法设计基础，玩法上的高自由度是其特点。《迷你世界》中的"迷你工坊"是用户生成内容（UGC）的集合平台，包含大量玩家创作的新地图或其他艺术作品，同样具有在法律上保护的价值。（2）侵权内容比例。《迷你世界》对《我的世界》并非全方位抄袭，两者在游戏整体画面上不构成实质性相似，用户生成的内容、《迷你世界》的多次更新，也稀释了侵权内容所占比例。（3）整改可能性。删除或修改部分游戏元素在实现途径上并非难事，也不至于导致游戏完全无法正常运行。综上，综合考虑游戏类型特点、侵权内容占比、整改可能性等方面因素，迷你玩公司承担停止侵害责任的最佳具体方式应为删除《迷你世界》游戏中侵权的游戏资源/元素。

关于赔偿损失，广东高院认为，网易公司因被侵权所受到的实际损失难以计算，故根据在案证据估算迷你玩公司因侵权所获得的利益，并在此基础上确定赔偿数额。（1）侵权获利。在网易公司提供证明迷你玩公司侵权获利初步证据并提出申请的情况下，迷你玩公司无正当理由拒不提供相关证据，应当承担不利的法律后果。广东高院采信网易公司关于《迷你世界》Android渠道总下载量的主张，综合迷你玩公司提供的证据认定下载付费转化值，扣除迷你玩公司服务器成本后，计算出迷你玩公司从《迷你世界》游戏中的获利。（2）贡献比例。《迷你世界》并不是全盘复制《我的世界》，本案确定赔偿数额还应当考虑侵权内容对于游戏整体获利的贡献比例，以平衡双方当事人的合法利益。一审法院综合权衡各方因素，采用《迷你世界》游戏背包中的侵权游戏资源占比（30.9%）作为衡量标准，相对更具可信度。综上，保守估算除迷你玩公司侵权获利近3000万元。（3）授权许可费。网易公司为代理运营《我的世界》所支付的首年授权许可费便超过了本案诉请赔偿数额。虽然本案并不适宜直接参照该授权许可费确定赔偿数额，但考虑到迷你玩公司抄袭游戏玩法规则，并以实质相同玩法的游戏抢占市场份额，相当于实现了代理运营《我的世界》的部分经济效益而无需支付授权许可费，故根据上述计算结果并结合授权许可费的数额来评估验证，法院支持网易公司于本案的诉请赔偿数额。

评　　论：本案在社会上引发巨大关注。广东高院在二审判决中首先明确把游戏整体画面享有的著作权保护与游戏玩法规则的保护进行了严格区分（详见本报告 4.2.1.1.a 的案例评析）。其次，广东高院在《反不正当竞争法》第 6 条和第 2 条的比较下，认定迷你玩公司相关行为不构成商业标识层面其他混淆行为，但其实质的抄袭、"搭便车"行为违背了诚信原则和商业道德，有力地厘清了借鉴—模仿—抄袭的界限；在对模仿行为的说理和侵权获利的计算中，法院灵活采纳证据信息，明辨市场经营行为与游戏开发行为；在侵权赔偿认定时，法院明确指出用户生成内容（UGC）的著作权不能由游戏开发者所独享，审慎进行利益权衡，保护广大消费者合法权益，体现出对不同市场主体平等保护的大格局。

b. 连带损害赔偿责任的确定——盎亿泰公司技术秘密案

案件名称：盎亿泰地质微生物技术（北京）有限公司（以下简称"盎亿泰公司"）与英索油能源科技（北京）有限责任公司（以下简称"英索油公司"）、罗某平、胡某宇以及李某等侵害技术秘密纠纷案

基本信息：最高人民法院（2021）最高法知民终 1363 号，2022 年 10 月 26 日

主要案情：盎亿泰公司以英索油公司、罗某平、胡某宇以及李某等侵害技术秘密为由，向北京知识产权法院提起诉讼。盎亿泰公司主张，涉案技术秘密为一种微生物化学勘探采集检测技术，英索油公司明知其系盎亿泰公司的技术秘密而获取并使用；罗某平、胡某宇违反其与盎亿泰公司的保密协议约定，将包含盎亿泰公司技术秘密的《微生物油气勘探采集技术规程》直接用于制定英索油公司的《地质微生物勘探野外采集技术规程》；李某违反其与盎亿泰公司保密协议的约定，未在离职时交还其在盎亿泰公司任职期间所接触并掌握的包含有盎亿泰公司涉案技术秘密信息的资料，且将上述技术秘密用于洛克项目。北京知识产权法院作出（2017）京 73 民初 1382 号民事判

决，认定英索油公司、李某、罗某平均实施了侵害涉案技术秘密的行为，应当停止侵害涉案技术秘密，并酌情确定英索油公司、李某共同赔偿益亿泰公司经济损失 50 万元、合理费用 25 万元，共计 75 万元。益亿泰公司、英索油公司、罗某平以及李某等不服一审判决，上诉至最高法院。最高法院认为益亿泰公司的部分上诉请求成立，予以支持，故作出终审判决：撤销原审判决，英索油公司、罗某平、李某、胡某宇等连带赔偿益亿泰公司经济损失 200 万元，连带支付益亿泰公司合理费用 50.7 万元，停止侵害涉案部分技术秘密等。

主要争点： 前员工组建新公司并侵害原任职公司技术秘密引发的损害赔偿的承担。

裁判理由： 最高法院认为，英索油公司、罗某平、李某、胡某宇均应承担赔偿责任。鉴于本案系因前员工组建新公司并侵害原任职公司技术秘密引发的案件，英索油公司在实际经营中使用益亿泰公司的技术秘密，具有明显的主观恶意，且考虑涉案技术信息应用的领域为油气微生物勘探领域，并非市场竞争充分的普通商业领域，可推定英索油公司不当攫取了原本属于益亿泰公司的交易机会。在此情况下，英索油公司是否存在恶意低价竞标行为、是否在洛克项目中还使用了其他自有技术，以及其所使用技术秘密的技术贡献率大小，均不影响赔偿金额的计算。根据洛克项目的专项审计报告，英索油公司在洛克项目中的营业利润亦超出益亿泰公司在本案中诉请赔偿的金额。考虑本案的具体侵权情节，法院对益亿泰公司的诉请金额予以全额支持。此外，益亿泰公司为维权实际支出的费用赔偿，综合考虑本案的性质及诉讼维权的难度，法院亦予以全额支持。英索油公司明知罗某平等人违反保密约定不当披露涉案技术信息，仍获取并实际使用，应当对全部侵权行为承担赔偿责任。鉴于罗某平、李某、胡某宇均系益亿泰公司的前员工，其明知益亿泰公司享有涉案技术秘密，仍违反保密协议约定，披露、使用、允许他人使用涉案技术信息，共同经营或参与经营与益亿泰公司同业竞争的英索油公司，具有共同侵权故意，故应当与英索油公司承担连带赔偿责任。

评　论： 根据《反不正当竞争法》《商业秘密规定》的相关规定，商业秘密的性质、商业价值、研究开发成本、创新程度、能带来的竞争优势，以及侵权人的主观过错，侵权行为的性质、情节、后果等因素影响赔偿金额的确定。本案所涉商业领域为油气微生物勘探，具有技术依赖性高、市场准入门槛高、市场竞争不充分等特点。共同侵权人具有明显主观恶意，所实施的共同侵害技术秘密的行为是其获得项目优势的决定性因素，被诉侵权公司的全部获利均应视为侵权所得，故共同侵权人应对损害赔偿承担连带赔偿责任。此外，本案对于合理保密措施、接触可能性、密点是否公开披露的分析，也更注重结合行业实际情况。在实践中，不乏携商业秘密、技术秘密等跳槽，以权利人的智力成果为跳板"走捷径"的经营行为，最高法院在本案判决过程中展现了鼓励创新、诚信经营、保护技术秘密的鲜明司法导向。

5.2.2　反垄断

5.2.2.1　垄断协议

a. 横向垄断协议的认定——华明公司与泰普公司垄断协议纠纷案①

案件名称： 上海华明电力设备制造有限公司（"华明公司"）与武汉泰普变压器开关有限公司（"泰普公司"）垄断协议纠纷案

基本信息： 最高人民法院（2021）最高法知民终 1298 号，2022 年 2 月 22 日。

主要案情： 2015 年 10 月，泰普公司以华明公司侵犯其开关产品的专利权为由向武汉中院提起诉讼，双方在 2016 年 1 月达成调解协议，主要约定了涉案无励磁分接开关的生产与销售方式、销售价格、海外市场的销售代理限制等事项。2019 年，华明公司向武汉中院起诉，请求确认调解协议因违反反垄断法而无效。武汉中院在（2019）鄂 01 民初 6137 号民事判决中驳回了华明公司的主张，认为涉案调解协议的签订目的在于了结双方之间的专利侵权纠纷，并避免专利侵权争议再次发生，且协议条款并不具备反垄断法规定的形式要件，现有证据也不足以认定涉案调解协议的垄断效果，故不应认定为垄断协议。华明公司提起上诉。最高法院认为涉案调解协议构成分割销售市场、限制商品生产和销售数量、固定商品价格的横向垄断协

---

① 此案入选 2022 年最高人民法院十大反垄断典型案例。

议，华明公司的相关上诉理由成立，故撤销原审判决，确认涉案调解协议全部无效。

主要争点： 涉案调解协议是否因违反反垄断法的强制性规定而无效。

裁判理由： 最高法院从三个方面考察了涉案调解协议是否违反了反垄断法的强制性规定：

（1）涉案调解协议是否构成反垄断法所明文禁止的横向垄断协议。华明公司与泰普公司之间存在反垄断法上的竞争关系，而调解协议中存在分割市场、限制商品生产与销售数量的内容，且有固定商品价格的较大可能性，符合反垄断法中垄断协议条款的形式要件，同时也具有排除、限制竞争的效果。泰普公司也无充分证据证明涉案调解协议具有促进竞争的效果，且该效果超过了其排除、限制竞争的效果，故应当认定涉案调解协议构成横向垄断协议。

（2）涉案调解协议与专利侵权纠纷之间的关系。由于涉案调解协议与涉案专利权的保护范围缺乏实质关联性，其核心并不在于保护专利权，而是以行使专利权为掩护，实际上追求分割销售市场、限制商品生产和销售数量、固定价格的效果，属于滥用专利权。权利人滥用知识产权排除、限制竞争的，涉嫌违反反垄断法。本案中的调解协议约定内容已经超出专利侵权纠纷，合同条款违反了反垄断法的规定，泰普公司拥有专利权的事实并不能排除该协议的违法性。

（3）涉案协议的法律效力。反垄断法关于禁止垄断行为的规定原则上应当属于效力性强制性规定，由于调解协议中的核心条款违反了这种强制性规定，应认定调解协议全部无效。

评　　论： 专利权人在行使权利的过程中如果滥用权利，排除、限制竞争的，会受到反垄断法的规制。最高法院在本案中认为，在判断专利权人与交易相对人签订的协议是否属于横向垄断协议时，除了考察两者之间的竞争关系、协议条款的具体内容之外，协议是否会产生排除、限制竞争的效果是关键因素，而协议双方的主观目的只是参考因素，不能作为主要判断依据。

学界和实务界对于垄断协议内涵的理解一直存在着"目的论"与"效果论"之争，前者将"排除、限制竞争"作为垄断协议内在构成要件，只要存在这种目的就构成垄断协议；后者将"排除、限制竞争"作为外在结果要件，只有产生这种效果才构成垄断协议[①]。最高法院在本案中采取了"效果论"的观点，对今后的司法实践具有重要指导意义。

b. 纵向垄断协议的认定——伊顺公司案

案件名称：海南伊顺药业有限公司（以下简称"伊顺公司"）垄断协议纠纷案

基本信息：海南省市场监督管理局，琼市监处罚〔2022〕32 号，2022 年 6 月 24 日

主要案情：2019 年至 2020 年期间，伊顺公司在全国范围内的药品零售渠道与部分经销商签订了《莲芝消炎滴丸销售合作协议》《价格管控协议书》或《莲芝消炎滴丸连锁药店渠道代理合作协议书（确定版）》，含有限定经销商的商品最低转售价格相关内容。根据市场监督管理部门的调查以及伊顺公司和经销商所提供的相关证据，可证明当事人尚未实施所达成的最低转售价格协议。海南省市场监督管理局认为伊顺公司违反了《反垄断法》（2007）第 14 条[②]，责令其停止违法行为，并处以 20 万元罚款。

主要争点：伊顺公司的行为是否构成纵向垄断协议。

处罚理由：在伊顺公司与交易相对人所签订的三类协议中，均对"莲芝消炎滴丸"产品的最低转售价格进行了明确约定，同时约定了违约责任。海南省市场监督管理局认为，当事人作为"莲芝消炎滴丸"药品的生产商，与各经销商之间处于同一产业的纵向层次关系，均是独立的经营主体。当事人通过与销售其药品的部分经销商签订三类合作协议或价格管控协议的方式来达成限定零售价和终端价，对签订了控价协议的经销商的定价行为具有约束力，这种限定最低转售价格的行为控制、剥夺、干预了下游经营者的自主定价权，排除、限制了经销商之间的价格竞争，从而弱化了品牌间的竞争，排除了消费者以低于限定价格购买莲芝消炎滴丸的机会，损害了消费者的利益，破坏了市场的正常竞争秩序。此违法行为产生了排除、限制市场竞争，损害消费者利益和社会公共利益的后果，依法对其给予处罚。

---

① 刘继峰．再论垄断协议的概念问题．法学家，2020（6）．

② 本案中《行政处罚告知书》的送达时间为 2022 年 6 月 13 日。2022 年 6 月 24 日，《反垄断法》修正案出台后，本案涉及的条款变更为第 18 条。

评　　论：本案当事人在与交易相对人签订最低转售价格协议之后，双方并未实际实施该协议中约定的价格，但这并不会对协议的性质产生影响。我国《反垄断法》第 18 条对固定或限定转售价格的协议采取的是"原则禁止＋例外豁免"的态度，只有经营者能够证明其行为不具有排除、限制竞争的效果，或其市场份额低于国务院反垄断执法机构规定的标准，并符合国务院反垄断执法机构规定的其他条件的，才能获得豁免。

5.2.2.2　滥用市场支配地位

a. 体育赛事独家授权中的反垄断审查——"涉中超联赛图片"滥用市场支配地位案[①]

案件名称：体娱（北京）文化传媒股份有限公司（以下简称"体娱公司"）诉中超联赛有限责任公司（以下简称"中超公司"）、上海映脉文化传播有限公司（以下简称"映脉公司"）滥用市场支配地位纠纷案

基本信息：最高人民法院（2021）最高法知民终 1790 号，2022 年 6 月 23 日

主要案情：2013 年 3 月，中国足球协会授权中超公司代理开发经营中超联赛资源。2017 年 2 月，中超公司通过公开招标的方式，确定映脉公司成为 2017—2019 年中超联赛官方图片合作机构，并签订合作协议，约定映脉公司独家享有中超联赛官方图片合作机构称号、独家对外商业化销售赛事图片，排除其他经营者将中超联赛图片用于新闻报道以外的商业使用。2020 年 6 月，体娱公司向上海知识产权法院起诉，主张中超公司和映脉公司滥用市场支配地位，通过限定交易的方式垄断了中超联赛图片的销售权。一审法院认为，现有证据不能证明中超公司、映脉公司具有市场支配地位，且被诉的将中超联赛图片销售独家授予映脉公司的行为是中超公司对其民事权益的处分行为，具有正当理由，也无证据显示被诉垄断行为的垄断效果，故判决驳回体娱公司的全部诉讼请求。体娱公司不服，提起上诉。最高法院二审判决，驳回上诉，维持原判。

主要争点：中超公司独家授予映脉公司中超联赛图片经营权是否属于滥用市场支配地位的行为。

[①]　此案入选 2022 年最高人民法院十大反垄断典型案例。

裁判理由：最高法院认为，中超公司将中超联赛图片经营权独家授予映脉公司具有合法性与合理性，而且在程序上是通过公开招投标的方式选择了映脉公司，该经营权独家授予是竞争的应然结果，且有其合理理由，不具有反竞争效果。体娱公司作为竞标失败者，应当接受这种竞争结果，而不是事后以他人排除、限制竞争为由试图否定或者推翻经过公平竞争行为所形成的竞争结果。另外，中超联赛图片用户只能向作为中超联赛图片独家经营者的映脉公司购买，这是基于原始经营权人中国足球协会依法享有专有权垄断经营权并通过授权相应传导的结果，符合法律规定且有合理性，该限定交易情形有正当理由。

评　　论：本案对于厘清排他性民事权利的行使边界、保障企业的合法经营具有重要价值①，明确了由权利内在的排他属性所形成的"垄断状态"并非权利滥用行为，排他性权利的不正当行使才是反垄断法预防和制止的对象。本案也与体育法的修订相呼应，为体育赛事的合法权益和商业开发提供司法保护，对体育赛事领域纠纷具有重要指导意义②。

b. 滥用市场支配地位分析应采用合理原则——音集协与欢唱公司案

案件名称：江门市新会区欢唱餐饮娱乐有限公司（以下简称"欢唱公司"）与中国音像著作权集体管理协会（以下简称"音集协"）滥用市场支配地位纠纷案

基本信息：最高人民法院（2021）最高法知民终 7 号，2022 年 3 月 28 日

主要案情：2017 年 11 月至 2018 年 3 月，欢唱公司等多家 KTV 企业与音集协多次通过签订著作权许可使用合同要求书以及回函、复函等方式协商著作权许可事项，双方未能就许可条件达成一致。欢唱公司向北京知识产权法院起诉音集协，请求认定其构成滥用市场支配地位。该法院于 2020 年 6 月 3 日作出（2018）京 73 民初 774 号民事判决，驳回欢唱公司的诉讼请求。欢唱公司向最高法院提起上诉。最高法院认为音集协并未实施拒绝交易或附加不合理的交易条件行为，不

---

① 人民法院反垄断典型案例.（2022 - 11 - 17）［2023 - 01 - 10］. https：//www.court.gov.cn/zixun-xiangqing-379701.html.

② 王巍. 最高院终审首例体育赛事反垄断案 独家授权不属于滥用市场支配地位.（2022 - 08 - 24）［2023 - 04 - 20］. https：//new.qq.com/rain/a/20220824A0A7B900.

构成滥用市场支配地位。

主要争点： 音集协的行为是否构成滥用市场支配地位。

裁判理由： 由于欢唱公司主张音集协通过拒绝交易和附加不合理条件的方式实施了滥用市场支配地位的行为，最高法院分别考察了音集协是否实施了这两类行为。在考察拒绝交易时，最高法院认为应综合以下要素进行分析：垄断行为人是否在适当的市场交易条件下能够进行交易却仍然拒绝交易，拒绝交易是否实质性地限制或者排除了相关市场的竞争并损害消费者利益，拒绝交易是否缺乏合理理由。本案双方未能达成许可协议的主要原因是双方对许可条件存在分歧，而并非音集协在没有正当理由的情况下拒绝签订许可协议。此外，欢唱公司所提出的签约条件如要求获得信息网络传播权许可、要求音集协提供音像节目载体等不具有合理性，对许可协议未能达成负有责任。在考察附加不合理条件时，最高法院认为，在判断经营者附件的交易条件是否合理时，应主要考虑交易条件的必要性与合理性，结合交易对象的特性、行业惯例综合判断。本案中，音集协要求欢唱公司"补交前两年许可使用费"的行为系其对著作权集体管理权利的正当行使，不属于滥用市场支配地位行为。

评　　论： 对滥用市场支配地位行为的认定需要在个案中结合多种因素进行综合考察。其中，在权利人与许可人未能达成许可协议的情况下，需要对双方所提出的交易条件进行具体分析，不能仅因权利人具有市场支配地位而推定其拒绝交易的行为必然具有违法性。在滥用市场支配地位案件中，一般不宜适用"本身违法原则"，而应采用"合理原则"进行分析，对经营者的市场力量、具体行为的性质和目的、交易惯例与行业规则等方面进行综合考量，判断是否构成滥用行为。

c. 大型数据库经营者的垄断行为——知网公司滥用市场支配地位案

案件名称： 同方知网（北京）技术有限公司、同方知网数字出版技术股份有限公司、《中国学术期刊（光盘版）》电子杂志社有限公司（以下统称"知网公司"）滥用市场支配地位纠纷案

基本信息： 国家市场监督管理总局，国市监处罚〔2022〕87号，2022年12月26日

主要案情： 2022年5月，国家市场监督管理总局（以下简称"市场监管总局"）

对知网公司涉嫌实施垄断行为立案调查，最终认定其在中国境内中文学术文献网络数据库服务市场具有支配地位，并滥用该支配地位实施垄断行为。2022 年 12 月 26 日，市场监管总局依法作出行政处罚决定，责令知网公司停止违法行为，并处以 8 760 万元罚款，同时监督知网公司全面落实整改措施、消除违法行为后果。

主要争点：知网公司的行为是否构成滥用市场支配地位。

处罚理由：市场监管总局首先分析了本案的相关市场范围。从需求替代和供给替代角度分析，中文学术文献网络数据库服务市场与电子图书数据库服务、学术文献网络搜索服务、外文学术文献网络数据库服务均不属于同一相关商品市场，且中文学术文献网络数据库服务构成独立的相关商品市场，无须进一步细分。本案的相关地域市场为中国境内。其次，知网公司的市场份额为 50% 以上，具有较强的市场控制能力和竞争优势，且相关市场进入难度大。知网公司在关联市场具有显著优势，用户对其依赖度高，因此可认定其具有市场支配地位。再次，知网公司的滥用行为表现在两个方面：第一，通过独家协议等方式，限定学术期刊出版单位、高校不得向任何第三方授权使用学术期刊、博硕士学位论文等学术文献数据，并采取多种奖惩措施保障独家合作实施；第二，以不公平的高价销售其数据库服务，包括在成本稳定的情况下连续大幅提高服务价格、拆分数据库变相涨价等行为。最后，知网公司的行为排除、限制了中文学术文献网络数据库服务市场竞争。知网公司的行为符合"以不公平的高价销售商品"和"没有正当理由，限定交易相对人只能与其进行交易"情形，构成滥用市场支配地位行为。

评　　论：知网公司连年提高订阅使用费的行为早已引起人们对其滥用市场支配地位的质疑。此次市场监管总局的处罚决定遵从了"相关市场界定—市场支配地位认定—具体滥用行为分析—排除、限制竞争效果判定"的经典分析思路，详细论证了知网公司如何凭借其市场力量从事垄断高价、限定交易等具体的滥用市场支配地位行为，并对其进行了合理处罚，责令其进行整改。这是中国反垄断执法机关在大型数据库垄断类案件中的首次积极探索，其中涉及的相关市场界定方式、滥用行为认定方法等对未来可能发生的类似案件都具有重要借鉴意义。对于大型数据库的反垄断监管问题，有学者提出可以在大型学术期刊数据库领域引入市场竞争机制，建立竞争导向型监管模式以弥补传统的事后监管方式的不足[1]。

d. 隐形限定交易行为——威海水务集团反垄断案

案件名称：威海宏福置业有限公司（以下简称"宏福公司"）与威海市水务集团有限公司（以下简称"威海水务集团"）滥用市场支配地位纠纷案[2]

基本信息：最高人民法院（2022）最高法知民终395号，2022年6月23日

主要案情：宏福公司向青岛中院起诉，请求认定威海水务集团滥用市场支配地位进行限定交易，并赔偿宏福公司受到的损失。青岛中院作出（2021）鲁02民初19号民事判决，驳回了其诉讼请求。宏福公司上诉至最高法院。最高法院认定威海水务集团构成滥用市场支配地位中的限定交易行为，但并未支持宏福公司关于赔偿损失的诉讼请求。

主要争点：威海水务集团是否构成滥用市场支配地位中的限定交易行为。

裁判理由：最高法院首先界定了本案中的相关服务市场为城市公共供水服务市场和供水设施建设市场，相关地域市场为山东省威海市市区。威海水务集团作为威海市市区唯一的城市公共供水企业，在两个相关市场中均具有支持支配地位。在分析威海水务集团是否构成滥用行为中的限定交易行为时，最高法院认为重点在于考察其是否实质上限制了交易相对人的自由选择权。本案中，应考察威海水务集团所提供的供排水业务办理服务指南是否具有限定交易的意图、内容和效果，以及是否具有正当理由。威海水务集团承担着供水设施审核、验收等公共事业管理职责，其受理给排水业务时，在服务流程清单中仅注明威海水务集团及其下属企业的联系方式等信息，没有告知、提示交易相对人可以选择其他具有相关资质的企业，属于隐性限定交易相对人，只能与其指定的经营者交易。此外，威海水务集团的这一行为实际上具有排除、限制竞争的效果，且缺乏正当理由，构成滥用市场支配地位的限定交易行为。在赔偿方面，因限定交易行为而遭受的损失，应当以限定交易的实际支出高于正常竞争

---

[1] 王伟. 学术期刊数据库的反垄断监管. 现代法学，2022（4）.

[2] 此案入选2022年中国法院十大知识产权案件。

条件下的合理交易价格的差额来计算，宏福公司并未就此提供相关证据，因而对这部分损失的赔偿不予支持。

评　　论：本案是最高法院认定的首例隐性限定交易行为的反垄断案件。限定交易行为既可以是明示的、直接的，也可以是隐含的、间接的，需要考察经营者是否实质上限制了交易相对人的选择自由。特别是兼具市场经营和行业管理的公用事业经营者，如果其在相关交易中只推荐特定交易对象，或者只公开特定交易对象的信息，交易相对人基于上述情势难以自由选择其他经营者进行交易的，则可以初步认定该经营者实施了限定交易行为。最高法院的这一判决为规范相关公用事业经营者的经济活动提供了重要指引。

e. 互诉滥用市场支配地位的反诉与本诉能否合并审理——西电捷通公司滥用市场支配地位案

案件名称：西安西电捷通无线网络通信股份有限公司（以下简称"西电捷通公司"）与苹果公司、苹果电脑贸易（上海）有限公司、苹果电子产品商贸（北京）有限公司（以下统称"苹果公司"）滥用市场支配地位纠纷案

基本信息：北京市高级人民法院（2019）京民终 549 号，2022 年 6 月 29 日

主要案情：苹果公司于 2016 年 11 月 17 日向北京市知识产权法院起诉，主张西电捷通公司作为 WAPI 标准的标准必要专利权人，在许可谈判中存在滥用市场支配地位行为（以下简称"本诉"）。西电捷通公司提出反诉请求，认为苹果公司在许可谈判过程中存在滥用买方市场支配地位的行为（以下简称"反诉"），并请求一审法院将本诉与反诉合并审理。一审法院在（2016）京 73 民初 1137 号民事裁定中对反诉请求裁定不予受理，西电捷通公司提出上诉。北京高院驳回上诉。

主要争点：原被告双方互相主张对方滥用市场支配地位的案件，反诉与本诉能否合并审理。

裁判理由：北京高院认为，根据《民事诉讼法解释》，本诉与反诉应当合并审理的情形共有三种：一是反诉与本诉基于相同法律关系，二是反诉与本诉诉讼请求之间具有因果关系，三是反诉与本诉的诉讼请求基于相同事实。本案中，本诉系基于西电捷通公司滥用市场支配地位对苹果公司实施的垄断侵权法律关系，反诉系基于苹果公司滥用市

场支配地位对西电捷通公司实施的垄断侵权法律关系，二者不具有法律关系的同一性。本诉的诉讼请求为要求判令西电捷通公司停止垄断行为并支付相关赔偿，反诉的诉讼请求为要求判令苹果公司停止滥用市场支配地位行为并支付赔偿，二者不具有因果关系。本诉的诉讼请求基于西电捷通公司过高定价、歧视定价、捆绑许可、寻求针对苹果公司的禁令等事实，而反诉的诉讼请求基于苹果公司过低定价、反向劫持、歧视性设计等滥用买方市场支配地位的行为对相关市场创新造成损害等事实，两个事实并不具有同一性。因此，本案的反诉请求不符合应与本诉合并审理的情形。

评　　论：反诉与本诉的诉讼请求必须在事实上或者法律上具有牵连关系，反诉才能成立，并与本诉合并审理。在判断牵连关系时，需要根据原被告双方所提出的具体主张，分别考虑双方诉讼请求是否基于相同的法律关系、诉讼请求之间是否存在因果关系，以及双方的诉讼请求是否基于同一事实。本案中的原被告双方因未能达成专利许可协议而互相指责对方滥用市场支配地位，看似是基于同一件事（许可协商）提出诉讼请求，但双方的请求分别基于不同的垄断侵权法律关系，且互相之间不存在因果关系，其提出请求所依据的事实也并不相同，因此不能合并审理。

5.3　动　态

5.3.1　立法动态

a. 《国务院关于经营者集中申报标准的规定（修订草案征求意见稿）》公开征求意见

2022年6月27日，国家市场监督管理总局发布《国务院关于经营者集中申报标准的规定（修订草案征求意见稿）》。本次修订主要围绕两方面进行：（1）提高营业额标准。将参与集中经营者的全球合计营业额、中国境内合计营业额和单方中国境内营业额由现行100亿元人民币（币种下同）、20亿元和4亿元分别提高到120亿元、40亿元和8亿元。（2）优化申报标准。要求中国境内营业额超过1 000亿元的经营者，并购市值（或估值）8亿元以上并且超过三分之一营业额来自中国境内的经营者，构成集中的，需要进行申报。

b.《制止滥用行政权力排除、限制竞争行为规定（征求意见稿）》公开征求意见

2022 年 6 月 27 日，《制止滥用行政权力排除、限制竞争行为规定（征求意见稿)》向社会公开征求意见。结合新《反垄断法》的修订情况，该征求意见稿主要进行以下调整：（1）调整细化了违法行为表现方式。本征求意见稿对限定交易、妨碍商品自由流通等排除、限制竞争行为表现方式予以进一步细化。（2）进一步明确了执法要求。本征求意见稿新增了有关单位或者个人应当配合调查的要求，以及行政机关和法律、法规授权的具有管理公共事务职能的组织应当将有关改正情况书面报告上级机关和反垄断执法机构的要求，明确将消除相关竞争限制作为执法机构结束调查或者提出行政建议的基础和关键点。（3）增加了执法约谈的规定。本征求意见稿对新《反垄断法》引入的执法约谈制度的内容、程序、方式等作了进一步细化，增强制度的可操作性。（4）与公平竞争审查制度做好衔接。本征求意见稿对新《反垄断法》新增的健全公平竞争审查制度进一步细化，同时也为后续公平竞争审查制度的完善预留了空间。（5）充实了竞争倡导的内容，推进公平竞争政策有效实施。

c.《中华人民共和国反不正当竞争法（修订草案征求意见稿）》公开征求意见

2022 年 11 月，市场监管总局发布《中华人民共和国反不正当竞争法（修订草案征求意见稿）》，向社会公开征求意见。此次修改的主要内容包括：（1）完善数字经济反不正当竞争规则，针对数据获取和使用中的不正当竞争行为、利用算法实施的不正当竞争行为，以及阻碍开放共享等网络新型不正当竞争行为作出详细规定，规范治理新经济、新业态、新模式发展中出现的扰乱竞争秩序的行为。（2）针对监管执法实践中存在的突出问题，完善商业混淆、商业贿赂、虚假宣传、商业秘密保护以及商业诋毁等条款，对现有不正当竞争行为的表现形式进行补充完善。（3）填补法律空白，新增损害公平交易行为、恶意交易行为等不正当竞争行为的类型。（4）按照强化反不正当竞争的要求，完善法律责任。对新增违法行为设定了相应的处罚，增设了部分违法行为的法律责任，并科学调整违法行为的处罚额度。

d.《最高人民法院关于审理垄断民事纠纷案件适用法律若干问题的规定（公开征求意见稿）》公开征求意见

2022 年 11 月 18 日，最高人民法院发布《最高人民法院关于审理垄断民事纠纷案件适用法律若干问题的规定（公开征求意见稿）》，向社会公开征求意见。征求意

见稿整合吸收 2012 年发布的《最高人民法院关于审理因垄断行为引发的民事纠纷案件应用法律若干问题的规定》，确立了程序规定（第 1 条至第 15 条）、相关市场界定（第 16 条至第 19 条）、垄断协议（第 20 条至第 29 条）、滥用市场支配地位（第 30 条至第 43 条）、民事责任（第 44 条至第 50 条）和附则（第 51 条至第 52 条）六章的体例框架，对反垄断民事诉讼从程序和实体上做了全面系统的规定。本征求意见稿有以下特点：

1. 澄清了反垄断诉讼案件中的管辖问题，明确了在存在仲裁协议（第 3 条），相关行政行为已经被依法认定构成滥用行政权力排除、限制竞争行为（第 4 条），被告在中国境内没有住所（第 7 条），同一原告应当就同一被诉垄断行为在一个案件中提起诉讼（第 9、10 条），涉公益诉讼（第 13 条）等不同情形下的管辖准则。

2. 完善了垄断民事纠纷案件举证责任分配，分别对涉相关市场界定（第 16 条）、垄断协议（第 25 条至第 29 条）、滥用市场支配地位（第 31 条至第 42 条）的不同情形下的原告和被告的证明责任作出具体划分。

3. 扩充了相关市场界定、垄断协议和滥用市场支配地位方面的内容，对反垄断实体审查判断标准作了全面规定。

4. 回应了反垄断民事诉讼中的互联网平台、仿制药等热点问题，比如对互联网平台相关市场的界定（第 18、19 条）、互联网平台垄断协议（第 24 条）、互联网平台滥用市场支配地位（第 30 条第 4 款、第 34 条）、仿制药垄断协议（第 23 条）等作出具体规定。

5. 健全了行政执法和司法衔接机制。比如规定反垄断执法机构认定构成垄断行为的处理决定，符合条件的无需再行举证证明（第 11 条）；反垄断执法机构正在进行调查的，法院可以裁定中止诉讼（第 14 条）；法院审理民事纠纷案件发现当事人相关行为涉嫌违反反垄断法的，可以向反垄断执法机构移送线索（第 15 条）；等等。

5.3.2 其他动态

a. 市场监管总局开展全国商业秘密保护创新试点工作

2022 年 3 月 2 日，市场监管总局发布《全国商业秘密保护创新试点工作方案》[①]，目标是通过选择一批地区开展商业秘密保护创新试点，用 3 年时间，不断提

[①] 参见《市场监管总局关于印发〈全国商业秘密保护创新试点工作方案〉的通知》，国市监竞争发〔2022〕26 号。

高治理水平和保护效能，推动商业秘密保护工作再上新台阶；商业秘密保护规则体系进一步完善，形成一批指南指引，不断优化商业秘密保护的制度环境。

市场监管总局公布第一批 20 个创新试点地区名单，指导各地市场监管部门将保护关口前移，加强对企业商业秘密保护帮扶指导。截至 2022 年底，全国已建立商业秘密保护指导站（联系点）、示范企业、示范基地 6 535 个。

b. 部分经营者集中案件反垄断审查试点工作启动

2022 年 7 月 8 日，市场监管总局试点委托北京、上海、广东、重庆、陕西等 5 个省（直辖市）市场监督管理部门（以下统称"试点省级市场监管部门"）实施部分经营者集中案件反垄断审查事项①。试点期间，市场监管总局将根据工作需要，将部分符合下列标准之一的适用经营者集中简易程序的案件委托试点省级市场监管部门负责审查：（1）至少一个申报人住所地在该部门受委托联系的相关区域（以下简称相关区域）的；（2）经营者通过收购股权、资产或者合同等其他方式取得其他经营者的控制权，其他经营者的住所地在相关区域的；（3）经营者新设合营企业，合营企业住所地在相关区域的；（4）经营者集中相关地域市场为区域性市场，且该相关地域市场全部或主要位于相关区域的；（5）市场监管总局委托的其他案件。

c. 市场监管总局经营者集中反垄断业务系统正式上线

2022 年 8 月 1 日，市场监管总局经营者集中反垄断业务系统正式上线。该系统整合了我国经营者集中反垄断法律法规制度、申报流程、审查流程，实现"申报端"、"委托端"和"审查端"数字化交互，通过数字赋能推动提升申报和审查效能。

d. 音乐平台一般不得签署独家版权协议

2022 年 1 月，国家版权局约谈主要唱片公司、词曲版权公司和数字音乐平台等，要求除特殊情况外不得签署独家版权协议，推动网络音乐版权秩序进一步规范。音乐版权的开放，一是将有利于形成公平的市场竞争秩序，推动版权费用合理化，构建网络音乐版权良好生态；二是将促进网络音乐平台持续创新，在内容、技术、服务等多维度超前布局，从而推动市场繁荣健康发展。

---

① 《市场监管总局关于试点委托开展部分经营者集中案件反垄断审查的公告》，市场监管总局 2022 年第 23 号。

附录1　知识产权和竞争法领域相关数据*

1　知识产权创造

1.1　专利

a. 授权量

2022年，我国发明专利授权量为79.8万件，实用新型专利授权量为280.4万件，外观设计专利授权量为72.1万件。其中，国内发明专利授权量为69.6万件，占比87.2%；国内实用新型专利授权量279.6万件，占比99.7%；国内外观设计专利授权量71万件，占比98.5%。

2022年，我国发明专利授权中职务发明占比97.9%，其中高等院校25.5%、科研机构7.1%、企业63.9%、事业单位1.4%；实用新型专利授权中职务发明占比91.8%，其中高等院校4.3%、科研机构1.0%、企业84.5%、事业单位2.0%；外观设计专利授权中，职务发明占比64.3%，其中高等院校2.4%、科研机构0.2%、企业61.3%、事业单位0.3%。

2022年，我国数字经济核心产业发明专利授权量为33.5万件，同比增长17.5%。

---

* 本小节数据来自国家知识产权局2022年12月审查注册登记月度报告、2022年度及2023年1月知识产权主要统计数据（知识产权统计简报2023年第1期），以及国新办举行2022年中国知识产权发展状况新闻发布会图文实录、国新办举行2022年知识产权工作新闻发布会图文实录。

b. 有效量

截至 2022 年底，我国发明专利有效量为 421.2 万件，其中国内发明专利有效量为 335.1 万件①，实用新型专利有效量为 1 083.5 万件，外观设计专利有效量为 283.2 万件。

2022 年，国内有效发明专利中职务发明占比 97.1%，其中高等院校 19.8%、科研机构 6.9%、企业 69.3%、事业单位 1.0%；有效实用新型专利授权中职务发明占比 92.5%，其中高等院校 4.1%、科研机构 1.2%、企业 85.5%、事业单位 1.7%；有效外观设计专利授权中职务发明占比 67.7%，其中高等院校 1.6%、科研机构 0.2%、企业 65.7%、事业单位 0.2%。

截至 2022 年底，我国信息技术管理、计算机技术等数字技术领域有效发明专利增长最快，分别同比增长 59.6% 和 28.8%。我国国内拥有有效发明专利的企业达 35.5 万家，较上年增加 5.7 万家，拥有有效发明专利 232.4 万件，同比增长 21.8%；其中高新技术企业、专精特新"小巨人"企业拥有有效发明专利 151.2 万件，占国内企业拥有总量的 65.1%，同比增长 0.5%。

截至 2022 年底，国外在华发明专利有效量达 86.1 万件，后者较上年增长 4.5%；涉及国外企业 5.8 万家，较上年增加 0.2 万家。

c. 拥有量

截至 2022 年底，我国国内（不含港澳台）每万人口高价值发明专利拥有量为 9.4 件。我国国内企业高价值发明专利拥有量达 96.8 万件，同比增长 28.7%，占比 73.1%；属于战略性新兴产业的有效发明专利达到 95.2 万件，同比增长 18.7%，占比 71.9%；我国国内高价值有效发明专利平均维持年限为 8.3 年，维持年限超过 10 年的有效发明专利达到 44.4 万件，同比增长 39.0%。

d. 其他

2022 年，我国知识产权局受理 PCT 国际专利申请 7.4 万件。其中，国内申请人提交 6.9 万件，占比 92.8%；国外申请人提交 5 337 件，占比 7.2%。国内申请人通过《工业品外观设计国际注册海牙协定》提交外观设计国际申请 1 286 件，截至 2022 年底有 607 件已公开外观设计在国际申请指定中。中国企业在共建"一带一路"国家专利申请公开量达到 1.2 万件，同比增长 16.4%。

2022 年，我国专利复审结案 6.3 万件，无效宣告结案 0.79 万件。

---

① 截至 2022 年底，国内（不含港澳台）发明专利有效量为 328.0 万件。

1.2 商标

a. 申请量

2022 年，我国商标申请量为 751.6 万件。

2022 年，我国商标异议申请量 14.6 万件，异议裁定 16.9 万件；评审案件申请件数 42.3 万件；评审案件裁定件数 41.2 万件。

2022 年，我国知识产权局收到中国申请人马德里商标国际注册申请 5 827 件。

b. 注 册 量

2022 年，我国商标注册量为 617.7 万件。

c. 有 效 量

截至 2022 年底，我国商标局有效注册商标 4 267.2 万件。其中国内有效注册 4 064.2 万件，占比 95.2%；国外有效注册商标 203.0 万件，占比 4.8%，同比增长 5.9%。

1.3 著作权[①]

a. 登记量

2022 年，全国著作权登记总量达 635.3 万件，同比增长 1.42%。

b. 作品登记

2022 年，我国完成作品著作权登记 451.7 万件，同比增长 13.39%。登记量较多的分别是：北京市 104.7 万件，占登记总量的 23.18%；中国版权保护中心 49.2 万件，占登记总量的 10.88%；上海市 38.2 万件，占登记总量的 8.46%；江苏省 33.5 万件，占登记总量的 7.41%；福建省 28.6 万件，占登记总量的 6.33%。以上登记量占全国登记总量的 56.26%。相较于 2021 年，黑龙江、宁夏、湖南、云南、广西、河北、辽宁等省（区）的作品著作权登记量增长率超过 100%；山西、江西、甘肃、福建、安徽、青海等省的作品著作权登记量增长率超过 50%。

从作品类型看，登记量最多的是美术作品 213.4 万件，占登记总量的 47.24%；第二是摄影作品 160.3 万件，占登记总量的 35.49%；第三是文字作品 34.9 万件，占登记总量的 7.73%；第四是影视作品 19.8 万件，占登记总量的 4.38%。以上类

---

① 本小节数据来自《国家版权局关于 2022 年全国著作权登记情况的通报》，国版发函〔2023〕2 号，2023 年 3 月 10 日发布。其中的万件量，由该报告按四舍五入原则计算得出。

型的作品著作权登记量占登记总量的94.84%。此外，还有录音制品5.2万件，占登记总量的1.15%；图形作品4.6万件，占登记总量的1.02%；音乐作品3.3万件，占登记总量的0.74%；录像制品2.2万件，占登记总量的0.48%；模型、戏剧、曲艺、建筑作品等共计0.5万件，占登记总量的0.11%。

c. 计算机软件登记

2022年，我国共完成计算机软件著作权登记183.5万件，同比下降19.50%。从登记区域分布情况看，计算机软件著作权登记区域主要分布在东部地区，登记量约117万件，占登记总量的63.76%。从各地区登记数量看，计算机软件著作权登记量较多的省（市）依次为：广东、北京、江苏、上海、浙江、山东、四川、湖北、安徽、福建。上述地区共登记软件著作权约133万件，占登记总量的72.48%。其中，广东省登记软件著作权23.9万件，占登记总量的13.02%。

2022年，我国人工智能、大数据类软件的登记量均超过3.5万件，相比初始登记数量分别增长了32倍和45倍，年均增速超过50%；App软件和小程序软件的登记量超过25万件，占比14%，相比2012年占比提升了9%。我国共有1 592所大专院校登记软件10.3万件，每所大专院校的平均登记数量由16.4件提升至64.4件，远高于其他类别著作权人的平均登记数量。

1.4 地理标志

2022年，我国地理标志产品保护受理件数9件，地理标志产品保护批准件数5件，我国批准保护地理标志产品25个，核准地理标志作为集体商标、证明商标注册514件，核准使用地理标志专用标志市场主体[①]6 373家。截至2022年底，累计批准地理标志产品2 495个，累计核准地理标志作为集体商标、证明商标注册7 076件，核准使用地理标志专用标志市场主体32.3万家。

截至2022年底，中欧双方累计实现244个产品的互认互保，完成第二批350个产品清单公示。

1.5 集成电路布图设计

2022年，我国集成电路布图设计登记申请1.4万件，发证9 106件。

截至2022年底，我国集成电路布图设计登记累计申请8.1万件，发证6.1万件。

---

① 市场主体，包括核准使用地理标志产品专用标志的生产者、作为集体商标注册的注册人集体成员、作为证明商标注册的被许可人。

1.6 植物新品种①

2022 年，国家林草局科技发展中心（植物新品种保护办公室）共受理国内外植物新品种权申请 1 828 件，授予植物新品种权 651 件。

1.7 其他数据

2022 年，我国国家知识产权局顺利完成了专利商标审查周期 5 年压减的目标任务。其中，高价值发明专利的审查周期压减到 13 个月，发明专利平均审查周期压减到 16.5 个月，商标注册平均审查周期压减到 4 个月以内。发明专利与美国专利商标局、欧洲专利局和日本特许厅的审查结论一致性为 90%。商标的审查抽检合格率达到了 97.6%。

世界知识产权组织发布的《2022 年世界知识产权指标》显示，中国以 47% 的专利申请量、68% 的商标申请量、53% 的外观设计申请量、44% 的植物新品种申请量名列世界第一。

世界知识产权组织发布的《2022 年全球创新指数报告》显示，我国排名由 2012 年的第 34 位上升到 2022 年的第 11 位，连续 10 年稳步提升，位居中高收入经济体之首。

截至 2022 年 12 月，我国网民规模达 10.67 亿。我国网络视频（含短视频）用户规模达 10.31 亿，同比增长 5 586 万，占网民整体的 96.6%；其中短视频用户规模为 10.12 亿，同比增长 7 770 万，占网民整体的 94.8%。我国网络游戏用户规模达 5.22 亿，较 2021 年 12 月减少 3 186 万，占网民整体的 48.9%。我国网络音乐用户规模达 6.84 亿，较 2021 年 12 月减少 4 526 万，占网民整体的 64.1%②。

2 知识产权保护

2.1 司法保护

2022 年，我国法院新收一审、二审、申请再审等各类知识产权案件 52.6 万件，

---

① 本小节数据来自《2022 中国林业和草原知识产权年度报告》。
② 参见中国互联网络信息中心第 51 次中国互联网络发展状况统计报告。

审结 54.3 万件（含旧存，下同），同比分别下降 18.17％和 9.67％。地方各级法院新收知识产权民事一审案件 43.8 万件，审结 45.8 万件，同比分别下降 20.31％和 11.25％。其中，新收专利案件 3.9 万件，同比上升 23.25％；商标案件 11.2 万件，同比下降 9.82％；著作权案件 25.6 万件，同比下降 29.07％；技术合同案件 4 238 件，同比上升 5.55％；竞争类案件 9 388 件，同比上升 11.51％；其他知识产权民事纠纷案件 1.78 万件，同比下降 15.66％。地方各级法院新收知识产权民事二审案件 4.7 万件，审结 4.7 万件，同比分别下降 5.22％和上升 2.41％。最高法院新收知识产权民事案件 3 786 件，审结 3 073 件，同比分别下降 10.77％ 和 13.61％。地方各级人民法院新收知识产权行政一审案件 2.1 万件，审结 1.8 万件，同比分别上升 0.35％和下降 8.85％。其中，新收专利案件 1 876 件，同比上升 3.65％；商标案件 1.9 万件，同比增加 4 件；著作权案件 12 件，同比减少 7 件；其他案件 8 件。地方各级法院新收知识产权行政二审案件 5 897 件，审结 7 285 件，比 2021 年分别下降 28.22％和 1.79％。其中，维持原判 5 518 件，改判 1 650 件，发回重审 3 件，撤诉 78 件，驳回起诉 10 件，其他 26 件。最高法院新收知识产权行政案件 1 456 件，审结 1 542 件，同比分别下降 48.95％ 和 38％。地方各级法院新收侵犯知识产权刑事一审案件 5 336 件，审结 5 456 件，同比分别下降 14.98％和 9.76％。其中，新收侵犯注册商标类刑事案件 4 971 件，审结 5 099 件，同比分别下降 15.3％和 9.86％；新收侵犯著作权类刑事案件 304 件，审结 302 件，同比分别下降 8.71％和 7.93％；新收其他刑事案件 61 件，审结 55 件，同比减少 13 件和 6 件。地方各级法院新收涉知识产权的刑事二审案件 979 件，审结 977 件，同比分别下降 6.76％和 2.01％。2022 年，全国法院知识产权民事一审案件调解结案 4.4 万件，调解结案率 9.64％，同比增加 0.78％。知识产权民事二审案件解调结案 2 894 件，调解结案率 6.22％，同比增加 0.57％。2022 年，全国法院审结涉外知识产权一审案件近 9 000 件[①]。

我国 2022 年侵犯知识产权案件判赔额较 2018 年增长 153％[②]，各级法院审结恶意提起知识产权诉讼案件 80 多件。

2022 年，我国法院审结垄断和不正当竞争案件 2.9 万件。其中，最高人民法院知识产权法庭新收垄断二审案件 47 件，审结 57 件。

2022 年，最高人民法院批复设立无锡、徐州、泉州知识产权法庭，以最高人民法院知识产权审判部门为牵引、4 个知识产权法院为示范、27 个地方知识产权法

---

① 最高人民法院知识产权审判庭．中国法院知识产权司法保护状况（2022 年）．北京：人民法院出版社，2023.

② 参见国家质量强国建设协调推进领导小组办公室发布的《中国打击侵权假冒工作年度报告（2022）》。

庭为重点、地方各级人民法院知识产权审判庭为支撑的专业化体系进一步完善。全国具有知识产权民事案件管辖权的基层法院（包括互联网法院）已达 558 家。全国 25 个高级法院、236 个中级法院和 275 个基层法院开展知识产权民事、行政和刑事案件"三合一"审判机制改革。积极推进多元纠纷化解机制建设，全国 30 个地区实现知识产权调解组织全覆盖。超 500 名技术调查专家入选"全国法院技术调查人才库"。北京高院推进案件集约化办理，商标驳回复审行政案件平均审理周期缩短至 35 天①。

2022 年，公安机关破获侵犯知识产权和制售伪劣商品犯罪案件 2.7 万起，检察机关起诉侵犯知识产权和制售伪劣商品犯罪嫌疑人 2.7 万人。

截至 2022 年底，全国共有 29 个省级检察院成立知识产权检察部门②。

2.2　行政保护

2022 年，我国知识产权局处理专利侵权纠纷行政裁决案件 5.8 万件，同比增长 16.8%，受理维权援助申请 7.1 万件，受理纠纷调解 8.8 万件。新建 10 家国家级知识产权保护中心和快速维权中心，国家级知识产权保护中心和快速维权中心达到了 97 家，在国家级保护中心和快速维权中心备案的外资和合资企业达到了 2 900 余家。国家知识产权局、市场监管总局联合开展商标代理行业专项整治，2022 年累计约谈代理机构 7 400 余家，责令整改 4 500 余家；全国各地对违法违规商标代理行为作出行政处罚近 200 起，国家知识产权局对 3 起违法情节严重的案件直接作出停止机构商标代理业务的决定。国家知识产权局发布知识产权信用管理规定，首次通报 25 起严重违法失信案件。

2022 年，我国市场监管部门查办专利商标等领域违法案件 4.4 万件，涉案金额 16.2 亿元。市场监管总局开展 2022 年网络市场监管专项行动，清除电商平台侵权盗版标准商品链接 4 000 余个，关闭侵权标准网站 12 家。市场监管总局部署开展全国商业秘密保护创新试点工作，公布第一批 20 个创新试点地区名单。截至 2022 年底，全国已建立商业秘密保护指导站（联系点）、示范企业、示范基地 6 535 个③。

2022 年，我国海关扣留侵权嫌疑货物 6.1 万批，涉及货物数量 7 793.9 万件。海关审核新增知识产权海关保护备案 2.1 万件。全国打击侵权假冒工作领导小组办公室组织开展 2022 年侵权假冒伪劣商品全国统一销毁行动，18 省（区、市）同步

①　最高人民法院知识产权审判庭. 中国法院知识产权司法保护状况（2022 年）. 北京：人民法院出版社，2023.

②③　参见国家质量强国建设协调推进领导小组办公室发布的《中国打击侵权假冒工作年度报告（2022）》。

销毁侵权假冒伪劣食品、药品、服装鞋帽、烟酒、出版物等商品逾 30 大类、100 多个品种，重量超过 3 000 吨，货值达 5 亿元①。

2022 年，我国各级版权执法部门共检查实体市场相关单位 65.35 万家次，查办侵权盗版案件 3 378 件（网络案件 1 180 件），删除侵权盗版链接 84.6 万个，关闭侵权盗版网站（App）1 692 个，处置侵权账号 1.54 万个②，重点版权监管大型网站 3 029 家。

2022 年，我国强化北京冬奥会和冬残奥会知识产权保护，国家版权局、文化和旅游部、国家新闻出版广电总局等 6 部门开展冬奥版权保护集中行动，检查实体市场 8.9 万余家，推动网络平台删除涉冬奥侵权链接 11.07 万个，处置侵权账号 10 072 个。海关总署结合国内外重大赛会推进知识产权专项保护，扣留侵犯奥林匹克标志知识产权货物 459 批次、10.08 万件，侵犯世界杯相关知识产权货物 81 批次、2.54 万件。国家知识产权局联合市场监管总局开展北京 2022 年冬奥会和冬残奥会奥林匹克标志知识产权保护专项行动，查处侵犯奥林匹克标志专有权违法案件 300 余件。国家知识产权局对 71 件奥林匹克标志予以公告保护，对北京冬奥组委提交的 14 件专利申请和 315 件商标申请予以保护；第 22 届国际足联世界杯足球赛期间，严厉打击恶意抢注"世界杯""拉伊卜"等行为，驳回商标注册申请 26 件。

2022 年，我国知识产权保护社会满意度进一步提升至 81.25 分。

3 知识产权运用

2022 年，我国专利密集型产业增加值达到 14.3 万亿元（2021 年值），同比增长 17.9%，占 GDP 比重达到 12.44%。版权产业增加值达到 8.48 万亿元（2021 年值），同比增长 12.9%，占 GDP 比重达到 7.41%。全球最具价值品牌 500 强中，中国占 84 个，十年增长 52 个，总价值达 1.6 万亿美元。地理标志专用标志使用市场主体超 2.3 万家，地理标志产品年直接产值超 7 000 亿元。

2022 年，我国专利商标质押融资总额达 4 868.8 亿元，同比增长 57.1%，惠及了企业 2.6 万家，同比增长 65.5%，其中 70.5% 的企业是中小微企业。著作权质

---

① 参见国家质量强国建设协调推进领导小组办公室发布的《中国打击侵权假冒工作年度报告（2022）》。
② 参见国家版权局发布的 2022 年中国版权十件大事。

押担保金额达 54.5 亿元，同比增长 25.9%①。

2022 年，我国知识产权使用费进出口总额达 3 872.5 亿元，同比增长 2.4%，其中出口额同比增长 17%。截至 2022 年底，我国知识产权使用费进出口总额累计达 2.19 万亿元，年均增长 13.7%。共签订涉及知识产权的技术合同 24.1 万项，成交额 1.8 万亿元。

2022 年，我国发行知识产权资产证券化产品 33 只，发行规模 62 亿元。截至 2022 年底，沪深两地交易所累计成功发行 86 单知识产权的证券化产品，发行规模达到 216 亿元；形成 22 款知识产权保险产品，累计为 2.8 万家企业的 4.6 万件专利、商标、地理标志和集成电路布图设计提供了超过 1 100 亿元的保险保障。国家知识产权局联合银行业金融机构专利权质押登记线上全流程无纸化办理的试点，在线审查周期已经压缩到了 1 个工作日。

2022 年，国家知识产权局面向重点产业布局建设 104 家国家级专利导航服务基地。我国还在 18 个省份开展专利开放许可试点，推动 1 000 余家高校、科研院所和大型企业开放 2.1 万件专利，精准匹配 6.1 万家中小企业。截至 2022 年底，数据知识产权地方试点扩大到了北京市、上海市、江苏省、浙江省、福建省、山东省、广东省、深圳市等 8 个地方，这些地方从制度建设、登记实践、权益保护、交易使用等方面开展工作②。

4　知识产权服务

2022 年，我国专利商标电子申请率均超 99%，证书实现电子化。马德里商标国际注册业务全面实现电子化，部分中国特色商品项目添加至世界知识产权组织尼斯分类商品库。中国版权保护中心实现作品版权登记全面线上办理。知识产权公共服务机构实现省级层面全覆盖，地市级综合性公共服务机构覆盖率超过 40%。新增

---

① 《国家版权局关于 2022 年全国著作权登记情况的通报》（国版发函〔2023〕2 号）通报了著作权质权登记的具体数据。2022 年，我国共完成著作权质权登记 350 件，同比下降 5.91%；涉及合同数量 291 个，同比下降 18.49%；涉及作品数量 1 521 件，同比增长 41.09%；涉及主债务金额 544 687.33 万元，同比增长 20.26%；涉及担保金额 545 092.75 万元，同比增长 25.89%。计算机软件著作权质权登记 282 件，同比下降 17.06%；涉及合同数量 282 个，同比下降 17.06%；涉及软件数量 1 453 件，同比增长 38.91%；涉及主债务金额 369 377.33 万元，同比下降 9.88%；涉及担保金额 369 113.39 万元，同比下降 5.34%。作品（除计算机软件外）著作权质权登记 68 件，同比增长 112.50%；涉及合同数量 9 个，同比下降 47.06%；涉及作品数量 68 件，同比增长 112.50%；涉及主债务金额 175 310 万元，同比增长 307.38%；涉及担保金额 175 979.36 万元，同比增长 308.94%。

② 刘阳子.数据知识产权试点先行先试.国家知识产权局网站，2022 - 12 - 23.

开放 11 种知识产权数据，基本实现"应开放尽开放"，向地方服务网点单位配置标准化数据种类增至 53 种。全国著作权质权登记信息实现统一查询。知识产权服务业监管不断强化，行业秩序持续向好。全国知识产权服务机构吸纳就业人员超过92.8 万人，总营业收入达 2 600 亿元。

国家知识产权局、国家发展和改革委员会、教育部、科学技术部、工业和信息化部、司法部、财政部、人力资源和社会保障部、农业农村部、商务部、国家市场监督管理总局、国家统计局、国家版权局、中国银行保险监督管理委员会、国家林业和草原局、国家乡村振兴局和中央军委装备发展部 17 个部门联合印发《关于加快推动知识产权服务业高质量发展的意见》，从 6 个方面提出了 27 项具体要求和任务举措。

附录 2 简 称

全称	简称
《与贸易有关的知识产权协定》	《TRIPS 协定》
《保护工业产权巴黎公约》（1980 年修订）	《巴黎公约》
《工业品外观设计国际注册海牙协定》（日内瓦文本）	《海牙协定》
《商标国际注册马德里协定》（1979 年修改）	《马德里协定》
《商标国际注册马德里协定有关议定书》	《马德里议定书》
《保护文学和艺术作品伯尔尼公约》（1971 年修订）	《伯尔尼公约》
《关于为盲人、视力障碍者或其他印刷品阅读障碍者获得已出版作品提供便利的马拉喀什条约》	《马拉喀什条约》
《中华人民共和国民法通则》	《民法通则》
《中华人民共和国民法总则》	《民法总则》
《中华人民共和国民法典》	《民法典》
《中华人民共和国刑法》	《刑法》
《中华人民共和国民事诉讼法》	《民事诉讼法》
《中华人民共和国行政诉讼法》	《行政诉讼法》
《中华人民共和国刑事诉讼法》	《刑事诉讼法》
《中华人民共和国仲裁法》	《仲裁法》
《中华人民共和国科学技术进步法》	《科学技术进步法》
《中华人民共和国专利法》	《专利法》
《中华人民共和国商标法》	《商标法》
《中华人民共和国著作权法》	《著作权法》
《中华人民共和国反不正当竞争法》	《反不正当竞争法》
《中华人民共和国反垄断法》	《反垄断法》

续表

全称	简称
《中华人民共和国促进科技成果转化法》	《促进科技成果转化法》
《中华人民共和国对外贸易法》	《对外贸易法》
《中华人民共和国种子法》	《种子法》
《中华人民共和国电子商务法》	《电子商务法》
《中华人民共和国招标投标法》	《招标投标法》
《中华人民共和国体育法》	《体育法》
《中华人民共和国专利法实施细则》	《专利法实施细则》
《中华人民共和国商标法实施条例》	《商标法实施条例》
《中华人民共和国著作权法实施条例》	《著作权法实施条例》
《中华人民共和国植物新品种保护条例》	《植物新品种保护条例》
《中华人民共和国知识产权海关保护条例》	《知识产权海关保护条例》
《中华人民共和国海关行政处罚实施条例》	《海关行政处罚实施条例》
《最高人民法院关于适用〈中华人民共和国民法总则〉诉讼时效制度若干问题的解释》	《关于适用〈民法总则〉诉讼时效的解释》
《最高人民法院关于民事诉讼证据若干问题的规定》	《民事诉讼证据规定》
《最高人民法院关于知识产权民事诉讼证据的若干规定》	《知识产权民事诉讼证据规定》
《最高人民法院关于适用〈中华人民共和国民事诉讼法〉的解释》	《民事诉讼法解释》
《最高人民法院关于适用〈中华人民共和国行政诉讼法〉的解释》	《行政诉讼法解释》
《最高人民法院关于适用〈中华人民共和国刑事诉讼法〉的解释》	《刑事诉讼法解释》
《最高人民法院关于知识产权民事诉讼证据的若干规定》	《民事诉讼证据规定》
《最高人民法院关于行政诉讼证据若干问题的规定》	《行政诉讼证据规定》
《最高人民法院、最高人民检察院关于办理侵犯知识产权刑事案件具体应用法律若干问题的解释》	《刑事案件解释》
《最高人民法院、最高人民检察院关于办理侵犯知识产权刑事案件具体应用法律若干问题的解释（二）》	《刑事案件解释（二）》
《最高人民法院、最高人民检察院关于办理侵犯知识产权刑事案件具体应用法律若干问题的解释（三）》	《刑事案件解释（三）》

续表

全称	简称
《最高人民法院、最高人民检察院、公安部关于办理信息网络犯罪案件适用刑事诉讼程序若干问题的意见》	《信息网络案件刑事诉讼程序意见》
《最高人民法院关于第一审知识产权民事、行政案件管辖的若干规定》	《一审民事、行政案件管辖规定》
《最高人民法院关于调整地方各级人民法院管辖第一审知识产权民事案件标准的通知》	《地方法院一审民事案件管辖标准调整通知》
《最高人民法院关于印发基层人民法院管辖第一审知识产权民事、行政案件标准的通知》	《基层法院一审民事、行政案件管辖通知》
《最高人民法院关于北京、上海、广州知识产权法院案件管辖的规定》	《知识产权法院案件管辖规定》
《最高人民法院关于涉及发明专利等知识产权合同纠纷案件上诉管辖问题的通知》	《知识产权合同案件上诉管辖通知》
《最高人民法院印发〈关于专利、商标等授权确权类知识产权行政案件审理分工的规定〉的通知》	《授权确权类案件审理分工规定》
《最高法院民事审判第三庭（知识产权）有关负责人就有关知识产权诉讼的管辖做出答复》	《知识产权诉讼管辖答复》
《最高人民法院关于涉网络知识产权侵权纠纷几个法律适用问题的批复》	《涉网络侵权纠纷法律适用批复》
《最高人民法院关于审查知识产权纠纷行为保全案件适用法律若干问题的规定》	《行为保全案件规定》
《最高人民法院关于技术调查官参与知识产权案件诉讼活动的若干规定》	《技术调查官参与诉讼规定》
《最高人民法院印发〈关于知识产权法院技术调查官参与诉讼活动若干问题的暂行规定〉的通知》	《技术调查官参与诉讼暂行规定》
《最高人民法院、最高人民检察院、公安部印发〈关于办理侵犯知识产权刑事案件适用法律若干问题的意见〉的通知》	《知识产权刑事案件意见》
《最高人民法院关于在全国法院推进知识产权民事、行政和刑事案件审判"三合一"工作的意见》	《知识产权审判"三合一"意见》
《最高人民法院关于知识产权侵权诉讼中被告以原告滥用权利为由请求赔偿合理开支问题的批复》	《以滥用权利为由请求赔偿合理开支的批复》
《最高人民法院关于审理侵害知识产权民事案件适用惩罚性赔偿的解释》	《惩罚性赔偿解释》

续表

全称	简称
《最高人民法院关于审理专利纠纷案件适用法律问题的若干规定》	《专利案件适用规定》
《最高人民法院关于审理侵犯专利权纠纷案件应用法律若干问题的解释》	《专利权案件解释》
《最高人民法院关于审理侵犯专利权纠纷案件应用法律若干问题的解释（二）》	《专利权案件解释（二）》
《最高人民法院关于审理专利授权确权行政案件适用法律若干问题的规定（一）》	《专利授权确权行政案件规定（一）》
《最高人民法院关于审理申请注册的药品相关的专利权纠纷民事案件适用法律若干问题的规定》	《药品相关专利权民事案件规定》
《最高人民法院知识产权审判庭关于专利行政授权确权案件裁判标准会议纪要》	《专利行政授权确权标准纪要》
《最高人民法院关于审理商标民事纠纷案件适用法律若干问题的解释》	《商标民事纠纷案件解释》
《最高人民法院关于审理商标案件有关管辖和法律适用范围问题的解释》	《商标案件管辖和法律适用解释》
《最高人民法院关于审理商标授权确权行政案件若干问题的规定》	《商标授权确权案件规定》
《最高人民法院关于审理注册商标、企业名称与在先权利冲突的民事纠纷案件若干问题的规定》	《商标、企业名称与在先权利冲突规定》
《最高人民法院关于审理涉及驰名商标保护的民事纠纷案件应用法律若干问题的解释》	《驰名商标保护解释》
《最高人民法院关于涉及驰名商标认定的民事纠纷案件管辖问题的通知》	《驰名商标认定管辖通知》
《最高人民法院关于审理著作权民事纠纷案件适用法律若干问题的解释》	《著作权民事案件解释》
《最高人民法院、最高人民检察院关于办理侵犯著作权刑事案件中涉及录音录像制品有关问题的批复》	《著作权刑事案件涉录音录像制品的批复》
《最高人民法院关于加强著作权和与著作权有关的权利保护的意见》	《著作权保护意见》
《最高人民法院关于审理侵害信息网络传播权民事纠纷案件适用法律若干问题的规定》	《信息网络传播权案件规定》

续表

全称	简称
《最高人民法院关于审理不正当竞争民事案件应用法律若干问题的解释》	《不正当竞争案件解释》
《最高人民法院关于适用〈中华人民共和国反不正当竞争法〉若干问题的解释》	《反不正当竞争法适用解释》
《最高人民法院关于审理植物新品种纠纷案件若干问题的解释》	《植物新品种案件解释》
《最高人民法院关于审理侵害植物新品种权纠纷案件具体应用法律问题的若干规定》	《植物新品种权案件规定》
《最高人民法院关于审理侵害植物新品种权纠纷案件具体应用法律问题的若干规定（二）》	《植物新品种权案件规定（二）》
《最高人民法院关于审理侵犯商业秘密民事案件适用法律若干问题的规定》	《商业秘密规定》
《最高人民法院印发〈关于当前经济形势下知识产权审判服务大局若干问题的意见〉的通知》	《知识产权审判服务大局意见》
《最高人民法院关于印发全国法院知识产权审判工作会议关于审理技术合同纠纷案件若干问题的纪要的通知》	《技术合同案件审理纪要》
《最高人民法院关于加强中医药知识产权司法保护的意见》	《中医药知识产权司法保护意见》
《北京市高级人民法院关于侵害知识产权民事案件适用惩罚性赔偿审理指南》	《北京高院适用惩罚性赔偿指南》
《北京市高级人民法院商标授权确权行政案件审理指南》	《北京高院商标授权确权案件审理指南》
《北京市高级人民法院关于商标授权确权行政案件的审理指南》	《北京高院关于商标授权确权案件审理指南》
《北京市高级人民法院关于涉及网络知识产权案件的审理指南》	《北京高院涉网知识产权案件审理指南》
《北京市高级人民法院侵害著作权案件审理指南》	《北京高院著作权案件审理指南》

图书在版编目（CIP）数据

中国知识产权发展报告. 2022 / 张广良主编 . -- 北京：中国人民大学出版社，2023.12
ISBN 978-7-300-32395-4

Ⅰ.①中… Ⅱ.①张… Ⅲ.①知识产权-研究报告-中国- 2022 Ⅳ.①D923.404

中国国家版本馆 CIP 数据核字（2023）第 231908 号

中国知识产权发展报告（2022）

主 编 张广良

Zhongguo Zhishi Chanquan Fazhan Baogao (2022)

出版发行	中国人民大学出版社				
社　　址	北京中关村大街 31 号		邮政编码	100080	
电　　话	010 - 62511242（总编室）		010 - 62511770（质管部）		
	010 - 82501766（邮购部）		010 - 62514148（门市部）		
	010 - 62515195（发行公司）		010 - 62515275（盗版举报）		
网　　址	http://www.crup.com.cn				
经　　销	新华书店				
印　　刷	中煤（北京）印务有限公司				
开　　本	787 mm×1092 mm　1/16		版　　次	2023 年 12 月第 1 版	
印　　张	19.75 插页 1		印　　次	2023 年 12 月第 1 次印刷	
字　　数	362 000		定　　价	128.00 元	